一、浙江绍兴阳明洞天

二、贵州修文县（当年的龙场驿）王阳明悟道之处玩易窝

三、贵州修文县（当年的龙场驿）阳明小洞天

四、贵州修文县（当年的龙场驿）阳明小洞天上边的何陋轩

五、贵州修文县（当年的龙场驿）阳明洞天广场的王阳明铜像

六、浙江余姚王阳明故居

七、浙江余姚王阳明讲学之地

八、江西赣州通天岩王阳明讲学之地

九、江西大余王阳明去世之地——漳江岸边落星亭

十、浙江绍兴兰亭王阳明之墓

（以上十幅照片均系梁玉玺先生摄）

王阳明文选读本

明明德教育系列丛书
大字注音 今注今译

刘奇 赵伟 刘振宇 编著

WA
世界知识出版社

总序

中华文化博大厚重，五千年来生生不息，是中华民族取之不尽、用之不竭的智慧与力量源泉，也是21世纪解决世界难题的思想宝库。中华优秀传统文化拥有着促进时代进步之宝贵价值，弘扬中华优秀传统文化有利于中国现代文明的大进步、大发展，也必将有利于全世界人民建设文明和谐的大环境。

普祺集团长期支持公益弘扬中华优秀传统文化。自2011年以来，主办近百场中华传统文化大会与学习班，并赞助辽宁省本溪电视台生活频道开办《国学之道》栏目，邀请国内外专家、学者到辽宁讲学，对辽宁省弘扬中华优秀传统文化的工作做出了积极贡献。

为更好地弘扬中华优秀传统文化，普祺集团于2013年投资建立了公益学堂——明明德孔子学堂。学堂每周六坚持开办《论语》《大学》《中庸》《孟子》《易经》《诗经》《王阳明思想研究》等公益课程，邀请辽宁省知名国学教授为大众宣讲中华优秀传统文化，社会反响热烈。五年多来，参加明明德孔子学堂公益课程的学员逾4万人次，辽宁省各个城市都有学员来参加学习。黑龙江、吉林、河北等省也有学员不远千里前来学习。学员在学习过程中被中华优秀传统文化所积淀的智慧与德操深深吸引，人生观及对家庭、生活、工作等的态度均受到了非常积极的影响。很多学员本身就是教育工作者，学习后非常受触动，对教师自古以来传道、授业、解惑之使命有了更深的认识。部分学员到外省传道解惑，弘扬中华优秀传统文化；部分学员在沈阳市内、辽宁省内积极讲学，传播社会主义核心价值观；部分学员成为所在学校弘扬中华优秀传统文化的骨干。同时，明明德孔子学堂还与所在社区积极互动，对推动建设和谐社区起到了非常积极的作用。

为了更系统地弘扬中华优秀传统文化，明明德孔子学堂自2013年起，组织国内有影响的专家学者编写一套实用、通俗易懂且融会中华文化精髓的教材，命名为“明明德教育系列丛书”。该系列丛书由我组织编写，从2015年起，每年至少编选一册，《大学·中庸读本》为第一册，《论语读本》为第二册，《孟子读本》为第三册，《王阳明文选读本》为第四册，随后将陆续出版第五册、第六册，以至更多。敬请读者批评指正，以期更好、更持久地弘扬中华优秀传统文化。

是为序。

刘奇

2018年5月25日

目录

凡 例

一、本书原文以 2012 年上海古籍出版社出版的《王阳明全集》为蓝本，同时参考《四部丛刊初编·王文成公全书》（上海商务印书馆 1922 年版）《四库全书·王文成公全书》（上海古籍出版社 1987 年版）等著作。

二、本书是作者多年研究王阳明思想的成果，梳理古今研究王阳明的主要成果，力图展现自己一定的独到见解，以促进中国传统“致良知”“知行合一”教育推广活动的深入开展为宗旨，希望能使普通读者开卷有益，对教学人员也有一定的参考价值。

三、需要提请读者留意的是，对于“一”“不”等现代汉语普通话语音中存在的变调情况，本书依商务印书馆《现代汉语词典（第 7 版）》和《古代汉语词典》（第二版）所示，不注变调，只注本调。读者在诵读时，对于需要变调的地方，可根据一般变调规则和发音习惯斟酌处理。

四、本书原文均有注音，原文前有背景介绍，后有疑难字词注释。

前言：王阳明学说本真及其巩固良心信仰之价值

据《明史·王守仁传》与《王阳明全集》载，王阳明（1472—1529）名守仁，字伯安，自号阳明，世称阳明先生，浙江余姚人；他二十八岁中进士，官至南京兵部尚书；创立了“致良知”“知行合一”“亲民”[1]的理论学说。其三十四世祖王羲之及历代先人皆饱读诗书，曾祖、祖父、父亲皆为进士出身的朝廷重臣。其生于明朝第九个皇帝明宪宗（在位二十三年）成化八年，即 1472 年；历经第十个皇帝明孝宗（在位十八年）、第十一个皇帝明武宗（在位十六年），去世于第十二个皇帝明世宗（在位四十五年）嘉靖七年[2]，即 1529 年。

王阳明熟读圣贤书，又涉猎佛、道，修养严格，知识广博。而其所经历的四个皇朝，正是实施科举以八股取士，学术空疏，圣贤理论严重脱离社会的时代。加之多年灾荒，民不聊生，官员少有忠正能事之臣，天下乱端频现。小皇帝、大太监，下情不能及时上达。致使明朝内地矛盾渐趋激化，多有民变；周边民族与明朝矛盾更加激烈，屡犯中原；西方世界开始觊觎中华利益，倭寇已成群袭扰东南诸地，甚至潜袭中华腹地。朝廷面对种种矛盾难以为继，捉襟见肘，跋前疐后。王阳明受父祖多代影响，以国计民生为重，勇于担当。当掌权太监刘瑾为非作歹，迫害忠良戴铣等，其上书直言，反对奸邪当政，望皇帝为戴铣等洗除罪名。刘瑾重责王阳明四十大板后，将其谪为贵州龙场驿驿丞。王阳明到龙场，既无住室，又无食粮，野兽出没，瘴气回荡，与当地人语言不通，难以生存。其决心要活下来，以成就学圣人之志。于万般无奈中悟明凡事均须格除己心之非以归

1. 王阳明全集．吴光，钱明，董平等编校．上海古籍出版社，2011：1465.

2. 张廷玉．明史·王守仁传．中华书局，1984：161-250.

于正的道理。在此基础上，于以后历任官职上磨砺，逐渐形成了“致良知”“知行合一”“亲民”等理论学说。

王阳明学说是明朝中叶儒家思想自我改革的新成果。儒家一贯主张“志于道，据于德，依于仁”[1]。但“志、据、依”不是僵化的，主张“中庸、适中”，思想理论必须因时而宜，与时俱进。孔子说：“毋意、毋必、毋固、毋我。”[2]反对主观臆断，反对不顾事变而坚持既定主张，反对固执己见，反对妄自唯我。以“用康保民、若保赤子、明德慎罚”[3]“周急不济富”[4]为前提，而去志道不移，据德不苟，依仁由衷。如何利于“本固邦宁”[5]，如何利于实现各依名分的社会“均、和、安”[6]，如何利于实现和谐社会，就如何去努力奋斗。王阳明“致良知”“知行合一”“亲民”的思想学说，是明朝中叶革除种种时弊，力挽圣贤文化颓局的一剂良药，提振了中华民族优秀文化的精气神，点明了良知、良心是中华民族优秀文化代代相传的真骨血，提纲挈领地赋予了儒学新精神、新活力。王阳明思想学说影响了中国乃至韩国、日本等五百年。今日对其创造性地传承，创新性地发展，将大有利于新时代的社会治理，巩固中国人良知、良心的信仰。

一、“知行合一”及其有关论述

据《王阳明全集·年谱》载，明武宗正德四年，即1509年，贵州提

1. 刘兆伟.《论语》通要. 人民教育出版社，2008：129.
2.《论语》通要. 180.
3. 十三经注疏：影印本. 中华书局，1982：203-204.
4.《论语》通要. 103.
5. 十三经注疏：影印本. 156.
6.《论语》通要. 385.

学副使席书聘请王阳明主持贵阳书院。在这一年，王阳明开始论说“知行合一”，但未留下当时所论的文字材料。后来学生整理阳明先生讲课的内容，谓之《传习录》。《传习录》上篇载，其最肯定的弟子之一，又是其妹夫的徐爱，“因未会先生‘知行合一’之训，与宗贤、惟贤往复辩论未能决，以问于先生”[1]。在此情况下，王阳明系统而全面地阐发了“知行合一”之论。

（一）“知而不行，只是未知”

王阳明以《大学》之论“如好好色，如恶恶臭”为例说，“见好色属知，好好色属行，只见那好色时已自好了，不是见了后又立个心去好。闻恶臭属知，恶恶臭属行。只闻那恶臭时已自恶了，不是闻了后别立个心去恶。如鼻塞人虽见恶臭在前，鼻中不曾闻得，便亦不甚恶，亦只是不曾知臭。就如称某人知孝，某人知弟，必是其人已曾行孝行弟，方可称他知孝知弟，不曾只是晓得说些孝弟的话，便可称为知孝弟。又如知痛，必已自痛了方知痛；知寒，必已自寒了；知饥，必已自饥了；知行如何分得开？此便是知行的本体，不曾有私意隔断的。圣人教人必要是如此，方可谓之知。不然，只是不曾知。此却是何等紧切着实的工夫！如今苦苦定要说知行做两个，是甚么意？某要说做一个是甚么意？若不知立言宗旨，只管说一个两个，亦有甚用？”[2]

王阳明此论极力强调知行一体，不可分。不行的知是不成立的，不行就不是真知。孔夫子说：“学而时习之，不亦说乎！”就是学了天道人心之学，必须时时践行，不践行就是没学。只有学和行紧密地联系在一起，

1. 王阳明全集．4-5.

2. 王阳明全集．4-5.

起到实际效能，这才是真知识，真知识正是践行后得到了证明的知识。“有朋自远方来，不亦乐乎！”学圣人之道“恭宽信敏惠”“温良恭俭让”“弘毅”“博施于民而能济众”[1]，自然合群、利群、爱群，众多同道、同志奔我们而来，岂能不由衷快乐欢悦。这就是知行一体。“人不知而不愠，不亦君子乎！”自己多有修养，对他人多有关爱，但这是自心自身提升境界所必须。不是为了他人的认可，更不是为了人家的表彰。在此基础上，当然“人不知而不愠”了，这就是“知行合一”，这就是君子。四书，无论《论语》《大学》《中庸》，还是《孟子》，所论都是“知行合一”的，中华民族的伟大圣人为我们民族文化构建的框架就是“知行合一”的。而王阳明点中了这一本真，在长期忽略践行圣人教诲的情况下，王阳明提出“知行合一”之论，大有利于弘扬中华民族的文化真魂，大有利于中华民族重视理论的践行，大有利于中华民族实力的增强。

王阳明此论极为鲜明地道出了“知行合一”的立言宗旨问题。其倡导“知行合一”有个明确的目的，就是要排除、抵制知行不一的社会流疾，甚至痼疾。自两汉、魏晋、隋唐、两宋至元、明，有诸多读圣贤书，行利天下事者；然而也有诸多读圣贤书，行利己之事而不顾生灵哀号者，且又假仁假义，愈演愈烈。其读圣贤书所学的修己利天下之道，只是教别人做的，而自己却一心钻营谋求个人名利，贪得无厌，致使苍生涂炭。明朝王阳明生活的五十七年间，没有哪一年没有民变的，没有哪一年没有饥民逃荒的，没有哪一年边境全面安定的。有自然灾害问题，但多系官祸，为官者多不像圣贤书要求的那样，他们口唱为官要乐民之所乐、忧民之所忧，要敬天保民、若保赤子等，而多半是当上了官就设法窃取民脂民膏，使人

1.《论语》通要．124.

民难于生活，所以造反乱来，天下不安定。显然，弊在为官者学一套，做一套；知一套，行一套。当此背景下，王阳明提出“知行合一”，何其高明，何其以天下为己任。后世在学习运用“知行合一”时，往往与阳明先生所论有些走样，把知、行分作两部分，但其宗旨的本真却抓住了，重视实践，反对空头的圣道说教，要做到“人人亲其亲长其长，而天下平”[1]。不要只教别人去做，自己不做。上下左右皆同心同德，同修养同实践，社会岂能不文明？王阳明学说非常清楚，把“知行合一”的知行看作一事两事不是最关键的，最关键的是别忘强调“知行合一”的宗旨。而注重宗旨，注重践行，排除坐而学道、坐而论道、“百人事智，而一人用力”[2]之局面，代之以学以致用，人人把圣贤教诲化为自己的行动。这才是阳明先生倡导“知行合一”的苦心所在，本真所在。

（二）“知是行的主意，行是知的工夫”

王阳明说：“某尝说知是行的主意，行是知的工夫；知是行之始，行是知之成。若会得时，只说一个知，已自有行在；只说一个行，已自有知在。古人所以既说一个知又说一个行者，只为世间有一种人，懵懵懂懂的任意去做，全不解思维省察，也只是冥行妄作，所以必说个知，方才行得是。又有一种人，茫茫荡荡悬空去思索，全不肯着实躬行，也只是个揣摩影响，所以必说一个行，方才知得真。此是古人不得已补偏救弊的说话，若见得这个意时，即一言而足。”[3]王阳明认为，“知”“行”是绝不可分开的，知是行的开始，行是知的完成；不行，知就没有完成，不知，行

1. 刘兆伟．《孟子》译评．中华书局，2011：193.

2. 梁启雄．韩子浅解．中华书局，1960：482.

3. 王阳明全集．5.

只能是乱行、胡行。所以，必须“知行合一”。那么古圣先贤为什么还把“知”“行”各自单列呢？诸如《论语·季氏》中孔子说：“生而知之者，上也；学而知之者，次也；困而学之，又其次也；困而不学，民斯为下矣。”[1]《中庸》：“博学之，审问之，慎思之，明辨之，笃行之。”[2]《论语·为政》：“子贡问君子，子曰：‘先行其言而后从之。’”[3]“子曰：‘由！诲汝知之乎！知之为知之，不知为不知，是知也。’”[4]王阳明认为，古人所以分别强调知、行，只是为了对两种人补偏救弊地进行教育。教育第一种人不能稀里糊涂地蛮干硬拼，必须注重知，注重循圣贤思想精神去做人处世，所以强调“知”的重要性；而对第二种人，不能学得一知半解，不经实践去验证，只是夸夸其谈，毫无实际意义，所以强调“行”的重要性。这纯属挽救两种极端人的救急措施，不等于古圣先贤也认为“知行是两回事”。从本质上讲，圣贤认为“知行是一体”，而王阳明将其揭示得更鲜明突出罢了。

（三）“知之真切笃实处即是行，行之明觉精察处即是知”

《传习录》中篇载《答顾东桥书》说：“知之真切笃实处即是行，行之明觉精察处即是知。知行工夫本不可离。只为后世学者分作两截用功，失却知行本体，故有合一并进之说。真知即所以为行，不行不足以谓之知。”[5]王阳明认为“知之真切笃实处即是行”，其实，不行也就不可能“知之真切笃实”，不行则知就未完成。因此说：“知是行之始，行是知之成。”

1.《论语》通要．399.

2. 刘兆伟．《大学》《中庸》诠评．中国社会科学出版社，2013：156.

3.《论语》通要．26.

4.《论语》通要．29.

5. 王阳明全集．47-48.

又认为“行之明觉精察处便是知”，其实不知也就不可能“行之明觉精察”，不知则行就没方向。因此说：“知是行的主意，行是知的工夫。”真正的知，必含行；真正的行，必含知。

（四）“知行合一，正是对病的药”

《传习录》上篇载，王阳明自己明白表示：“今人却就将知行分作两件去做，以为必先知了，然后能行。我如今且去讲习讨论做知的工夫，待知得真了方去做行的工夫，故遂终身不行，亦遂终身不知。此不是小病痛，其来亦非一日矣。某今说个知行合一，正是对病的药。又不是某凿空杜撰，知行本体原是如此。今若知得宗旨时，即说两个亦不妨，亦只是一个。若不会宗旨，便说一个，亦济得甚事？只是闲说话。”[1] 此昭示了王阳明遭龙场谪罚后，而痛定思痛，是思国家之痛、人民之痛。深察国家、民族之病根，找到了虚学误人、空言误国。上下朝野代代相因，脱离实际地读圣贤书，坐而论道，振振有词，多未实践过为饥民解困、为国家平乱、“为万世开太平”的社会急需之事，离社会愈来愈远。更有甚者，科举中进士做官的人，多数把读圣贤书与爱民治国分成两件事，总是把圣人教诲当成理想社会的作为，而做官面对社会则实行另一套办法，逐渐知行就变成两件事。学一套，做一套；说一套，行一套。圣人思想未能普遍地用于社会，而贪官污吏长期盗用圣人之名去约束百姓，而自身却无法无天，为所欲为。人民逐渐识破其骗局，自然由消极抵抗到积极造反、闹事。天下长期不安宁，最受伤害的还是人民，但为官者也不好过，至于皇帝为首的朝廷统治者更怕基业不稳，覆巢无完卵。所以天下安定和平，是皇帝至

1. 王阳明全集．5.

庶民一体追求的。而王阳明于遭贬龙场时苦思冥想，于 1508 年自呼明白了，即悟道了。第二年，即 1509 年到贵阳书院讲学时，他大讲“知行合一”。这当然也是他悟道内容之一。“知行合一”关键在于修养落到实处，知落到行上，学落到干上，实干才能兴邦。而于 1515 年王阳明四十四岁时，在南京见到所谓“朱子晚年定论”的一些答疑解惑的信件，其中观点多与己同。王阳明说：“予既自幸其说之不谬于朱子，又喜朱子之先得我心之同然。”[1] 朱熹《答潘叔恭》说：“学问根本在日用间，持敬集义工夫，直是要得念念省察。读书求义，乃其间之一事耳。旧来虽知此意，然于缓急之间，终是不觉有倒置处，误人不少，今方自悔耳！”[2]《答林充之》说：“充之近读何书？恐更当于日用之间为人之本者，深加省察，而去其有害于此者为佳。不然，诵说虽精，而不践其实，君子盖深耻之。此固充之平日所讲闻也。”[3] 由朱子晚年精熟学说证明王阳明先生揭示“知行合一”学说，完全符合先圣先贤思想之真谛，极为有助于人们理解践行圣贤思想，提升人们的思想境界，共同从自己的角度以不同的形式贡献自己的心力于社会。20 世纪初，以陶行知先生为代表的一批乡村教育家，特别强调“知行合一”。他们深入山东、河北、江苏、四川等省的部分县区，践行自己所学的中外文化知识。一点一滴地做，一点一滴地使农村文化教育进步。这种实干精神正是“知行合一”的体现。坐在研究室里研究一生而不去实践，是不能获得真知的。中华民族推翻了“三座大山”，赶走了日本侵略者，迅速崛起，立于强者之林的历史过程，均体现了“知行合一”的

1. 王阳明全集．145.
2. 王阳明全集．153.
3. 王阳明全集．154.

理念。新时代领导者强调“打铁还得自身强”，以至“打铁必须自身强”[1]。只有自己强了，才有广泛的带动力，带头实干、加油干，才能形成全社会实干、苦干的风气。一切进步、一切改革的成功、幸福生活、国家富强文明，都是干出来的，不是空讲出来的。这都体现了“知行合一”理论的现实价值。

二、“致良知”：“格物”“致知”“诚意”[2]

良知、良能、良心之说，源于《孟子》。《孟子·告子上》：“虽存乎人者，岂无仁义之心哉？其所以放其良心者，亦犹斧斤之于木也，旦旦而伐之，可以为美乎？”[3]《孟子·尽心上》：“人之所不学而能者，其良能也；所不虑而知者，其良知也。孩提之童无不知爱其亲者；及其长也，无不知敬其兄也。亲亲，仁也；敬长，义也。无他，达之天下也。”[4]孟子所提出的“良心”“良知”，其实孔子于《论语》中两次提到的“恕”与“忠恕”，正是其思想基础。《论语·卫灵公》：“子贡问曰：‘有一言而可以终身行之者乎？’子曰：‘其恕乎！己所不欲，勿施于人。’”[5]孔子认为终身奉行的应该是“恕”，而恕是“己所不欲，勿施于人”。在《论语·里仁》中：“子曰：‘参乎！吾道一以贯之。’曾子曰：‘唯。’子出，门人问曰：‘何谓也？’曾子曰：‘夫子之道，忠恕而已矣。’”[6]朱熹认为“尽己之谓忠，推

1. 习近平．决胜全面建成小康社会 夺取新时代中国特色社会主义伟大胜利——在中国共产党第十九次代表大会上的报告．人民出版社，2017：61.
2. 《大学》《中庸》诠评．30.
3. 《孟子》译评．330.
4. 《孟子》译评．396.
5. 《论语》通要．369.
6. 《论语》通要．69.

己之谓恕”[1]。推己及人，非良心而何？所以良心、良知是圣人早已提出的一以贯之的信仰。

王阳明为使中华道统之精髓有效传承与践行，上承孔子、孟子“恕、忠恕、良知、良能、良心”之说，下继陆九渊“心即理”之说，提出了“致良知”学说。《传习录》中篇载，1524 年王阳明五十三岁，在《答陆原静书》中说：“良知者，心之本体，即前所谓恒照者也。心之本体，无起无不起，虽妄念之发，而良知未尝不在，但人不知存。则有时而或放耳。虽昏塞之极，而良知未尝不明，但人不知察，则有时而或蔽耳；虽有时而或放，其体实未尝不在也，存之而已耳；虽有时而或蔽，其体实未尝不明也，察之而已耳。若谓良知亦有起处，则是有时而不在也，非其本体之谓也。”[2] 良知，是人心的本体，是永远明亮而纯净的。心的本体是不显善恶的，有了意念后，就有善恶之别了。坏的念头产生了，而良知还在，但人们不知道存养自己的良知，任私念横行，那么良知就跑掉了。显然，这不是良知本身的问题，而是修养不够，致使良知流失了。即使昏昧糊涂到极点，良知不是不光明，而人不知保持良知的光明，那自然有时就被障蔽了。即使有时良知流失了，心之本体还是常在的，需要以善心善念去存养它；即使有时良知被蒙蔽了，心之本体还是光明的，拂去其灰尘则可。如说“良知”也有起心动念时，那不是良知有了改变，而是“良知”跑掉了，并非心之本体出了问题。所以，修养道德，“孝悌忠信礼义廉耻”“温良恭俭让”“恭宽信敏惠”的根本是“致良知”，讲良心。失去了良知、良心，去讲什么修养、道德都是空的、虚伪的，不会有实质价值的。所以王阳明认为，“致良知”是中华民族文化信仰的核心，其言：“我此‘良

1. 朱熹．四书集注．长沙：岳麓书社，1985：97.
2. 王阳明全集．69.

知’二字是千古圣圣相传的一点滴骨血也。”又说：“某此良知之说，从百死千难中得来，不得已与人一口说尽。只恐学者得之容易，把作一种光景玩弄，不落实用功，负此知耳。”[1] 而王阳明四十余岁时开始重视孟子所论“良知、致良知”，到五十岁时，经过平息朱宸濠叛乱后，即经过重大事变的磨砺，思想几近炉火纯青。于是正式揭示“致良知”。《王阳明全集·年谱》载：“益信良知真足以忘患难，出生死，所谓考三王，建天地，质鬼神，俟后圣，无弗同者。乃遗书守益曰：‘近来信得致良知三字，真圣门正眼法藏。往年尚疑未尽，今自多事以来，只此良知无不具足，譬之操舟得舵，平澜浅濑，无不如意，虽遇颠风逆浪，舵柄在手，可免没溺之患矣。’”[2]

“致良知”学说，有利于中华民族在传承、弘扬优秀传统文化中抓住要害，传承精华，更有利于简化儒家学说，使人们便于掌握儒学的精髓，益于普及，益于践行。王阳明说“‘道之大端易于明白’，此语诚然。顾后之学者，忽其易于明白者而弗由，而求其难于明白者以为学，此其所以‘道在迩而求诸远，事在易而求诸难’也。孟子云：‘夫道若大路然，岂难知哉？人病不由耳！’良知良能，愚夫愚妇与圣人同。但惟圣人能致其良知，而愚夫愚妇不能致，此圣愚之所由分也。”[3] 人们治学修德，只要去“致良知”，就抓住了根本，以纲带目，其他修养方面均会相约而善。

（一）“良知”是心之本体

王阳明认为，人心本是人性的寓所，性无不善，故知无不良。人心本

1. 王阳明全集．412.
2. 王阳明全集．1411-1412.
3. 王阳明全集．56.

真是纯正自然的善性之心，其内涵的自然情操是善良的、美好的，所以说良知是心之本体。人心本体是善良的、纯正的，就是合乎天理的。所以王阳明说天理人心是一事，不是两回事。

孟子认为，人与生俱来具有四善端。《孟子·公孙丑上》："今人乍见孺子将入于井，皆有怵惕恻隐之心；非所以内交于孺子之父母也，非所以要誉于乡党亲朋也，非恶其声而然也。由是观之，无恻隐之心，非人也；无羞恶之心，非人也；无辞让之心，非人也；无是非之心，非人也。恻隐之心，仁之端也；羞恶之心，义之端也；辞让之心，礼之端也；是非之心，智之端也。人之有是四端，犹其有四体也。有是四端而自谓不能者，自贼者也；谓其君不能者，贼其君者也。凡有四端于我者，知皆扩而充之矣，若火之始然，泉之始达。苟能充之，足以保四海；苟不充之，不足以事父母。"[1] 孟子早于王阳明一千八百年，就认为人性本来是善的，人心本来是善的，关键是"四善端"需要保持、扩充、弘扬，才能形成真正的完整、完善的善性。孟子所说的善端，就是"良知、良能"，其完善了就是"仁"德。毋庸置疑，王阳明"致良知"学说源于孔子、孟子，但王阳明发展了孔子、孟子学说，深刻揭示了"恕道、良知、良能、良心"的高尚境界。这与其所处时代之所需有着必然的联系，也与其吸纳佛道思想有关，更注重思想境界的提纯与拂尘。

人心之初本就具有四善端，良知是人类与生俱来的，即天理，俱在人心中。所以说，良知是心之本体。后天有的人心变坏了，天理良知就离开了，恕道、良心跑掉了；有的人昏愦愚昧，天理良知被蒙上了尘埃，良心盖满了污垢。无论欲使坏变为善，还是使昏变为明，均须抓住人心之本

1.《孟子》译评．82.

体。抓住人心，使其“致良知”，讲恕道、良心。有了这个根本，就有了治人百病的钥匙。

（二）“格物”是“致良知、诚意”的前提

《传习录》上篇载，王阳明认为“格物是止至善之功，既知至善，即知格物矣”。[1]《大学》：“大学之道，在明明德，在亲民，在止于至善。”[2] 大学教育的宗旨，在于使与生俱来的善性明德更光明、更宏大，在于爱人亲民，乐民之所乐，忧民之所忧，在于达到最善、最纯诚，合乎天道的程度。那么，格物，就是要使人达到最善、最诚、合乎天道。不合天道之意念，不合乎善、诚之意念，就要格除。“身之主宰便是心，心之所发便是意，意之本体便是知，意之所在便是物。如意在事亲，即事亲便是一物；意在事君，即事君便是一物；意在仁民爱物，即仁民爱物便是一物；意在视听言动，即视听言动便是一物。所以某说无心外之理，无心外之物。《中庸》言‘不诚无物’，《大学》‘明明德’之功，只是个诚意。诚意之功，只是个‘格物’。”[3] 一个人知之良否，意念诚否？深言之，良心正否？均在于“格物”。而格物不是格那件事、那个物，而是格自己心中怎么对待那件事、怎么对待那个物。是以良知、良心对待那件事、那个物呢，还是以恶心、私心对待那件事、那个物？以良知、良心对待事、对待物、对待人，就是“致良知”，意念自然诚纯，所以格物是“致良知”“诚意”的前提，也是“致良知”“诚意”的具体体现。

王阳明进一步揭示格物说：“‘格物’如孟子‘大人格君心’之格，是

1. 王阳明全集． 5.
2. 《大学》《中庸》诠评． 30.
3. 王阳明全集． 6-7.

去其心之不正，以全其本体之正。但意念所在，即要去其不正以全其正，即无时无处不是‘存天理’，即是‘穷理’。天理即是‘明德’，‘穷理’即是‘明明德’。”[1]《尚书·冏命》：“惟予一人无良，实赖左右、前后有位之士，匡其不及。绳愆纠谬，格其非心。俾克绍先烈。”[2]可知，“格其非心”，即“格其非良心”之意由来已久。而漫长的岁月中，主宰社会的君臣多不从自身查找社会问题的原因，更不去省察良知、良心，于是也就不去揭示圣学的本真。王阳明为解决明中叶的社会问题，仰视俯察，寻出圣圣相传的真谛。格物是向内下功夫，要格除己之非良心、良知之处，以使儒学适应明中叶之需要。历史事实说明了王阳明学说完全是阐发圣道，发展圣道，根本不是攻击者少保桂萼所说“欲立异以为高”“才美者乐其任意，庸鄙者借其虚声。传习转讹，背谬弥甚”[3]，而是通过揭示圣道精华，引导人们践行圣道，养良心而寡欲，施教化民，恶民之所恶，利民之所利，以追求国泰民安。

既然“格物”是去其心之不正而归于正，那么按天理而为就是“格物”的目的；一个人如能胜私循理，良知、良心非常清淳，意念诚明，就是致知、诚意。致知、诚意是格物的结果；格物是致知、诚意的前提。“致良知”“诚意”就是修养到“至善”的程度了。所以王阳明说：“格物是止至善之功，既知至善，即知格物矣。”实质上，王阳明把“格物”的功能定位很大，不但是“正其不正以归于正”，而且是“存天理，去人欲”之功夫。“今为吾所谓格物之学者，尚多流于口耳。况为口耳之学者，能反此乎？天理人欲，其精微必时时用力省察克治，方日渐有见。如今一说话

1. 王阳明全集．7.
2. 十三经注疏：影印本．246.
3. 明史·王守仁传．5168.

之间，虽只讲天理，不知心中倏忽之间已有多少私欲。盖有窃发而不知者，虽用力察之，尚不易见，况徒口讲而可得尽知乎？今只管讲天理来顿放着不循；讲人欲来顿放着不去；岂格物致知之学？后世之学，其极至，只做得个义袭而取的工夫。”[1]“格物”之功效非常之重大，但就怕流于口耳相传，愈传愈失其本真。必务真实，天理人欲之间，必时时“慎其独也”。发现、觉察自己私欲邪念有所露头，即刻遏止、锄掉。就是在讲述天理之际，心中刹那间也可能产生许多私欲，而这些私欲别人是看不到的。自己不及时觉察，不即刻克制，就会泛滥坏德。如口头讲着天理，心中想着非天理，口头讲着去私欲，心中想着如何满足私欲，这就不是格物之学。而格物就是时时、事事、处处格除其私心邪念，归心于天理。所以格物之学大哉！

“格物”之学说，决不是因诫人穷尽天理，而要人们冥思苦想脱离社会实际与个体内心存在非天理之实际。如呆坐格物穷理远离人与社会，那才是真正的“务外而遗内”了。必须随事而格，随问题而格，如此精察己心之天理是否受损，是否纯正，而用心力去维护本然之良知、良心，久而久之，正如《中庸》所说：“虽愚必明，虽柔必强。”[2]学者学到一定程度，一事一物、一意一念都不空想，均能结合事事物物，以天理察之，察己心、察己意，非为察别人、察外物。朱熹的“穷至事物之理”[3]，是针对具体事物，研究事物之理，未能深入己心内察之。这就是朱、王二先生不同之处。但王阳明四十多岁发现朱熹晚年纠正了自己的“即物穷理”的观点，所以认为自己的学说与朱熹晚年观点相同。

1. 王阳明全集．28.
2. 《大学》《中庸》诠评．156.
3. 四书集注．4

《传习录》下篇说："有一属官因久听讲先生之学，曰：'此学甚好，只是簿书讼狱繁难，不得为学。'先生闻之，曰：'我何尝教尔离了簿书讼狱，悬空去讲学？尔既有官司之事，便从官司的事上为学，才是真格物。如问一词讼，不可因其应对无状，起个怒心；不可因他言语圆转，生个喜心；不可恶其嘱托，加意治之；不可因其请求，屈意从之；不可因自己事务繁冗，随意苟且断之；不可因旁人谮毁罗织，随人意思处之。这许多意思皆私，只尔自知，须精细省察克治，惟恐此心有一毫偏倚，枉人是非，这便是格物致知。簿书讼狱之间，无非实学。若离了事物为学，却是著空。'"[1] 王阳明虽然讲"心学""致良知"之学，但实实在在是实学。在官司上格、在人情是非上格、在种种繁难之事上格，而所有之格，皆落在格心之物、格意之物、格知之物上。"心学"是实的，不是空虚的。而要更切实地解决好人心正、人心良的问题，就要切实解决好正己心以正万事万物的问题。

（三）"致知""诚意"是"格物"的"止至善"

没有严格的格物，就不可能有"致良知"，就不可能意念诚纯。"格物"格到最佳境界，就是为善去恶，持正去邪，防恶护善，就是"致良知"，良知纯正就是诚意。所以"致良知""诚意"是格物达到的至善程度。大学的功夫在诚意，诚意的功夫在格物。"修身、齐家、治国、平天下"的精髓在诚意，而根本还是在"格物"。但如只讲"格物"重要，而忽略"致知""诚意"，那就是枉动，那就是失去了灵魂；如只强调"致知""诚意"，而忽略"格物"，那就是空的、虚的，那就失去了基础和前提。所以

1. 王阳明全集 . 107-108.

王阳明先生一贯认为，三者是一体，不可分的。无论在强调哪部分时，都绝不忽略另两部分。既对“格物”强调到最重要的程度，也对“诚意”强调到须臾不可离的程度，而对“致良知”更加重视。

《传习录》上篇说：“大学工夫即是‘明明德’，‘明明德’只是个‘诚意’，‘诚意’的工夫只是‘格物、致知’。若以诚意为主，去用‘格物、致知’的工夫，即工夫始有下落，即为善去恶无非是‘诚意’的事。”[1]这更加证明“格物、致知、诚意”三者是相辅相成的。三者同时在起作用，缺一不可。有时看到王阳明论此三者时，忽而突出“格物”，忽而突出“致知”，忽而突出“诚意”，都不是矛盾的，是统一体。“格物”格得精，“良知”就清明，意念就诚纯；以诚纯的“良知”去“格物”，才能精确“格物”；以“诚意、致良知”为目标，“格物”的方向才更明确。

（四）“良知”、天理要纯而又纯、精而又精

一个人修养、学道，决不能走过场，一定要下决心，持续坚持，遇事心动时，一定要穷追狠察，发心起念是善是恶。觉察到恶念发，就一定把它遏住，不使之泛滥成恶；觉察到善念发，就顺势弘扬它、扩展它，使之形成广泛的影响。这就是最好的“格物”，也是真正的“诚意”，也就是真正的“致良知”了。《传习录》下篇王阳明教育学生诚心向学：“诸公在此，务要立个必为圣人之心，时时刻刻，须是一棒一条痕，一掴一掌血，方能听吾说话句句得力。若茫茫荡荡度日，譬如一块死肉，打也不知得痛痒，恐终不济事。回家只寻得旧时伎俩而已，岂不惜哉！”[2]可见其对学生要求很严格。为什么？因为他的教育要达到的目的任重道远。正如《论语·泰

1. 王阳明全集. 44.
2. 王阳明全集. 40.

伯》中曾子所说："士不可以不弘毅，任重而道远。仁以为己任，不亦重乎？死而后已，不亦远乎？"[1]而王阳明讲得更具体更严厉，都是为了学生要学到真正的道，要真正地"致良知""存天理"。他说：我辈今日用功，只是要为善之心真切。此心真切，见善即迁，有过即改，方是真切工夫。如此则人欲日消，天理愈明。若只管求外表，说效验，却是助长向外追求的毛病。即主张修道之心真切，一丝不苟，一意一念，皆格得分明，心中事件件叫真，时时清明。天理良知纯而又纯、精而又精，这才是真正地"止于至善"。王阳明在天理、良知修养方面创造了形象恰切的"精金说"。

他认为圣人心中纯乎天理，而无人欲的杂质，犹如精金绝无铜铅之杂质。金到足色方是精，人到纯粹天理方是圣。圣人的才力也有大小不同，犹如金的分量有轻有重，但都是精金。如尧、舜如同万镒，文王、孔子如同九千镒。禹、汤、武王如同七八千镒，伯夷、叔齐如同四五千镒。才力不同，而纯粹天理则同，都可称为圣人。只是分量不同，而成色都是精纯的，都是精金。普通的劳动者，其间贤明者，也有少量的精金。哪怕只有一两，虽少，但真有。所以说普通人也可以有圣人的情怀。孟子所论"人皆可以为尧舜"[2]的道理也就在于此。故学道贵乎精，贵乎天理、良知之纯之精。而诸多学者、文人不知学道修养之本是求良知、天理之精粹，而去知识上广求博采，以为圣人无所不知，无所不能，必须将圣人诸多知识逐一学得。所以他们不在求天理、良知之精纯上下功夫，而从书本上苦寻，殚精竭虑，仍无所获。如果没有一个求良知、天理真纯的目的，去广泛涉猎，那将是知识愈广泛者人欲愈滋衍，才力愈强者而天理愈被蒙蔽。

总之，王阳明再三强调修德尽性，一定要做到精、做到纯，要下大

1.《论语》通要．63.

2.《孟子》译评．352.

力气，要在心中树起道德的砥柱。这个砥柱就是“良知”“天理”。但不能为保持自己的“良知”“天理”就回避社会矛盾，躲进深山，而要勇于担当治理社会的责任。真的“良知”“天理”是要经过艰苦磨难考验的，风吹雨打不动摇，利禄、名位诱惑不动摇。处理任何问题时，都能保持“良知”“天理”之纯粹，都能以“若保赤子”“用康保民”之情怀对待人民，俯仰无愧，只求天理、良心的精纯。于今日弘扬中华优秀传统文化，振奋民族精神，努力实现中华民族伟大复兴之际，尤须弘扬“天理良心”“知行合一”的思想精髓。

三、“心即理”，心外无理

1525 年，王阳明五十四岁时思想意志坚定成熟，所写的《答顾东桥书》明确揭示理在心中，心外无理。“夫物理不外于吾心，外吾心而求物理，无物理矣；遗物理而求吾心，吾心又何物邪？心之体，性也，性即理也。故有孝亲之心，即有孝之理，无孝亲之心，即无孝之理矣。有忠君之心，即有忠之理，无忠君之心，即无忠之理矣。理岂外于吾心邪？晦庵曰：‘人之所以为学者，心与理而已，心虽主乎一身而实管乎天下之理，理虽散在万事，而实不外乎一人之心。’是其一分一合之间，而未免已启学者心、理为二之弊。此后世所以有‘专求本心，遂遗物理’之患。正由不知心即理耳。”[1]

1. 王阳明全集．48.

（一）心是人的最高主宰、最准权衡

“心一而已，以其全体恻怛而言谓之‘仁’，以其得宜而言谓之‘义’，以其条理而言谓之‘理’。不可外心以求仁，不可外心以求义，独可外心以求理乎？外心以求理，此知、行之所以二也。求理于吾心，此圣门知行合一之教。”[1]

王阳明于此极为明确而坚定地批评了朱熹心外求理的思想学说；指出心理一体，心就是仁，心就是义，心就是理。求吾心，就是求仁、求义、求理。而真正地求得了仁、义、理，就是践行了仁、义、理。这才是真正的知行合一的本真。“心者，身之主也，而心之虚灵明觉，即所谓本然之良知也。其虚灵明觉之良知应感而动者，谓之意；有知而后有意，无知则无意矣。知非意之体乎？意之所用必有其物，物即事也。如意用于事亲，即事亲为一物；意用于治民，即治民为一物；意用于读书，即读书为一物；意用于听讼，即听讼为一物。凡意之所用，无有无物者。有是意即有是物，无是意即无是物矣，物非意之用乎？”[2]

王阳明于此强调“无是意即无是物矣，物非意之用乎？”其并非追求哲学之穷境，而是强调良知之心，要起修身为人的主导作用，要把圣人的教导用于实处，强调理论的践行，这一本质意义与价值是值得重视而效法的。所以王阳明接着讲：“毫厘千里之谬，不于吾心良知一念之微而察之，亦将何所用其学乎？是不以规矩而欲定天下之方圆，不以尺度而欲尽天下之长短，吾见其乖张谬戾，日劳而无成也已。”[3]心是人最高的主宰，是裁定是非、权衡利弊的准则，也是人们的最高制约与依赖，非常鲜明。王阳

1. 王阳明全集． 48.
2. 王阳明全集． 53.
3. 王阳明全集． 56.

明强调心，强调心、理一体的本质是要人们依心理行事、修身；如修身、行事不当，要从人的主导心去找原因，一念一念地查找问题所在。主导清明，其所指导的诸事诸物，自然合乎良知。即王阳明强调“心即理”，最终落脚点是良心、良知落实在社会活动中。在此基础上，王阳明最关注的就是凡事合宜于圣人之道的本真，不僵化、不极端，具体事物、具体时间地点，具体分析，具体对待。

“夫舜之不告而娶，岂舜之前已有不告而娶者为之准则，故舜得以考之何典、问诸何人而为此邪？抑亦求诸其心一念之良知，权轻重之宜，不得已而为此邪？武之不葬而兴师，岂武之前已有不葬而兴师者为之准则，故武得以考之何典、问诸何人而为此邪？抑亦求诸其心一念之良知，权轻重之宜，不得已而为此邪？使舜之心而非诚于为无后，武之心而非诚于为救民，则其不告而娶与不葬而兴师，乃不忠不孝之大者。”[1]不告而娶、不葬而兴师，史无明典可据，全凭一颗良心的判断，心就是最高的理，就是天理，就是最高、最正确的裁判。《孟子》中淳于髡问：“嫂溺则援之以手乎？”孟子明确地说：“嫂溺不援乃豺狼也。”[2]礼之大者是利于天下万民，救人于水火就是最大的礼、最高的礼，不能因为拘于一般的“男女授受不亲”之礼，就见死不救。此事是无先例的，没有可参考的，只能凭心、凭良心而决断。这救人之命作为最大的原则，就是最佳的标准，其为中华民族中庸思想中的具体问题具体分析，权衡利弊思想的基础。而权衡靠什么？靠良心。在此意义上，心、良心，是人们的主宰，也是万事万物的主宰。统治者以权势扩张自己的欲望，明朝中期以后，巨商富贾与官府勾结，鱼肉百姓，土地兼并，贫者无立锥之地，官逼民反，苍生涂炭，王阳

1. 王阳明全集．56-57.
2. 《孟子》译评．201.

明“哀民生之多艰”之同时，又觉得尚有一线之希望，揭示圣道的真髓，以启天下之良知。天下各色人等若有良知，各自可守本分，不肆欲他利，天下自然趋向和谐。

（二）省察克治，永保主宰之清明

王阳明说：“所幸天理之在人心，终有所不可泯，而良知之明，万古一日。”[1]良知乃几千年来圣圣相传的真经之精华，万不可轻率以其外道为学，莽撞践行。一定要对圣教之真谛体味明晰，愈明晰者自然在践行中“虚心涵泳，切己体察”[2]。良知、良心虚灵明察，意念端正诚明，格物中肯，天理良心即昭然世间。多人如此，社会当然就风清气正，和谐向上，国泰民安。所以，人心方寸之间万不可忽也。

王阳明于《传习录》上篇说：“吾辈用功，只求日减，不求日增。减得一分人欲，便是复得一分天理。”“学，是学去人欲，存天理。从事于去人欲，存天理，则自正。诸先觉考诸古训，自下许多问辨思索、存省克治工夫。然不过欲去此心之人欲，存吾心之天理耳。”[3]一切修养皆是去吾心之欲，存吾心之天理。王阳明所谓“无心外之理，无心外之物”，即指凡天理必为良知、良心所认可，良知、良心所不认可者，非为天理。心外，即良心不肯定者；良心、良知不肯定者，当然就不是天理了。所以，王阳明认为“无心外之理”。物，事，或万事万物；所谓“心外之物”，即良心、良知外的事物，不合乎良知、良心的事物。圣人与学为圣人者，凡举事皆合乎良心、良知，所以，无不合乎良知、良心的事物。昔时多家误

1. 王阳明全集．64.
2. 中国大百科全书：教育卷．中国大百科全书出版社，1985：567.
3. 王阳明全集．32-36.

读此言，未解真谛。“不诚无物”，其实即“无物不诚”。圣人与学圣人者，对待万事万物皆诚，没有哪一事物不诚，“明明德”当然只是个诚意。诚意是怎么得来的，就是“格物”格出来的。通过一事一物地“格”，“以全其本体之正。但意念所在，即要去其不正以全其正，即无时无处不是存天理，即是穷理。”[1]

王阳明认为，天理、人欲之精微处，必时时省察克治。人的修养绝不是一劳永逸的，而是时时刻刻省察自己内心些微的变化，如非天理则即刻清除，如合乎天道者，则固之、坚之，即王阳明所说的“善念发，而知之，而充之；恶念发而知之，而遏之；知与充与遏者，志也，天聪明也，圣人只有此，学者当存此”。[2]如只是口头空讲天理，内心私心杂念不及时清除，天理是天理，人欲是人欲，各行其是，那怎么可以？讲天理就必须去掉人非分之欲；去掉人非分之欲，就必须坚守天理。只有如此所为，才是真正的“格物、致知”之学。

王阳明于《传习录》下篇说：“圣人无所不知，只是知个天理；无所不能，只是能个天理。圣人本体明白，故只是知个天理所在，便去尽个天理。”[3]修养内心一定要诚、要纯、要精，他把此事比作求精金，精金哪怕少，也比泛泛而论天理良知强得多。因为只要心中存有天理，就会愈养愈广大，所以一定要向圣人学习，“只是知个天理”，便无所不能，守住良知、良心。

1. 王阳明全集．7.
2. 王阳明全集．25.
3. 王阳明全集．110.

（三）明晰立言宗旨，内心自律

王阳明于《传习录》下篇说："诸君要识得我立言宗旨。我如今说个心即理是如何，只为世人分心与理为二，故便有许多病痛。如五伯攘夷狄、尊周室，都是一个私心，便不当理。人却说他做得当理，只心有未纯，往往悦慕其所为。要来外面做得好看，却与心全不相干。分心与理为二，其流至于伯道之伪而不自知。故我说个'心即理'，要使知心、理是一个，便来心上做工夫，不去袭义于外，便是王道之真。此我立言宗旨。"[1]

王阳明关于立言宗旨的阐述，真似圣人再现。为什么说"心即理"？是有针对性的，就因世人把心与理分而为二。天理归天理，提出讲一讲、论一论则可，而自己心中所思所求仍然是邪念妄心。如此下去，人类社会自然混乱无序，互越权限，而不自律自修。正因为此，王阳明才提出"心即理"，要人们在自心下功夫，不去外表学"正义"，要把天理良知的根扎在心中。心中有天理良知，所行所为则无非合乎天理良知之事。孔子关于鬼神问题的看法，就是针对当时社会存在的无敬畏心理与过分迷信鬼神而提出的有关论述。《论语·八佾》："祭如在，祭神如神在。"[2]《论语·先进》："季路问事鬼神。子曰：'未能事人，焉能事鬼？'曰：'敢问死。'曰：'未知生，焉知死？'"[3]《说苑·辨物》载："子贡问孔子：'死人有知无知也？'孔子曰：'吾欲言死者有知也，恐孝子顺孙妨生以送死也；欲言无知，恐不孝子孙弃不葬也。赐欲知死人有知将无知也，死徐自知之，犹未

1. 王阳明全集．137-138.
2. 《论语》通要．45.
3. 《论语》通要．233.

晚也。'"[1] 此节文字生动而深刻地揭示了圣人对待鬼神问题的态度是有针对性的，是为了解决具体问题。所以偶讲鬼神，是为了震慑邪恶的需要，教化人们趋善的需要，本质上是不相信有什么鬼神的。不完全否定，因为有时还用以进行教化。对自己弟子则明确教导要力行人事，免谈鬼神。所以当子路问及如何对待鬼神问题时，孔子说如何对待人的问题尚未解决，怎么能去探讨鬼神之事呢？子路又问关于死的问题，孔子说活着的问题还未弄明白，怎么去探讨死的问题呢？显然，孔子一贯重社会人事、重现实，但对鬼神问题悬而不下结论，即对鬼神之事留有余地。一般"不语怪力乱神"，实在避不开，亦设法将其引到利于社会进步、利于人类修德和谐上来。可见圣贤为天下之忠诚恻怛，千方百计利天下万民。王阳明立言宗旨，则与孔夫子一脉相承，为国家、民众，用心良苦啊！

四、"亲民"与治民

王阳明的思想学说，是积极担当社会责任的学说，要从根本上解决人心的高尚境界问题，而高尚境界必须体现于如何对待社会万事万物上。如果坐而论道，远离社会实际，那就是空道、虚道、妄道。高境界要深入社会诸事去考验锻炼。那么，依王阳明观点，学什么、做什么，都离不开人民。学道为官者如不亲近人民，就是邪道、歪道。《尚书·大禹谟》："德惟善政，政在养民。"[2] 曾国藩《挺经》载："天下事在局外呐喊议论总是无益，必须躬自入局，挺膺负责，乃有成事之可冀。"[3] 德再高，要表现在善

1. 卢元骏．《说苑》今注今译．天津古籍出版社，1988：647.
2. 十三经注疏：影印本．135.
3. 曾国藩．挺经．吴樵子注译．中国言实出版社，1998：4.

政上，善政就是爱民、亲民、惠民。再好的管理者也得进入群众之中，依天理、良知处理问题，挺胸担当。不然，总是局外喊叫不平，就是不去实干，这又有何益处？曾文正公这番话，恰恰符合王阳明当时的心境。所以，王守仁在“亲民”与治民问题上，一是坚决主张学道为入局行道，责无旁贷；二是坚决依古圣先贤亲民思想去治理社会。这是龙场悟道的重要内容之落脚点。悟道，主要是悟通了坚持活下去的理由与信心。活下去的重大任务就是修养好自己与治理好社会。所以王阳明思想学说中，“亲民”与治民，修齐治平是极其重要的部分。

（一）同代官员论王阳明“亲民”思想

詹士黄绾是王阳明的朋友，也是最好的学生。王阳明、湛若水、黄绾曾定交为友。十年交往中，黄绾深知王阳明真是自己的老师，于是特执贽礼拜王阳明为师，此后一直循师徒之礼。王阳明平定宁王朱宸濠之后，功勋卓著，震惊朝野，引起多方忌妒与抑制。其去世后，学友祭奠广泛，歌功颂德者云集，朝廷持偏见者诬蔑阳明学是伪学，所以朝廷对王阳明迟迟不表追谥，甚至下诏宣称阳明学是伪学，对其弟子无端排挤。黄绾仗义上书为师辩解，主要讲了两方面事情。第一，王守仁对国家、朝廷立下了大功劳。宁王朱宸濠谋反日久，上下关系盘根错节，故反叛之日，中外诸臣，多怀观望，若非王守仁心怀忠义，勇任讨贼之事，不顾灭族之险，倡议江西各州府勤王，运筹伐谋，则天下安危未可定；平定赣南、粤北诸路匪寇；平定田州、思恩叛乱；平定八寨。这是王守仁践行圣贤理论治国、平天下的有效作为。王守仁本着爱人亲民的指导思想，以教化为先，以当地带头人治理当地，平定后又辅以持续教化的方针，颇见成效，为朝廷树立了治理边地与根除匪患的一个模式，但朝廷因权臣狭隘，视而不公。黄绾力陈，以抒正义之怀。第二，黄绾大陈王守仁学说之光明，岂可谓之伪学。“其学之大要有三：一曰‘致良知’，实本先民之言，盖致知出于孔氏，而良知出于孟轲性善之论。二曰‘亲民’，亦本先民之言，盖《大学》旧本所谓亲民者，即百姓不亲之亲，凡亲贤乐利，与民同其好恶，而为絜矩之道者是已。此所据以从旧本之意，非创为之说也。三曰‘知行合一’，亦本先民之言，盖知至至之，知终终之，只一事也。守仁发此，欲人言行相顾，勿事空言以为学也。是守仁之学，弗诡于圣，弗叛于道，乃孔门之正传也，可以终废其学乎？”[1]

黄绾的上疏内容，从侧面看出王守仁从学说到为官建功立业的实践，都贯穿着他的“亲民”思想学说。这份奏折可以说是对王守仁一生功绩和学说的总结概括，综观《王阳明全集》，可知黄绾总结得十分精确恰切。

（二）行政施治过程中充分体现“亲民”思想

《告谕浰头巢贼》《疏通盐法疏》《乞宽免税粮急救民困以弭灾变疏》《告谕新民》《告谕各府父老子弟》等表明心迹的文告与奏章，极充分地证明了王阳明真正践行古圣教诲，“徽柔懿恭，怀保小民”[2]。亲民、爱民见于施治，知行合一见于保民。王阳明奉旨到赣州、南安剿匪，可见其深知匪之源于饥民、源于灾荒、源于地方官失职。既要平息匪患，又要哀悯苍生，于是动情地教诲与引导匪中随从者弃恶从善，以减少杀戮。《告谕浰头巢贼》说：“审知当时倡恶之贼不过四五十人，党恶之徒不过四千余众，其余多系一时被胁，不觉惨然兴哀。”“若尔等肯如当初去从贼时，拼死出来，求要改行从善，我官府岂有必要杀汝之理？尔等久习恶毒，忍于杀人，心

1. 王阳明全集．1464-1466.
2. 十三经注疏：影印本．222.

多猜疑。岂知我上人之心，无故杀一鸡犬，尚且不忍，况于人命关天，若轻易杀之，冥冥之中，断有还报，殃祸及于子孙，何苦而必欲为此？”[1] 王阳明唯恐大兵所至，伤及盲从百姓，苦口婆心，力争把随从惯匪的徒众分离出来，加以教化成为新民，孤立少数恶人，也就易于平剿。这也是王阳明平定匪患的根本措施与策略，但本质上是王阳明爱及苍生，亲民利民之圣贤思想使然。王阳明在《乞宽免税粮急救民困以弭灾变疏》中说："本年自三月至于秋七月不雨，禾苗未及发生，尽行枯死，夏税秋粮，无从办纳，人民愁叹，将及流离。""就是雨旸时若，江西人民亦已废耕耘之业，事征战之苦；况军旅干旱，一时并作，虽富室大户，不免饥馑，下户小民，得无转死沟壑，流散四方乎？设或饥寒所迫，征输所苦，人自为乱，将若之何？如蒙乞敕该部暂将正德十四年税粮通行优免，以救残伤之民，以防变乱之阶。伏望皇上罢冗员之俸，损不急之赏，止无名之征，节用省费，以足军国之需，天下幸甚。"[2] 王阳明此类"忧民之所忧"的亲民之举，不胜枚举。有足够的证据与理由说明他是真正的亲民之官、爱民之官。其于教授弟子过程中，也切实地传授了爱民之道、化民之道。这足以说明王守仁学说突出"亲民"一点，在当时学友中早有共识。

（三）传承儒家道统的主要特征即"亲民"

正因为王阳明学说中突出"亲民"，更充分证明他实为古圣先贤道统的传承人。《尚书·蔡仲之命》说："皇天无亲，惟德是辅；民心无常，惟惠之怀。为善不同，同归于治；为恶不同，同归于乱。"[3] 上天无亲疏远近

1. 王阳明全集．622.
2. 王阳明全集．473.
3. 十三经注疏：影印本．227.

之别，只要有德于民者，它就辅助；民心无有固定的成见，但对于别人的恩惠永不忘怀。正因为此，《论语·阳货》中孔子说："君子学道则爱人，小人学道则易使也。"[1]人民需要关怀爱护，管理者努力学好道，就能很好地爱人亲民，所以王阳明思想学说是上承孔、孟，下法朱、陆，一以贯之的。只是欲简化圣学，露出精髓，使人易于抓住圣学核心，集中于"知行合一"而已。那么，作为修己治人，以至治国、平天下者，其"知行合一"落脚点就是"亲民""爱人"。只有"亲民""爱人"者，才能真正地治国平天下。所以，王阳明学说中重要一部分是"亲民"。

《传习录》上篇开篇就论"亲民"。王阳明认为《大学》开篇所讲"大学之道，在明明德，在亲民，在止于至善"，这个"亲民"是正确的，朱熹将其改为"新民"是不对的。"'君子贤其贤而亲其亲，小人乐其乐而利其利''如保赤子''民之所好好之，民之所恶恶之，此之谓民之父母'之类，皆是'亲'字意。'亲民'犹孟子'亲亲仁民'之谓，亲之即仁之也。百姓不亲，舜使契为司徒，敬敷五教，所以亲之也。《尧典》中'克明峻德'便是'明明德'。'以亲九族'至'平章''协和'，便是'亲民'，便是'明明德于天下'。又如孔子言'修己以安百姓'，'修己'便是'明明德'，'安百姓'便是'亲民'。说'亲民'便是兼教养意。"[2]"明德慎罚"，教养人民，使之奉公守法，礼让和睦，免于遭到惩罚，即使有了犯法、犯罪者，也尽力宽大为怀。王阳明在赣南整治匪患过程中就是如此而为。前文已有论述。

《传习录》上篇王阳明说："只说'明明德'而不说'亲民'，便似佛

1.《论语》通要．409.

2. 王阳明全集．2.

老。”[1]王阳明三十三岁，主山东乡试。其策问议国朝礼乐之制：“老、佛害道，由于圣学不明；纲纪不振，由于名器太滥，用人太急，求效太速。”[2]《传习录》上篇中，王阳明指导萧惠时说：“吾亦自幼笃志二氏，自谓既有所得，谓儒者为不足学。其后居夷三载，见得圣人之学若是其简易广大，始自叹悔错用了三十年气力。大抵二氏之学，其妙与圣人只有毫厘之间。汝今所学乃其土苴，则自信自好若此，直鸱鸮窃腐鼠耳。”[3]佛氏不论善恶，一切都不管，不可以治天下。老庄认为“绝圣弃智”[4]，“身如槁木，心如死灰”[5]当然不能治天下，所以王阳明大力弘扬孔、孟先圣“亲民”“爱人”思想是儒道精髓在明代的再展光辉，以更切实地提高官民自身素质，以利于缓和明代的诸多矛盾，使人民生活得到一些安定、和平，丰年能吃饱饭，荒年不至于饿死。

王阳明整个思想体系，“知行合一”“致良知”“心即理”“亲民”的最终目的，都是要解决社会问题，使人民“养生丧死无憾”，使“老有所养，壮有所用，幼有所长，鳏寡孤独废疾者皆有所养”。[6]所以王阳明思想学说是光辉的，是革新儒家思想，突显儒家思想实践性的新发明、新发展。他认为“夫孔孟之训，昭如日月，凡支离决裂，似是而非者，皆异说也。有志于圣人之学者，外孔孟之训而他求，是舍日月之明，而希光于萤爝之微也，不亦缪乎？”[7]

1. 王阳明全集．29.
2. 王阳明全集．352.
3. 王阳明全集．42.
4. 陈鼓应．老子注译及评介．中华书局，1984：449.
5. 刘文典．庄子补正．中华书局，2015：34.
6. 十三经注疏：影印本．227.
7. 王阳明全集．418.

五、结语

王阳明可谓为国家、为人民“鞠躬尽瘁，死而后已”[1]，其千方百计解决明中期的社会问题。儒学发展到明朝中期，严重脱离社会实际；上层管理者多不能做人民的表率风范，却向底层人民屡增盘剥，致使“山中贼”猖獗，而“心中贼”[2]泛滥。国将不国，家将不家。其于龙场悟道，不是悟一般的道理，而是悟治理天下之大道，天下之广大，天下之混乱，天下之不公，必于人心的方寸之间解决根本问题；使儒学简易化，抓儒学之纲，即抓天理良心。这是儒学的核心，是精髓。传播“心学”“致良知”“知行合一”，既适合上层的高修养，也利于不识字者掌握践行儒学的精华。王阳明学说批判了脱离社会实际与脱离人们修养实际的形式儒学，斥责了虚伪的理学，强调圣人之学的实用价值；揭示了儒家思想的根本要害处就在于“良知”“良心”，使人们掌握了这根本要害处，就易于巩固中华民族良心信仰问题与解决社会秩序问题。所以，有人认为王阳明学说是对儒家思想的重大改革，类似欧洲 16 世纪马丁·路德的宗教改革。

1517 年，王阳明先生四十六岁，奉旨平定匪患，践行“知行合一”的学说，酝酿“致良知”的学说。在猖獗土匪面前，不能不镇压，然而此种形势是如何酿成的？如不从匪患之因上治理，今日镇压，明日复起；而土匪又分各种情况致其成匪的，其中多为被裹胁者，不能一律杀戮。多种多样的社会现象，官场的博弈，都成了王阳明践行自己理论学说的考场。王阳明坚毅地践行着自己的学说，欲从思想上使人们明晰儒家思想的真谛而同时践行之，以恢复儒道治国的长远效力。而这一年，欧洲德国的

1. 古文观止：影印本．曹国锋译注．上海新文化书社，1947：268.
2. 王阳明全集．188.

马丁·路德（1483—1546）提出了对天主教进行改革的学说，即《九十五条论纲》，激烈反对教皇逼迫人们买赎罪券。当时教皇宣称，信众买了赎罪券，持券人就有了忏悔之道，就可以缩短自己或家人和朋友在炼狱受苦的时间。人们几乎把最少的生活消费外的所有钱都买了赎罪券，生活十分艰难。马丁·路德明确表明自己的看法："赎罪券决不能赦免罪过；教皇本人无权作此赦免；赦免罪过之权属于上帝。教会的决定只能影响世上众生，在炼狱中不起作用；教皇为炼狱中的人所能做的只是祈祷。基督徒只要真心悔改就得到了上帝的赦免，与赎罪券无关，也就不需要赎罪券。"[1]"基督徒是完全自由的主人，不从属于任何人。"[2]这样，新教就揭去了教皇教廷愚民、盘剥暴利的遮羞布。这种主张使教众摆脱了教皇教廷非分统治，形成了思想大解放。马丁·路德尊重世俗的社会管理秩序，主张有政府，维护政府权威。这样，新教不但得到广大人民的拥护与支持，也得到了政府的支持。西方有见识的思想家认为，马丁·路德宗教改革思想是西方资本主义五百年发展的思想源头，是欧美资本主义伦理形成的基石。

王阳明比马丁·路德早出生十一年。当时，明朝儒家思想进入八股取士的僵化阶段，严重脱离实际，贪官污吏打着"孝悌忠信礼义廉耻"的旗号，而欺诈百姓，横行乡里，致使苍生涂炭，哀鸿遍野。有担当精神的官员、学者都苦思苦想治国良方，但莫衷一是。于是，王阳明提出"天理良知、致良知、知行合一""亲民"的理论学说，力矫时弊。既要统治者、文化人讲良知、良心，知行合一，也要人民讲良知、良心，知行合一。互相讲良知、良心，互相多一分认可，多一分理解，尽量达到各方面的和谐。与此同时，欧洲的天主教思想已经进入全社会愚民化阶段，严重扼杀

1.（美）雅克·巴尔赞．从黎明到衰落——西方文化生活五百年．中信出版社，2014：5.

2. 从黎明到衰落——西方文化生活五百年．5.

人性，教皇教廷通过强迫人民购买赎罪券，吸尽人民血汗，显然比明朝中期更残酷，更无人性。马丁·路德的宗教改革《九十五条论纲》如同昏天暗地的一声响雷，炸开乌云，见到了太阳。其重要主张是，“无需买赎罪券”“不需要教皇教廷，人人可以与上帝对话”“在上帝面前人人平等”“要尊重社会秩序、支持政府”“基督徒是大众最恭顺的仆人，他服从于大众”[1]。王阳明与马丁·路德同时代，具有形式不同而本质相似的社会背景，都提出了切合本地时需的改革主张，都主张使信仰简明、实用，都不同程度地维护和巩固了各自的信仰。不同之处在于，宗教改革后的西方文化更热烈、张扬；所追求目标的旗帜是天堂，实质是个体摆脱群体的自由。王明阳学说影响下的中华之文化更冷静、深沉；所追求目标的旗帜是社会相对的均、和、安，实质也是社会相对的均、和、安。马丁·路德在西方的历史地位非常崇高，其所起的历史作用也很巨大，但今天，用美国历史学家雅克·巴尔赞的话说：宗教改革后的西方世界五百年，是“从黎明走向衰落”的五百年。而王阳明思想学说潜在地促使中华民族不忘本来，坚守良心信仰；无论遭到野蛮侵略、杀戮，还是文化浸润，都能保持文化自立、民族精神、爱国图强、厚积薄发。五百年后的今天，中华新时代民富国强，光耀世界。所以，亦应把王阳明作为历史上重要改革家来对待，并弘扬其思想；进一步提升王阳明的历史地位，有助于增强中华民族的文化自信，巩固中国人的良心信仰，有利于早日实现中华民族的伟大复兴。

沈阳师范大学二级教授　刘兆伟

---

1. 从黎明到衰落——西方文化生活五百年. 6-7.

qǐ yòu yán guān qù quán jiān

一、乞宥[1]言官[2]去权奸[3]

yǐ zhāng shèng dé shū

以章[4]圣德疏

（1506 年）

【背景】明弘治十八年（1505 年）五月，孝宗皇帝驾崩，明朝由此进入武宗掌权时代。武宗从小被宠溺，每天沉溺于玩乐之中。此时，宦官刘瑾出现并开始当权。戴铣等人因触犯刘瑾的利益而入狱。王阳明当时任兵部主事，为解救戴铣等人，上书武宗皇帝。刘瑾知道后，对王阳明怀恨在心，下令廷杖四十，贬至贵州龙场驿做驿丞（相当于现在的邮政所长）。本文即为王阳明为保戴铣等言官而上书皇帝的疏文。

chén wén jūn rén zé chén zhí dà shùn zhī suǒ yǐ shèng

“臣闻君仁则臣直”[5]。大舜之所以圣，

yǐ néng yǐn è ér yáng shàn yě chén ěr zhě qiè jiàn bì xià yǐ nán

以能隐恶而扬善也。臣迩[6]者窃见陛下以南

jīng hù kē jǐ shì zhōng dài xǐ děng shàng yán shí shì tè chì jǐn yī

京户科给事中[7]戴铣等上言时事，特敕锦衣

wèi chāi guān xiào ná jiě fù jīng chén bù zhī suǒ yán zhī dāng lǐ yǔ

卫差官校拿解赴京。臣不知所言之当理与

fǒu yì qí jiān bì yǒu chù mào jì huì shàng gān léi tíng zhī nù

否，意其间必有触冒忌讳，上干雷霆之怒

zhě dàn xǐ děng zhí jū jiàn sī yǐ yán wéi zé qí yán ér
者。但铣等职居谏司，以言为责。其言而
shàn zì yí jiā nà shī xíng rú qí wèi shàn yì yí bāo róng yǐn
善，自宜嘉纳施行；如其未善，亦宜包容隐
fù yǐ kāi zhōng dǎng zhī lù nǎi jīn hè rán xià lìng yuǎn shì
覆，以开忠谠[8]之路。乃今赫然下令，远事
jū qiú zài bì xià zhī xīn bù guò shǎo xià lìng yuǎn shì jū
拘囚，在陛下之心，不过少下令，远事拘
qiú zài bì xià zhī xīn bù guò shǎo shì chéng chuàng shǐ qí hòu
囚，在陛下之心，不过少示惩创，使其后
rì bù gǎn qīng shuài wàng yǒu lùn liè fēi guǒ yǒu yì nù jué zhī yě
日不敢轻率妄有论列，非果有意怒绝[9]之也。
xià mín wú zhī wàng shēng yí jù chén qiè xī zhī
下民无知，妄生疑惧[10]，臣切惜之！

jīn zài tíng zhī chén mò bù yǐ cǐ jǔ fēi yí rán ér mò
今在廷之臣，莫不以此举非宜，然而莫
gǎn wèi bì xià yán zhě qǐ qí wú yōu guó ài jūn zhī xīn zāi jù
敢为陛下言者，岂其无忧国爱君之心哉？惧
bì xià fù yǐ zuì xǐ děng zhě zuì zhī zé fēi wéi wú bǔ yú guó
陛下复以罪铣等者罪之，则非惟无补于国
shì ér tú zú yǐ zēng bì xià zhī guò jǔ ěr rán zé zì shì
事，而徒足以增陛下之过举[11]耳。然则自是
ér hòu suī yǒu shàng guān zōng shè wēi yí bù zhì zhī shì bì xià
而后，虽有上关宗社[12]危疑不制之事，陛下
shú cóng ěr wén zhī bì xià cōng míng chāo jué gǒu niàn jí cǐ
孰从耳闻之？陛下聪明超绝[13]，苟念及此，
nìng bù hán xīn kuàng jīn tiān shí dòng hù wàn yī chāi qù guān xiào
宁不寒心！况今天时冻沍[14]，万一差去官校

督束过严，铣等在道或致失所，遂填沟壑，使陛下有杀谏臣之名，兴群臣纷纷之议，其时陛下将追咎左右莫有言者，则既晚矣。伏愿[15]陛下追收前旨，使铣等仍旧供职，扩大公无我之仁，明改过不吝之勇[16]。圣德昭布远迩，人民胥悦[17]，岂不休[18]哉！

臣又惟“君者，元首也，臣者，耳目手足也”。陛下思耳目之不可使壅塞[19]，手足之不可使痿痹[20]，必将恻然而有所不忍。臣承乏[21]下僚，僭言[22]实罪。伏睹陛下明旨有“政事得失，许诸人直言无隐”之条，故敢昧死为陛下一言。伏惟俯垂宥察，不胜干冒[23]战栗之至！

【注释】

1. 乞宥：请求宽恕、原谅。

2. 言官：相当于智囊、智库，向皇帝进言是其职责。

3. 权奸：指当权的奸臣。

4. 章：同彰，有彰显之意。

5. 臣闻君仁则臣直：这句话出自《资治通鉴》，意思是说，我听说君主如果讲仁德，臣等必定正直、诚实。

6. 迩：近来，近日。

7. 户科给事中：明朝一个独立机构的官职，正七品官。

8. 忠谠：忠诚正直。

9. 怒绝：恼怒杜绝。

10. 疑惧：疑虑恐惧。

11. 过举：失当之举。

12. 宗社：宗庙社稷。

13. 超绝：卓绝。

14. 冻沍：天寒地冻。

15. 伏愿：伏身切望。

16. 扩大公无我之仁，明改过不吝之勇：扩充圣上大公无我的仁德，彰明圣上改过不惜的勇气。

17. 胥悦：都高兴。

18. 休：美善，美好。

19. 壅塞：堵塞。

20. 痿痹：麻痹。

21. 承乏：暂时担任某职。

22. 僭言：越级进言。

23. 干冒：冒犯，触犯。

jiào tiáo shì lóng chǎng zhū shēng

二、教条示龙场诸生

（1508 年）

【背景】王阳明被廷杖四十后，带着羸弱的身躯开始南下。半路也不时遇到刘瑾派来的刺客的追杀。为了逃命，常常躲在寺院里。历经千辛万苦，在正德三年（1508 年）初春，来到贵州龙场。龙场位于贵阳北面三四十公里处，即今修文县境内。那里荒坡野岭，人烟稀少，草木丛生。龙场驿是打通贵州与四川的通道而设的九个驿站之一，王阳明来此就任驿官。王阳明心中很是苦涩，也很难接受，但又有什么办法呢！于是，他抛开一切念想，斜靠在洞壁里“悟死”（还有一说是躺在备好的石棺里），之后便是“悟道”，心即理，寻求内心的修养和完善，这就是著名的“龙场悟道”。当地人与王阳明日益亲近，见其居地潮湿，便为他建了一个书院，同时也在这里听王阳明讲学。本文就是王阳明为学生讲学的一个讲义。

zhū shēng xiāng cóng yú cǐ shèn shèng kǒng wú néng wéi zhù yě
诸生相从，于此甚盛。恐无能为助也，
yǐ sì shì xiāng guī liáo yǐ dá zhū shēng zhī yì yī yuē lì zhì
以四事相规，聊以答诸生之意：一曰立志；
èr yuē qín xué sān yuē gǎi guò sì yuē zé shàn qí shèn tīng wú
二曰勤学；三曰改过；四曰责善。其慎听毋
hū
忽！

立志

志不立，天下无可成之事，虽百工技艺，未有不本于志者。今学者旷废隳惰[1]，玩岁愒时[2]，而百无所成，皆由于志之未立耳。故立志而圣，则圣矣；立志而贤，则贤矣。志不立，如无舵之舟，无衔之马，漂荡奔逸，终亦何所底乎？昔人有言，使为善而父母怒之，兄弟怨之，宗族乡党贱恶之，如此而不为善可也；为善则父母爱之，兄弟悦之，宗族乡党敬信之，何苦而不为善为君子？使为恶而父母爱之，兄弟悦之，宗族乡党敬信之，如此而为恶可也；为恶则父母怒之，兄弟怨之，宗族乡党贱恶之，何苦而必为恶为小人？诸生念此，亦可以知所立志矣。

勤学

已立志为君子，自当从事于学。凡学之不勤，必其志之尚未笃也。从吾游者，不以聪慧警捷为高，而以勤确[3]谦抑为上。诸生试观侪辈[4]之中，苟有虚而为盈，无而为有，讳己之不能，忌人之有善，自矜自是，大言欺人者，使其人资禀虽甚超迈，侪辈之中，有弗疾恶之者乎？有弗鄙贱之者乎？

彼固将以欺人，人果遂为所欺，有弗窃笑之者乎？苟有谦默自持，无能自处，笃志力行，勤学好问，称人之善，而咎己之失，从人之长，而明己之短，忠信乐易，表里一致者，使其人资禀虽甚鲁钝，侪辈之中，有弗称慕之者乎？彼固以无能自处，而不求上人，人果遂以彼为无能，有弗敬尚之者乎？诸生观此，亦可以知所从事于学矣。

改过

夫过者，自大贤所不免，然不害其卒为大贤者，为其能改也。故不贵于无过，而贵于能改过。诸生自思平日亦有缺于廉耻忠信之行者乎？亦有薄于孝友之道，陷于狡诈偷刻[5]之习者乎？诸生殆不至于此。不幸或有之，皆其不知而误蹈，素无师友之讲习规饬[6]也。诸生试内省，万一有近于是者，固亦不可以不痛自悔咎。然亦不当以此自歉，遂馁[7]于改过从善之心。但能一旦脱然洗涤旧染，虽昔为寇盗，今日不害为君子矣。若曰吾昔已如此，今虽改过而从善，将人不信我，且无赎[8]于前过，反怀羞涩疑沮[9]，而甘心于污浊终焉。则吾亦绝望尔矣。

责善

责善，朋友之道，然须忠告而善道之。悉其忠爱，致其婉曲，使彼闻之而可从，绎[10]之而可改，有所感而无所怒，乃为善耳。若先暴白其过恶，痛毁极底，使无所容，彼将发其愧耻愤恨之心，虽欲降以相从，而势有所不能，是激之而使为恶矣。故凡讦[11]人之短，攻[12]发人之隐私以沽直[13]者，皆不可以言责善。虽然，我以是而施于人不可也，人以是而加诸我，凡攻我之失者皆我师也，安可以不乐受而心感之乎？某于道未有所得，其学卤莽耳，谬为诸生相从于此。每终夜以思，恶且未免，况于[14]过乎？人谓事师[15]无犯无隐，而遂谓师无可谏，非也。谏师之道，直不至于犯，而婉不至于隐耳。使吾而是也，因得以明其是；吾而非也，因得以去其非：盖教学相长也。诸生责善，当自吾始。

【注释】

1. 隳惰：隳同“惰”，懈怠。

2. 愒时：贪图安逸。

3. 确：坚定。

4. 侪辈：同辈。

5. 偷刻：刻薄。

6. 规饬：规正过失，正言相劝。

7. 馁：失掉勇气，决心不坚定。

8. 赎：救赎，改过。

9. 疑沮：恐惧沮丧。

10. 绎：抽出，理出头绪，连续不断。

11. 讦：揭发。

12. 攻：指出毛病。

13. 沽直：故作正直以猎取名誉，同沽名卖直。

14. 况于：何况。

15. 事师：协助老师做工作。

sòng zōng bó qiáo bái yán xù
三、送宗伯乔白岩序

（1511 年）

【背景】王阳明在龙场两年后，升任庐陵知县。不久，调任南京刑部主事。1511 年，任吏部主事，又任文选清吏司员外郎，在大兴隆寺讲学，从者如云。在学友当中，有位乔白岩，是户部侍郎，与王明阳交往很深。当年王阳明谪居龙场，就与京城好友乔白岩书信往来，对王阳明帮助很大。大兴隆寺学术激辩，惊动了朝廷，怕动摇统治的理论根基，于是开始分散学者，乔白岩调往南京，任礼部尚书。本文就是王阳明送别乔白岩时，与其论学的一篇文章。

dà zōng bó bái yán qiáo xiān shēng jiāng zhī nán dū guò yáng míng
大宗伯[1]白岩乔先生将之南都[2]，过阳明
zǐ ér lùn xué
子[3]而论学。

yáng míng zǐ yuē xué guì zhuān
阳明子曰："学贵专。"

xiān shēng yuē rán yú shào ér hào yì shí wàng wèi
先生曰："然。予少而好弈[4]，食忘味，
qǐn wàng mèi mù wú gǎi guān ěr wú gǎi tīng gài yī nián ér
寝忘寐，目无改观，耳无改听。盖一年而

qū xiāng zhī rén sān nián ér guó zhōng mò yǒu yú dāng zhě xué guì
诎[5]乡之人，三年而国中莫有予当者。学贵
zhuān zāi
专哉！”

yáng míng zǐ yuē xué guì jīng
阳明子曰：“学贵精。”

xiān shēng yuē rán yú zhǎng ér hào wén cí zì zì ér
先生曰：“然。予长而好文词，字字而
qiú yān jù jù ér jiū yān yán zhòng shǐ hé bǎi shì gài
求焉，句句而鸠[6]焉。研众史，核[7]百氏，盖
shǐ ér xī jì yú sòng táng zhōng yān jìn rù yú hàn wèi xué guì jīng
始而希迹于宋唐，终焉浸入于汉魏。学贵精
zāi
哉！”

yáng míng zǐ yuē xué guì zhèng
阳明子曰：“学贵正。”

xiān shēng yuē rán yú zhōng nián ér hào shèng xián zhī dào
先生曰：“然。予中年而好圣贤之道，
yì wú huǐ yān wén cí wú kuì yān wú wú suǒ róng xīn yǐ zǐ
弈吾悔焉，文词吾愧焉，吾无所容心矣，子
yǐ wéi xī ruò
以为奚若[8]？”

yáng míng zǐ yuē kě zāi xué yì zé wèi zhī xué xué
阳明子曰：“可哉！学弈则谓之学，学
wén cí zé wèi zhī xué xué dào zé wèi zhī xué rán ér qí guī yuǎn
文词则谓之学，学道则谓之学，然而其归远
yě dào dà lù yě wài shì jīng jí zhī xī xiǎn kè
也。道，大路也。外是，荆棘之蹊[9]，鲜克

达矣。是故专于道，斯谓之专；精于道，斯谓之精。专于弈而不专于道，其专溺[10]也；精于文词而不精于道，其精僻[11]也。夫道广矣大矣，文词技能于是乎出，而以文词技能为者，去道远矣。是故非专则不能以精，非精则不能以明，非明则不能以诚。故曰惟精惟一[12]。精，精也；专，一也。精则明矣，明则诚矣。是故明精之为也，诚一之基也。一，天下之大本也；精，天下之大用也。知天地之化育[13]，而况于文词技能之末乎？”

先生曰：“然哉！予将终身焉，而悔其晚也。”

阳明子曰：“岂易哉？公卿之不讲学也，久矣。昔者卫武公[14]年九十而犹诏[15]于国人

yuē　wú yǐ lǎo mào ér qì yú　xiān shēng zhī nián bàn yú wǔ
曰：‘毋以老耄而弃予。’先生之年半于武

gōng　ér gōng kě bèi zhī yě　xiān shēng qí bù kuì yú wǔ gōng zāi
公，而功可倍之也。先生其不愧于武公哉？

mǒu yě gǎn wàng guó shì zhī jiāo jǐng
某也敢忘国士之交警[16]！”

【注释】

1. 大宗伯：礼部尚书的别称。

2. 南都：南京。

3. 阳明子：王阳明。

4. 弈：下棋。

5. 诎：同“屈”，折服。

6. 鸠：同“究”，穷究，钻研。

7. 核：核查，比对。

8. 奚若：何如。

9. 蹊：小路。

10. 溺：弱，不能自胜。

11. 僻：偏，不合群。

12. 惟精惟一：精一，专一不二。

13. 化育：教化培育。

14. 卫武公：西周人。

15. 诏：告诉，帝王发的文书、命令。

16. 交警：互相警戒。

shì dì lì zhì shuō

四、示弟立志说

（1515 年）

【背景】王阳明兄弟四人，其排行老大，二弟守俭，三弟守文，四弟守章。四人中，尤以王阳明成就巨大，三个兄弟成绩平平，王阳明时常教诲、训诫他们。本文即是王阳明劝说三弟王守文立志、学习的一篇文章。

yú dì shǒu wén lái xué gào zhī yǐ lì zhì shǒu wén yīn qǐng
予弟守文来学，告之以立志。守文因请
cì dì qí yǔ shǐ de shí shí guān xǐng qiě qǐng qiǎn jìn qí
次第[1]其语，使得时时观省；且请浅近[2]其
cí zé yì yú tōng xiǎo yě yīn shū yǐ yǔ zhī
辞，则易于通晓也。因书以与之。

fú xué mò xiān yú lì zhì zhì zhī bù lì yóu bù zhòng
夫学，莫先于立志。志之不立，犹不种
qí gēn ér tú shì péi yōng guàn gài láo kǔ wú chéng yǐ shì zhī
其根而徒事培壅[3]灌溉，劳苦无成矣。世之
suǒ yǐ yīn xún gǒu qiě suí sú xí fēi ér zú guī yú wū xià
所以因循苟且[4]，随俗习非[5]，而卒归于污下
zhě fán yǐ zhì zhī fú lì yě gù chéng zǐ yuē yǒu qiú wéi
者，凡以志之弗立也。故程子[6]曰：“有求为
shèng rén zhī zhì rán hòu kě yǔ gòng xué rén gǒu chéng yǒu qiú wéi
圣人之志，然后可与共学。”人苟诚有求为

shèng rén zhī zhì zé bì sī shèng rén zhī suǒ yǐ wéi shèng rén zhě ān
圣人之志，则必思圣人之所以为圣人者安
zài fēi yǐ qí xīn zhī chún hū tiān lǐ ér wú rén yù zhī sī yú
在？非以其心之纯乎天理而无人欲之私欤？
shèng rén zhī suǒ yǐ wéi shèng rén wéi yǐ qí xīn zhī chún hū tiān lǐ
圣人之所以为圣人，惟以其心之纯乎天理
ér wú rén yù zé wǒ zhī yù wéi shèng rén yì wéi zài yú cǐ
而无人欲，则我之欲为圣人，亦惟在于此
xīn zhī chún hū tiān lǐ ér wú rén yù ěr yù cǐ xīn zhī chún hū tiān
心之纯乎天理而无人欲耳。欲此心之纯乎天
lǐ ér wú rén yù zé bì qù rén yù ér cún tiān lǐ wù qù rén
理而无人欲，则必去人欲而存天理。务去人
yù ér cún tiān lǐ zé bì qiú suǒ yǐ qù rén yù ér cún tiān lǐ zhī
欲而存天理，则必求所以去人欲而存天理之
fāng qiú suǒ yǐ qù rén yù ér cún tiān lǐ zhī fāng zé bì zhèng zhū
方。求所以去人欲而存天理之方，则必正诸[7]
xiān jué kǎo zhū gǔ xùn ér fán suǒ wèi xué wèn zhī gōng zhě rán
先觉，考诸古训，而凡所谓学问之功者，然
hòu kě dé ér jiǎng ér yì yǒu suǒ bù róng yǐ yǐ
后可得而讲，而亦有所不容已矣。

fú suǒ wèi zhèng zhū xiān jué zhě jì yǐ qí rén wéi xiān jué ér
夫所谓正诸先觉者，既以其人为先觉而
shī zhī yǐ zé dāng zhuān xīn zhì zhì wéi xiān jué zhī wéi tīng yán
师之矣，则当专心致志，惟先觉之为听。言
yǒu bù hé bù dé qì zhì bì cóng ér sī zhī sī zhī bù
有不合，不得弃置[8]，必从而思之；思之不
dé yòu cóng ér biàn zhī wù qiú liǎo shì bù gǎn zhé shēng yí
得，又从而辨之。务求了释，不敢辄[9]生疑

huò gù jì yuē shī yán rán hòu dào zūn dào
惑。故《记》[10]曰：“师严，然后道尊；道
zūn rán hòu mín zhī jìng xué gǒu wú zūn chóng dǔ xìn zhī xīn
尊，然后民知敬学。”苟无尊崇笃信之心，
zé bì yǒu qīng hū màn yì zhī yì yán zhī ér tīng zhī bù shěn
则必有轻忽慢易之意。言之而听之不审[11]，
yóu bù tīng yě tīng zhī ér sī zhī bù shèn yóu bù sī yě
犹不听也；听之而思之不慎[12]，犹不思也；
shì zé suī yuē shī zhī dú bù shī yě
是则虽曰师之，独不师也。

fú suǒ wèi kǎo zhū gǔ xùn zhě shèng xián chuí xùn mò fēi jiāo
夫所谓考诸古训者，圣贤垂训，莫非教
rén qù rén yù ér cún tiān lǐ zhī fāng ruò wǔ jīng sì shū
人去人欲而存天理之方，若《五经》《四书》
shì yǐ wú wéi yù qù wú zhī rén yù cún wú zhī tiān lǐ ér
是已。吾惟欲去吾之人欲，存吾之天理，而
bù dé qí fāng shì yǐ qiú zhī yú cǐ zé qí zhǎn juàn zhī jì
不得其方，是以求之于此，则其展卷之际，
zhēn rú jī zhě zhī yú shí qiú bǎo ér yǐ bìng zhě zhī yú yào
真如饥者之于食，求饱而已；病者之于药，
qiú yù ér yǐ àn zhě zhī yú dēng qiú zhào ér yǐ bǒ zhě
求愈而已；暗者之于灯，求照而已；跛[13]者
zhī yú zhàng qiú xíng ér yǐ céng yǒu tú shì jì sòng jiǎng shuō yǐ
之于杖，求行而已。曾有徒事记诵讲说，以
zī kǒu ěr zhī bì zāi
资[14]口耳之弊哉！

fú lì zhì yì bù yì yǐ kǒng zǐ shèng rén yě yóu
夫立志亦不易矣。孔子，圣人也，犹

曰：“吾十有五而志于学，三十而立。”立者，志立也。虽至于“不逾矩”，亦志之不逾矩也。志岂可易而视哉！夫志，气之帅也，人之命也，木之根也，水之源也。源不浚[15]则流息，根不植则木枯，命不续则人死，志不立则气昏。是以君子之学，无时无处而不以立志为事。正目而视之，无他见也；倾耳而听之，无他闻也。如猫捕鼠，如鸡覆卵，精神心思凝聚融结，而不复知有其他，然后此志常立，神气精明，义理昭著。一有私欲，即便知觉，自然容住不得矣。故凡一毫私欲之萌，只责此志不立，即私欲便退；听一毫客气之动，只责此志不立，即客气[16]便消除。或怠心生，责此志，即不怠；

忽心生[17]，责此志，即不忽；懆心生，责此志，即不躁；妒心生，责此志，即不妒；忿心生，责此志，即不忿；贪心生，责此志，即不贪；傲心生，责此志，即不傲；吝心生，责此志，即不吝。盖无一息而非立志责志之时，无一事而非立志责志之地。故责志之功，其于去人欲，有如烈火之燎毛，太阳一出，而魍魉[18]潜消也。

自古圣贤因时立教，虽若不同，其用功大指[19]无或少异。《书》谓“惟精惟一”，《易》谓“敬以直内，义以方外”[20]，孔子谓“格致诚正[21]、博文约礼[22]”，曾子谓“忠恕[23]”，子思谓“尊德性而道问学”[24]，孟子谓“集义，养气，求其放心”[25]。虽若人自为

shuō yǒu bù kě qiǎng tóng zhě ér qiú qí yào lǐng guī sù hé ruò
说，有不可强同者，而求其要领归宿，合若

fú qì hé zhě fú dào yī ér yǐ dào tóng zé xīn tóng xīn
符契。何者？夫道一而已。道同则心同，心

tóng zé xué tóng qí zú bù tóng zhě jiē xié shuō yě
同则学同。其卒不同者，皆邪说也。

hòu shì dà huàn yóu zài wú zhì gù jīn yǐ lì zhì wéi
后世大患，尤在无志。故今以立志为

shuō zhōng jiān zì zì jù jù mò fēi lì zhì gài zhōng shēn wèn
说，中间字字句句，莫非立志。盖终身问

xué zhī gōng zhǐ shì lì dé zhì ér yǐ ruò yǐ shì shuō ér hé
学之功，只是立得志而已。若以是说而合

jīng yī zé zì zì jù jù jiē jīng yī zhī gōng yǐ shì shuō ér
精一，则字字句句皆精一之功；以是说而

hé jìng yì zé zì zì jù jù jiē jìng yì zhī gōng qí zhū gé
合敬义，则字字句句皆敬义之功。其诸“格

zhì bó yuē zhōng shù děng shuō wú bù wěn hé dàn néng
致”“博约”“忠恕”等说，无不吻合。但能

shí xīn tǐ zhī rán hòu xìn yú yán zhī fēi wàng yě
实心体之，然后信予言之非妄[26]也。

【注释】

1. 次第：依次，按顺序。

2. 浅近：浅显，不深奥。

3. 培壅：植物根部堆土护根以促进生长。

4. 苟且：只顾眼前，得过且过。

5. 随俗习非：跟从学习不好的东西。

6. 程子：指二程中的程颐，程颢之弟，北宋思想家、教育家。

7. 诸：之于。

8. 弃置：抛弃，扔在一边。

9. 辄：总是，就。

10. 《记》：《礼记·学记》。

11. 审：仔细思考，反复分析。

12. 慎：用心，小心。

13. 跛：腿或脚有病，走路时身体不平衡。

14. 资：资助，补充。

15. 浚：疏通，挖深。

16. 客气：意气，比较偏激的情绪。

17. 生：产生，形成。

18. 魍魉：传说中的山川精怪。

19. 大指：大旨，大意。

20. 敬以直内，义以方外：出自《周易》，意为以诚敬之意使内心思想正直，以义德之心使外在行为方正。

21. 格致诚正：出自《大学》，意为格物、致知、诚意、正心。

22. 博文约礼：出自《论语》，意为广博地学习知识，再用礼义来约束自己。

23. 忠恕：出自《论语》，意为忠诚、宽恕，是待人处事的基本原则。

24. 尊德性而道问学：出自《中庸》，意为遵从德性，学习事理。

25. 集义、养气、求其放心：出自《孟子》。集义：积善德，做什么事都要合乎道义；养气：存养浩然之气；求其放心：把心放在一个安顿的地方。

26. 妄：随便，没给予足够重视。

gào yù liàn tóu cháo zéi
五、告谕浰头巢贼

（1517 年）

【背景】1516 年 9 月，王阳明被任命为都察院左佥都御史，开始由文转向武。第二年，带兵去赣州平定贼寇。接着，王阳明又在漳南全歼贼寇，抓获两千余人。在攻打广东北部乐昌、龙川时，王阳明则改变策略，决定先做招抚，以免血流成河。于是，他写了本篇告示。这篇告示声情并茂、洋洋洒洒，是用心、用情来写的，体现出王阳明的政治智慧和军事才能。贼寇看到告示后，以为与其战死，不如求生，全部投降。

běn yuàn xun fǔ shì fāng zhuān yǐ mǐ dào ān mín wéi zhí
本院[1]巡抚是方，专以弭[2]盗安民为职。
lì rèn zhī shǐ jí wén ěr děng jī nián liú jié xiāng cūn shā hài liáng
莅任之始，即闻尔等积年流劫乡村，杀害良
shàn mín zhī bèi hài lái gào zhě yuè wú xū rì běn yù jí
善，民之被害来告者，月无虚[3]日。本欲即
diào dà bīng jiǎo chú ěr děng suí wǎng fú jiàn dū zhēng zhāng kòu yì
调大兵剿除尔等，随往福建督征漳寇，意
dài huí jūn zhī rì jiǎo dàng cháo xué hòu yīn zhāng kòu jí píng jì yàn
待回军之日剿荡巢穴。后因漳寇即平，纪验
zhǎn huò gōng cì qī qiān liù bǎi yǒu yú shěn zhī dāng shí chàng è zhī zéi
斩获功次七千六百有余，审知当时倡恶之贼
bù guò sì wǔ shí rén dǎng è zhī tú bù guò sì qiān yú zhòng qí
不过四五十人，党恶之徒不过四千余众，其

余多系一时被胁，不觉惨然兴哀。

因念尔等巢穴之内，亦岂无胁从之人。况闻尔等亦多大家子弟，其间固有识达事势，颇知义理者。自吾至此，未尝遣一人抚谕尔等，岂可遽[4]尔兴师剪灭；是亦近于不教而杀，异日吾终有憾于心。故今特遣人告谕尔等，勿自谓兵力之强，更有兵力强者，勿自谓巢穴之险，更有巢穴险者，今皆悉已诛灭无存。尔等岂不闻见？

夫人情之所共耻者，莫过于身被为盗贼之名；人心之所共愤者，莫甚于身遭劫掠之苦。今使有人骂尔等为盗，尔必怫然[5]而怒。尔等岂可心恶其名而身蹈其实？又使有人焚尔室庐[6]，劫尔财货，掠尔妻女，尔必怀恨切骨，宁死必报。尔等以是加人，人其有不怨者乎？人同此心，尔宁独不知？

乃必欲为此，其间想亦有不得已者，或是为官府所迫，或是为大户所侵，一时错起念头，误入其中，后遂不敢出。此等苦情，亦甚可悯。然亦皆由尔等悔悟不切。尔等当初去从贼时，乃是生人寻死路，尚且要去便去，今欲改行从善，乃是死人求生路，乃反不敢，何也？若尔等肯如当初去从贼时，拼死出来，求要改行从善，我官府岂有必要杀汝之理？尔等久习恶毒，忍于杀人，心多猜疑。岂知我上人之心，无故杀一鸡犬，尚且不忍，况于人命关天，若轻易杀之，冥冥之中，断有还报，殃祸及于子孙，何苦而必欲为此？

我每为尔等思念及此，辄至于终夜不能安寝，亦无非欲为尔等寻一生路。惟是尔等冥顽不化，然后不得已而兴兵，此则非我杀之，乃天杀之也。今谓我全无杀尔之心，亦是诳[7]尔；若谓我必欲杀尔，又非吾之本心。尔等今虽从恶，其始同是朝廷赤子；譬如一父母同生十子，八人为善，二人背逆，要害八人；父母之心须除去二人，然后八人得以安生。均之为子，父母之心何故必欲偏杀二子，不得已也；吾于尔等，亦正如此。若此二子者一旦悔恶迁善，号泣投诚，为父母者亦必哀悯而收之。何者？不忍杀其子者，乃父母之本心也；今得遂其本心，何喜何幸如

zhī wú yú ěr děng yì zhèng rú cǐ
之；吾于尔等，亦正如此。

wén ěr děng xīn kǔ wéi zéi suǒ dé kǔ yì bù duō qí jiān
闻尔等辛苦为贼，所得苦亦不多，其间

shàng yǒu yī shí bù chōng zhě hé bù yǐ ěr wéi zéi zhī qín kǔ jīng
尚有衣食不充者。何不以尔为贼之勤苦精

lì ér yòng zhī yú gēng nóng yùn zhī yú shāng gǔ kě yǐ zuò zhì
力，而用之于耕农，运之于商贾，可以坐致

ráo fù ér ān xiǎng yì lè fàng xīn zòng yì yóu guān chéng shì zhī
饶富而安享逸乐，放心纵意，游观城市之

zhōng yōu yóu tián yě zhī nèi qǐ rú jīn rì dān jīng shòu pà
中，优游[8]田野之内。岂如今日，担惊受怕，

chū zé wèi guān bì chóu rù zé fáng zhū jù jiǎo qián xíng dùn jì
出则畏官避仇，入则防诛惧剿，潜形遁迹，

yōu kǔ zhōng shen zú zhī shēn miè jiā pò qī zǐ lù rǔ yì
忧苦终身；卒之身灭家破，妻子戮辱，亦

yǒu hé hǎo ěr děng hǎo zì sī liang ruò néng tīng wú yán gǎi xíng cóng
有何好？尔等好自思量，若能听吾言改行从

shàn wú jí shì ěr wéi liáng mín fǔ ěr rú chì zǐ gèng bù zhuī
善，吾即视尔为良民，抚尔如赤子，更不追

jiù ěr děng jì wǎng zhī zuì rú yè fāng méi nán chūn wáng shòu
咎尔等既往之罪。如叶芳、梅南春、王受、

xiè yuè bèi wú jīn zhǐ yǔ liáng mín yī gài kàn dài ěr děng qǐ bù
谢钺辈，吾今只与良民一概看待，尔等岂不

wén zhī ěr děng ruò xí xìng yǐ chéng nán gèng gǎi dòng yì yóu ěr
闻知？尔等若习性已成，难更改动，亦由尔

děng rèn yì wéi zhī wú nán diào liǎng guǎng zhī láng dá xī diào hú
等任意为之；吾南调两广之狼达[9]，西调湖、

湘之土兵，亲率大军围尔巢穴，一年不尽至于两年，两年不尽至于三年。尔之财力有限，吾之兵粮无穷，纵尔等皆为有翼之虎，谅亦不能逃于天地之外。

呜呼！吾岂好杀尔等哉？尔等若必欲害吾良民，使吾民寒无衣，饥无食，居无庐，耕无牛，父母死亡，妻子离散；吾欲使吾民避尔，则田业被尔等所侵夺，已无可避之地；欲使吾民贿尔，则家资为尔等所掳掠，已无可贿之财。就使尔等今为我谋，亦必须尽杀尔等而后可。

吾今特遣人抚谕尔等，赐尔等牛、酒、银两、布匹，与尔妻子，其余人多，不能通及，各与晓谕一道，尔等好自为谋。吾言已

wú bù jìn　wú xīn yǐ wú bù jìn　rú cǐ ér ěr děng bù tīng
无不尽，吾心已无不尽。如此而尔等不听，
fēi wǒ fù ěr　nǎi ěr fù wǒ　wǒ zé kě yǐ wú hàn yǐ
非我负尔，乃尔负我，我则可以无憾矣。

wū hū　mín wú tóng bāo　ěr děng jiē wú chì zǐ　wú zhōng
呜呼！民吾同胞，尔等皆吾赤子，吾终
bù néng fǔ xù ěr děng ér zhì yú shā ěr　tòng　zāi tòng zāi　xīng
不能抚恤尔等而至于杀尔，痛[10]哉痛哉！兴
yán　zhì cǐ　bù jué lèi xià
言[11]至此，不觉泪下。

【注释】

1. 本院：都察院。

2. 弭：止，息。

3. 虚：空。

4. 遽：急忙，马上。

5. 怫然：愤然。

6. 室庐：房屋。

7. 诳：欺骗。

8. 优游：悠闲自得。

9. 狼达：狼兵，专指两广出身的战斗人员，不属于士兵。

10. 痛：痛心。

11. 兴言：行文，写到这里。

jiào yuē

六、教约

（1518年）

【背景】在王阳明入赣之初，朝廷曾有动议：调三省之兵，歼赣南山区贼寇。王阳明认为此法不妥，等大兵调齐，贼寇早已化整为零，抓到的只是些老弱病残者，不能挫伤主力核心。三浰为上浰、中浰、下浰总称，位于粤北、赣南交界处，一支强大的土匪武装掌控这里。王阳明巧用兵法，攻下三浰。接着，又拿下大帽、浰头等地贼寇。部队胜利归来之时，百姓沿路相迎。平定贼寇之日，便是移风易俗之时。王阳明为改善民风，宣布设立社学，教化当地百姓。本文即是教化百姓的一篇文章。

měi rì qīng chén zhū shēng cān yī bì jiào dú yǐ cì

每日清晨，诸生参揖[1]毕，教读以次。

biàn xún zhū shēng zài jiā suǒ yǐ ài qīn jìng zhǎng zhī xīn dé wú xiè

遍询诸生：在家所以爱亲敬长之心，得无懈

hū wèi néng zhēn qiè fǒu wēn qìng dìng xǐng zhī yí dé wú kuī

忽，未能真切否？温凊[2]定省[3]之仪，得无亏

quē wèi néng shí jiàn fǒu wǎng lái jiē qú bù qū lǐ jié dé

缺，未能实践否？往来街衢，步趋礼节，得

wú fàng dàng wèi néng jǐn shì fǒu yī yìng yán xíng xīn shù dé wú

无放荡，未能谨饰否？一应言行心术，得无

qī wàng fēi pì wèi néng zhōng xìn dǔ jìng fǒu zhū tóng zǐ wù yào

欺妄[4]非僻[5]，未能忠信笃敬否？诸童子务要

各以实对，有则改之，无则加勉。教读复随时就事，曲加诲谕[6]开发，然后各退就席肄业。

凡歌《诗》，须要整容定气，清朗其声音，均审其节调[7]。毋躁而急，毋荡[8]而嚣[9]，毋馁[10]而慑[11]。久则精神宣畅，心气和平矣。每学量童生多寡，分为四班，每日轮一班歌《诗》，其余皆就席，敛容肃听。每五日则总四班递歌于本学。每朔望[12]，集各学会歌于书院。

凡习礼，需要澄心[13]肃虑[14]，审其仪节，度其容止[15]；毋忽而惰，毋沮而怍[16]，毋径而野[17]；从容而不失之迂缓，修谨而不失之拘局。久则体貌习熟，德性坚定矣。童生班

cì jiē rú gē shī měi jiàn yī rì zé lún yī bān xí lǐ
次，皆如歌诗。每间一日，则轮一班习礼。
qí yú jiē jiù xí liǎn róng sù guān xí lǐ zhī rì miǎn qí kè
其余皆就席，敛容肃观。习礼之日，免其课
fǎng měi shí rì zé zǒng sì bān dì xí yú běn xué měi shuò wàng
仿[18]。每十日则总四班递习于本学。每朔望，
jí gè xué huì xí yú shū yuàn
集各学会习于书院。

fán shòu shū bù zài tú duō dàn guì jīng shú liàng qí zī
凡授书不在徒[19]多，但贵精熟。量其资
bǐng néng èr bǎi zì zhě zhǐ kě shòu yǐ yī bǎi zì cháng shǐ jīng
禀，能二百字者，止可授以一百字。常使精
shén lì liàng yǒu yú zé wú yàn kǔ zhī huàn ér yǒu zì dé zhī
神力量有余，则无厌苦之患，而有自得之
měi fěng sòng zhī jì wù lìng zhuān xīn yī zhì kǒu sòng xīn wéi
美。讽诵[20]之际，务令专心一志，口诵心惟[21]，
zì zì jù jù chōu yì fǎn fù yì yáng qí yīn jié kuān xū
字字句句，䌷绎[22]反复，抑扬其音节，宽虚
qí xīn yì jiǔ zé yì lǐ jiā qià cōng míng rì kāi yǐ
其心意。久则义礼浃洽[23]，聪明日开矣。

měi rì gōng fū xiān kǎo dé cì bèi shū sòng shū cì xí
每日工夫，先考德，次背书诵书，次习
lǐ huò zuò kè fǎng cì fù sòng shū jiǎng shū cì gē shī
礼，或作课仿，次复诵书讲书，次歌《诗》。
fán xí lǐ gē shī zhī shù jiē suǒ yǐ cháng cún tóng zǐ zhī
凡习礼歌《诗》之数，皆所以常存童子之
xīn shǐ qí lè xí bù juàn ér wú xiá jí yú xié pì jiào
心，使其乐习不倦，而无暇及于邪僻[24]。教

zhě zhī cǐ zé zhī suǒ shī yǐ suī rán cǐ qí dà lüè yě
者知此，则知所施矣。虽然，此其大略也，

shén ér míng zhī zé cún hū qí rén
“神而明之[25]，则存乎其人[26]”。

【注释】

1. 参揖：古代拱手礼仪。

2. 清：凉，冷。

3. 定省：子女向长辈问安、问候。

4. 欺妄：欺骗。

5. 非僻：邪恶。

6. 诲谕：同“诲喻”，教诲晓喻。

7. 节调：节律。

8. 荡：狂妄。

9. 嚣：喧哗。

10. 馁：气馁，没有勇气。

11. 慑：害怕。

12. 朔望：农历每月初一和十五。

13. 澄心：静心。

14. 肃虑：严肃。

15. 容止：容貌和行为举止。

16. 沮而怍：气阻而色变。

17. 径而野：率直而粗野。

18. 课仿：课业练习。

19. 徒：只是，仅仅。

20. 讽诵：背诵，朗诵，唱诵。

21. 惟：单一。

22. 紬绎：理出头绪。

23. 浃洽：遍及，贯通。

24. 邪僻：品行不端。

25. 神而明之：真正明白事物的奥妙。

26. 存乎其人：在于个人的领会。

dà xué gǔ běn xù

七、《大学》古本序

（1518年）

【背景】在江西，王阳明平定贼寇后，设立社学，改善民风。接着，他又办了一个书院，以周敦颐号命名，叫“濂溪书院”。在书院里，王阳明讲授其创建的心学。心学与理学同属儒家，但有区别。最根本的差异是对《大学》的诠释与理解。王阳明把《大学》古本序刻出来（类似读原著），认为朱熹走的是一条“心外求理”之路，犹如水中捞月。他转向“心即理”的认识道路，真正达到“天人合一”。人只要澄心静气，觉悟到“真我”，即“良知”，便可以领悟天理。

dà xué zhī yào chéng yì ér yǐ yǐ chéng yì zhī
《大学》之要，诚意[1]而已矣。诚意之
gōng gé wù ér yǐ yǐ chéng yì zhī jí zhǐ zhì shàn ér yǐ
功，格物[2]而已矣。诚意之极，止至善而已
yǐ zhǐ zhì shàn zhī zé zhì zhī ér yǐ yǐ
矣。止至善[3]之则，致知[4]而已矣。

zhèng xīn fù qí tǐ yě xiū shēn zhuó qí yòng yě
正心[5]，复其体也；修身[6]，著[7]其用也。
yǐ yán hū jǐ wèi zhī míng dé yǐ yán hū rén wèi zhī qīn
以言乎[8]己，谓之明德；以言乎人，谓之亲
mín yǐ yán hū tiān dì zhī jiān zé bèi yǐ
民；以言乎天地之间，则备[9]矣。

是故至善也者，心之本体也。动而后有不善，而本体之知，未尝不知也。意者，其动也。物者，其事也。致其本体之知，而动无不善。然非即其事而格之，则亦无以致其知。

故致知者，诚意之本也。格物者，致知之实也。物格则知致意诚。而有以复其本体，是之谓止至善。

圣人惧人之求之于外也，而反覆[10]其辞。旧本析而圣人之意亡矣。是故不务于诚意而徒以格物者，谓之支；不事于格物而徒以诚意者，谓之虚；不本于致知而徒以格物诚意者，谓之妄。支与虚与妄，其于至善也远矣。合之以敬而益缀[11]，补之以传而益

lí
离[12]。

wú jù xué zhī rì yuǎn yú zhì shàn yě qù fēn zhāng ér fù jiù
吾惧学之日远于至善也，去分章而复旧
běn bàng wéi zhī shí yǐ yǐn qí yì shù jī fù jiàn shèng
本，傍[13]为之什[14]，以引其义。庶几[15]复见圣
rén zhī xīn ér qiú zhī zhě yǒu qí yào yī nǎi ruò zhì zhī
人之心，而求之者有其要。噫[16]！乃若致知，
zé cún hū xīn wù zhì zhī yān jìn yǐ
则存乎心；悟致知焉，尽[17]矣。

【注释】

1. 诚意：诚恳的心意，意念发于精诚，不欺人，也不自欺。

2. 格物：探究事物的道理，纠正人的行为。

3. 至善：最崇高的善。

4. 致知：达到完善的理解。

5. 正心：使自己的知、情、意与外界融合，也就是使人心归向于正。

6. 修身：修养身心。

7. 著：显露，表现。

8. 乎：同“于”。

9. 备：具备。

10. 反覆：内心无明确目标而无法取舍导致抉择不定。

11. 益缀：益，更加；缀，点缀，出彩。

12. 离：背离，分离。

13. 傍：靠着，依托。

14. 什：通“释”，注释。

15. 庶几：差不多，或许，但愿。

16. 噫：感慨，叹息。

17. 尽：极致，力求最大限度。

八、寄诸弟

（1518 年）

【背景】王阳明兄弟四人，其排行老大，尤以其成就巨大，另外三个兄弟没有什么大的成绩。另外，王阳明还有不少从弟、表弟，都在其关心、爱护的范围内。所以，经常写信告诫他们要多读书、多正心、多向善，下些真功夫。

屡得弟辈书，皆有悔悟奋发之意，喜慰无尽！但不知弟辈果出于诚心乎？亦谩[1]为之说云尔。

本心之明，皎如白日，无有有过而不自知者，但患[2]不能改耳。一念改过，当时即得本心。人孰无过？改之为贵。蘧伯玉[3]，大贤也，惟曰“欲寡其过而未能”[4]。成汤[5]、孔子，大圣也，亦惟曰“改过不吝[6]，可以无大过[7]”而已。人皆曰人非尧舜，安能无过？此亦相沿之说，未足以知尧舜之心。若尧舜之心而自以为无过，即非所以为圣人矣。其相授受之言曰：“人心惟危[8]，道心惟微[9]，惟精惟一[10]，允执厥中[11]。”彼其自以为人心之惟危也，则其心亦与人同耳。危即过也，惟其兢兢业业，尝加精一之功，是以能允执厥中而免于过。古之圣贤时时自见己过而改之，是以能无过，非其心果与人异也。戒慎[12]不睹，恐惧[13]不闻者，时时自见己过之功。吾近来实见此学有用力处，但为平日习染深痼[14]，克治欠勇，故切切预为弟辈言之。毋使亦如吾之习染既深，而后克治之难也。

人方少时，精神意气既足鼓舞，而身

jiā zhī lěi shàng wèi qiè xīn gù yòng lì pō yì dài qí jiàn
家之累尚未切心，故用力颇易。迨[15]其渐

zhǎng shì lěi rì shēn ér jīng shén yì qì yì rì jiàn yǐ jiǎn
长，世累[16]日深，而精神意气亦日渐以减，

rán néng jí jí fèn zhì yú xué zé yóu shàng kě yǒu wéi zhì yú
然能汲汲奋志于学，则犹尚可有为。至于

sì shí wǔ shí jí rú xià shān zhī rì jiàn yǐ wēi miè bù fù
四十五十，即如下山之日，渐以微灭，不复

kě wǎn yǐ gù kǒng zǐ yún sì shí wǔ shí ér wú wén yān
可挽矣。故孔子云："四十五十而无闻焉，

sī yì bù zú wèi yě yǐ yòu yuē jí qí lǎo yě xuè qì
斯亦不足畏[17]也已。"又曰"及其老也，血气

jì shuāi jiè zhī zài dé wú yì jìn lái shí jiàn cǐ bìng gù
既衰，戒之在得"。吾亦近来实见此病，故

yì qiè qiè yù wèi dì bèi yán zhī yí jí shí miǎn lì wú shǐ guò
亦切切预为弟辈言之。宜及时勉力，毋使过

shí ér tú huǐ yě
时而徒[18]悔也。

【注释】

1. 谩：通"慢"。

2. 患：担忧，忧虑。

3. 蘧伯玉：名瑗，春秋时期卫国大夫。

4. 欲寡其过而未能：只想少些过失，但总觉得还没有达到。

5. 成汤：商汤，商丘人，商朝开国君主。

6. 改过不吝：改正错误时毫不犹豫。

7. 可以无大过：可以没有大的过错。

8. 人心惟危：人心高而险，难免会有过失。

9. 道心惟微：道心幽而妙。

10. 惟精惟一：用心精纯无杂，专一不二。

11. 允执厥中：诚心诚意坚持笃行中和之道。

12. 戒慎：警惕谨慎。

13. 恐惧：惊慌害怕。

14. 深痼：病根深固。

15. 迨：等到，达到。

16. 世累：世俗的牵累。

17. 畏：敬畏。

18. 徒：白白地。

nàn gàn xiāng yuē

九、南赣乡约

（1518 年）

【背景】在江西，王阳明为改变民俗，倡导积极向善民风，他在立社学、建书院之后，又于 1518 年 10 月制定“乡约”，规范管理。他认为，化民成俗的良方就是“乡约”。每个人都先要省察自己，破“心中贼”，然后再监督别人。如果监督别人，管着别人，不在自身找问题、毛病，那么良好的民风民俗是建立不起来的。本文就是王阳明在南安、赣州乡村进行管理的一个民约、规定，依次进行教化活动。“乡约”的颁布与实施，使乡村风气焕然一新，呈现出一派清明景象。

zī ěr mín xī rén yǒu yán péng shēng má zhōng bù
咨[1]尔[2]民，昔人有言：“蓬生麻中，不
fú ér zhí bái shā zài ní bù rǎn ér hēi mín sú zhī shàn
扶而直；白沙在泥，不染而黑。”民俗之善
è qǐ bù yóu yú jī xí shǐ rán zāi wǎng zhě xīn mín gài cháng
恶，岂不由于积习使然哉！往者新民[3]盖常
qì qí zōng zú pàn qí xiāng lǐ sì chū ér wéi bào qǐ dú
弃其宗族，畔[4]其乡里，四出而为暴，岂独
qí xìng zhī yì qí rén zhī zuì zāi yì yóu wǒ yǒu sī zhì zhī
其性之异，其人之罪哉？亦由我有司[5]治之
wú dào jiào zhī wú fāng ěr fù lǎo zǐ dì suǒ yǐ xùn huì jiè chì
无道，教之无方。尔父老子弟所以训诲戒饬

yú jiā tíng zhě bù zǎo xūn táo jiàn rǎn yú lǐ hàn zhě wú sù
于家庭者不早，薰陶渐染于里闬[6]者无素，
yòu yè jiǎng quàn zhī bù xíng lián shǔ yè hé zhī wú jù yòu
诱掖[7]奖劝[8]之不行，连属叶和[9]之无具，又
huò fèn yuàn xiāng jī jiǎo wěi xiāng cán gù suì shǐ zhī mí rán rì
或愤怨相激，狡伪相残，故遂使之靡然[10]日
liú yú è zé wǒ yǒu sī yǔ ěr fù lǎo zǐ dì jiē yí fēn shòu qí
流于恶，则我有司与尔父老子弟皆宜分受其
zé
责。

wū hū wǎng zhě bù kě jí lái zhě yóu kě zhuī gù
呜呼！往者不可及，来者犹可追。故
jīn tè wéi xiāng yuē yǐ xié hé ěr mín zì jīn fán ěr tóng yuē
今特为乡约，以协和尔民，自今凡尔同约
zhī mín jiē yí xiào ěr fù mǔ jìng ěr xiōng zhǎng jiào xùn ěr
之民，皆宜孝尔父母，敬尔兄长，教训尔
zǐ sūn hé shùn ěr xiāng lǐ sǐ sāng xiāng zhù huàn nàn xiāng xù
子孙，和顺尔乡里，死丧相助，患难相恤，
shàn xiāng quàn miǎn è xiāng gào jiè xī sòng bà zhēng jiǎng xìn xiū
善相劝勉，恶相告戒，息讼罢争，讲信修
mù wù wéi liáng shàn zhī mín gòng chéng rén hòu zhī sú
睦，务为良善之民，共成仁厚之俗。

wū hū rén suī zhì yú zé rén zé míng suī yǒu cōng
呜呼！人虽至愚，责人则明；虽有聪
míng zé jǐ zé hūn ěr děng fù lǎo zǐ dì wú niàn xīn mín zhī jiù
明，责己则昏。尔等父老子弟毋念新民之旧
è ér bù yǔ qí shàn bǐ yī niàn ér shàn jí shàn rén yǐ
恶，而不与其善，彼一念而善，即善人矣；

wú zì shì wéi liáng mín ér bù xiū qí shēn ěr yī niàn ér è
毋自恃[11]为良民而不修其身，尔一念而恶，
jí è rén yǐ rén zhī shàn è yóu yú yī niàn zhī jiān ěr děng
即恶人矣；人之善恶，由于一念之间，尔等
shèn sī wú yán wú hū
慎思吾言，毋忽！

yī tóng yuē zhōng tuī nián gāo yǒu dé wéi zhòng suǒ jìng fú zhě
一、同约中推年高有德为众所敬服者
yī rén wéi yuē zhǎng èr rén wéi yuē fù yòu tuī gōng zhí guǒ duàn
一人为约长，二人为约副，又推公直果断
zhě sì rén wéi yuē zhèng tōng dá míng chá zhě sì rén wéi yuē shǐ jīng
者四人为约正，通达明察者四人为约史，精
jiàn lián gàn zhě sì rén wéi zhī yuē lǐ yí xí shú zhě èr rén wéi yuē
健廉干者四人为知约，礼仪习熟者二人为约
zàn zhì wén bù sān shàn qí yī shàn bèi xiě tóng yuē xìng míng jí
赞。置文簿三扇：其一扇备写同约姓名，及
rì zhú chū rù suǒ wéi zhī yuē sī zhī qí èr shàn yī shū zhāng
日逐出入所为，知约司之；其二扇一书彰
shàn yī shū jiū guò yuē zhǎng sī zhī
善，一书纠过，约长司之。

yī tóng yuē zhī rén měi yī huì rén chū yín sān fēn sòng
一、同约之人每一会，人出银三分，送
zhī yuē jù yǐn shí wú dà shē qǔ miǎn jī kě ér yǐ
知约，具饮食，毋大奢，取免饥渴而已。

yī huì qī yǐ yuè zhī wàng ruò yǒu jí bìng shì gù bù
一、会期以月之望[12]，若有疾病事故不
jí fù zhě xǔ xiān qī qiǎn rén gào zhī yuē wú gù bù fù zhě
及赴者，许先期遣人告知约；无故不赴者，

以过恶书，仍罚银一两公用。

一、立约所于道里均平之处，择寺观[13]宽大者为之。

一、彰善者，其辞显而决，纠过者，其辞隐而婉；亦忠厚之道也。如有人不弟，毋直曰“不弟”，但云：“闻某于事兄敬长之礼，颇有未尽；某未敢以为信，姑案[14]之以俟！”凡纠过恶皆例此。若有难改之恶，且勿纠，使无所容，或激而遂肆其恶矣。约长副等，须先期阴与之言，使当自首，众共诱掖奖劝之，以兴其善念，姑使书之，使其可改；若不能改，然后纠而书之；又不能改，然后白之官；又不能改，同约之人执送之官，明正其罪；势不能执，戮力协谋官府请兵灭之。

一、通约之人，凡有危疑难处之事，皆须约长会同约之人与之裁处区画，必当于理济于事而后已；不得坐视推托，陷人于恶，罪坐约长约正诸人。

一、寄庄人户，多于纳粮当差之时躲回原籍，往往负累同甲；今后约长等劝令及期完纳应承，如蹈前弊，告官惩治，削去寄庄。

一、本地大户，异境客商，放债收息，合依常例，毋得磊算[15]；或有贫难不能偿者，亦宜以理量宽；有等不仁之徒，辄便捉锁磊取，挟写田地，致令穷民无告，去而为之盗。今后有此告，诸约长等与之明白，

cháng bù jí shù zhě quàn kuān shě qǔ yǐ guò shù zhě lì yǔ zhuī
偿不及数者，劝宽舍；取已过数者，力与追
huán rú huò shì qiáng bù tīng shuài tóng yuē zhī rén míng zhī guān sī
还。如或恃强不听，率同约之人鸣之官司。

yī qīn zú xiāng lín wǎng wǎng yǒu yīn xiǎo fèn tóu zéi fù
一、亲族乡邻，往往有因小忿投贼复
chóu cán hài liáng shàn niàng chéng dà huàn jīn hòu yī yìng dòu ōu
仇，残害良善，酿成大患；今后一应斗殴
bù píng zhī shì míng zhī yuē zhǎng děng gōng lùn shì fēi huò yuē zhǎng
不平之事，鸣之约长等公论是非；或约长
wén zhī jí yǔ xiǎo yù jiě shì gǎn yǒu réng qián wàng wéi zhě shuài
闻之，即与晓谕解释；敢有仍前妄为者，率
zhū tóng yuē chéng guān zhū tiǎn
诸同约呈官诛殄。

yī jūn mín rén děng ruò yǒu yáng wéi liáng shàn yīn tōng zéi
一、军民人等若有阳为良善，阴通贼
qíng fàn mǎi niú mǎ zǒu chuán xiāo xī guī lì yī jǐ yāng
情，贩买牛马，走传消息，归利一己，殃
jí wàn mín zhě yuē zhǎng děng shuài tóng yuē zhū rén zhǐ shí quàn jiè
及万民者，约长等率同约诸人指实，劝戒，
bù quān chéng guān jiū zhì
不悛[16]，呈官究治。

yī lì shū yì mín zǒng jiǎ lǐ lǎo bǎi zhǎng
一、吏书、义民、总甲、里老、百长、
gōng bīng jī kuài rén děng ruò lǎn chāi xià xiāng suǒ qiú jī fā zhě
弓兵、机快人等若揽差下乡，索求赍发[17]者，
yuē zhǎng shuài tóng chéng guān zhuī jiū
约长率同呈官追究。

一、各寨居民，昔被新民之害，诚不忍言；但今既许其自新，所占田产，已令退还，毋得再怀前仇，致扰地方，约长等常宜晓谕，令各守本分，有不听者，呈官治罪。

一、投招新民，因尔一念之善，贷尔之罪；当痛自克责，改过自新，勤耕勤织，平买平卖，思同良民，无以前日名目，甘心下流，自取灭绝；约长等各宜时时提撕晓谕，如踵前非者，呈官征治。

一、男女长成，各宜及时嫁娶；往往女家责聘礼不充，男家责嫁妆不丰，遂致愆期[18]；约长等其各省谕诸人，自今其称家之有无，随时婚嫁。

一、父母丧葬，衣衾棺椁，但尽诚孝，

称家有无而行；此外或大作佛事，或盛设宴乐，倾家费财，俱于死者无益；约长等其各省谕约内之人，一遵礼制；有仍蹈前非者，即与纠恶簿内书以不孝。

一、当会前一日，知约预于约所洒扫张具于堂，设告谕牌及香案南向。当会日，同约毕至，约赞鸣鼓三，众皆诣香案前序立，北面跪听约正读告谕毕；约长合众扬言曰：“自今以后，凡我同约之人，祗[19]奉戒谕，齐心合德，同归于善；若有二三其心，阳善阴恶者，神明诛殛[20]。”众皆曰：“若有二三其心，阳善阴恶者，神明诛殛。”皆再拜，兴，以次出会所，分东西立，约正读乡约毕，大声曰：“凡我同盟，务遵乡约。”

zhòng jiē yuē shì nǎi dōng xī jiāo bài xīng gè yǐ cì
众皆曰：“是。”乃东西交拜，兴，各以次

jiù wèi shào zhě gè zhuó jiǔ yú zhǎng zhě sān xíng zhī yuē qǐ shè
就位，少者各酌酒于长者三行，知约起，设

zhāng shàn wèi yú táng shàng nán xiàng zhì bǐ yàn chén zhāng shàn bù
彰善位于堂上，南向置笔砚，陈彰善簿；

yuē zàn míng gǔ sān zhòng jiē qǐ yuē zàn chàng qǐng jǔ shàn
约赞鸣鼓三，众皆起，约赞唱：“请举善！”

zhòng yuē shì zài yuē shǐ yuē shǐ chū jiù zhāng shàn wèi yáng
众曰：“是在约史。”约史出就彰善位，扬

yán yuē mǒu yǒu mǒu shàn mǒu néng gǎi mǒu guò qǐng shū zhī
言曰：“某有某善，某能改某过，请书之，

yǐ wéi tóng yuē quàn yuē zhèng biàn zhì yú zhòng yuē rú hé
以为同约劝。”约正遍质于众曰：“如何？”

zhòng yuē yuē shǐ jǔ shèn dāng yuē zhèng nǎi yī shàn zhě jìn
众曰：“约史举甚当！”约正乃揖善者进

zhāng shàn wèi dōng xī lì yuē shǐ fù wèi zhòng yuē mǒu suǒ jǔ
彰善位，东西立，约史复谓众曰：“某所举

zhǐ shì qǐng gè jǔ suǒ zhī zhòng yǒu suǒ zhī jí jǔ wú zé
止是，请各举所知！”众有所知即举，无则

yuē yuē shǐ suǒ jǔ shì yǐ yuē zhǎng fù zhèng jiē chū jiù zhāng
曰：“约史所举是矣！”约长副正皆出就彰

shàn wèi yuē shǐ shū bù bì yuē zhǎng jǔ bēi yáng yán yuē mǒu
善位，约史书簿毕，约长举杯扬言曰：“某

néng wéi mǒu shàn mǒu néng gǎi mǒu guò shì néng xiū qí shēn yě mǒu
能为某善，某能改某过，是能修其身也；某

néng shǐ mǒu zú rén wéi mǒu shàn gǎi mǒu guò shì néng qí qí jiā
能使某族人为某善，改某过，是能齐其家

也；使人人若此，风俗焉有不厚？凡我同约，当取以为法！”遂属于其善者。善者亦酌酒酬约长曰：“此岂足为善，乃劳长者过奖，某诚惶怍[21]，敢不益加砥砺，期无负长者之教。”皆饮毕，再拜会约长，约长答拜，兴，各就位。知约撤彰善之席。酒复三行，知约起，设纠过位于阶下，北向置笔砚，陈纠过簿；约赞鸣鼓三，众皆起。约赞唱：“请纠过！”众曰：“是在约史。”约史就纠过位，扬言曰：“闻某有某过，未敢以为然，姑书之，以俟后图，如何？”约正遍质于众曰：“如何？”众皆曰：“约史必有见。”约正乃揖过者出就纠过位，北向立，约史复遍谓众曰：“某所闻止是，请各言所

wén zhòng yǒu wén jí yán wú zé yuē yuē shǐ suǒ wén shì
闻！”众有闻即言，无则曰：“约史所闻是

yǐ yú shì yuē zhǎng fù zhèng jiē chū jiū guò wèi dōng xī lì
矣！”于是约长副正皆出纠过位，东西立，

yuē shǐ shū bù bì yuē zhǎng wèi guò zhě yuē suī rán gū wú
约史书簿毕，约长谓过者曰：“虽然，姑无

xíng fá wéi sù gǎi guò zhě guì qǐng yuē mǒu gǎn bù fú
行罚，惟速改！”过者跪请曰：“某敢不服

zuì zì qǐ zhuó jiǔ guì ér yǐn yuē gǎn bù sù gǎi zhòng
罪！”自起酌酒跪而饮曰：“敢不速改，重

wéi zhǎng zhě yōu yuē zhèng fù shǐ jiē yuē mǒu děng bù néng
为长者忧！”约正副史皆曰：“某等不能

zǎo quàn yù shǐ zǐ xiàn yú cǐ yì ān dé wú zuì jiē zhuó
早劝谕，使子陷于此，亦安得无罪！”皆酌

zì fá guò zhě fù guì ér qǐng yuē mǒu jì zhī zuì zhǎng zhě
自罚。过者复跪而请曰：“某既知罪，长者

yòu zì yǐ wéi fá mǒu gǎn bù jí jiù lù ruò xǔ qí dé yǐ zì
又自以为罚，某敢不即就戮，若许其得以自

gǎi zé qǐng zhǎng zhě wú yǐn mǒu zhī xìng yě qū hòu zhuó jiǔ
改，则请长者无饮，某之幸也！”趋后酌酒

zì fá yuē zhèng fù xián yuē zǐ néng yǒng yú shòu zé rú cǐ
自罚。约正副咸曰：“子能勇于受责如此，

shì néng qiān yú shàn yě mǒu děng yì kě miǎn yú zuì yǐ nǎi shì
是能迁于善也，某等亦可免于罪矣！”乃释

jué guò zhě zài bài yuē zhǎng yī zhī xīng gè jiù wèi
爵[22]。过者再拜，约长揖之，兴，各就位，

zhī yuē chè jiū guò xí jiǔ fù èr xíng suì fàn fàn bì yuē
知约撤纠过席。酒复二行，遂饭。饭毕，约

zàn qǐ míng gǔ sān chàng shēn jiè zhòng qǐ yuē zhèng
赞起，鸣鼓三，唱："申戒！"众起，约正

zhōng táng lì yáng yán yuē wū hū fán wǒ tóng yuē zhī rén míng
中堂立，扬言曰："呜呼！凡我同约之人，明

tīng shēn jiè rén shú wú shàn yì shú wú è wéi shàn suī rén
听申戒[23]：人孰无善，亦孰无恶；为善虽人

bù zhī jī zhī jì jiǔ zì rán shàn jī ér bù kě yǎn wéi è
不知，积之既久，自然善积而不可掩；为恶

ruò bù zhī gǎi jī zhī jì jiǔ bì zhì è jī ér bù kě shè
若不知改，积之既久，必至恶积而不可赦。

jīn yǒu shàn ér wéi rén suǒ zhāng gù kě xǐ gǒu suì yǐ wéi shàn ér
今有善而为人所彰，固可喜；苟遂以为善而

zì shì jiāng rì rù yú è yǐ yǒu è ér wéi rén suǒ jiū gù
自恃，将日入于恶矣！有恶而为人所纠，固

kě kuì gǒu néng huǐ qí è ér zì gǎi jiāng rì jìn yú shàn yǐ
可愧；苟能悔其恶而自改，将日进于善矣！

rán zé jīn rì zhī shàn zhě wèi kě zì shì yǐ wéi shàn ér jīn rì
然则今日之善者，未可自恃以为善；而今日

zhī è zhě yì qǐ suì zhōng yú è zāi fán wǒ tóng yuē zhī rén
之恶者，亦岂遂终于恶哉？凡我同约之人，

hé gòng miǎn zhī zhòng zhòng yuē gǎn bù miǎn nǎi chū
盍[24]共勉之！"众重曰："敢不勉。"乃出

xí yǐ cì dōng xī xù lì jiāo bài xīng suì tuì
席，以次东西序立，交拜，兴，遂退。

【注释】

1. 咨：商议，询问。

2. 尔：你，你们。

3. 新民：弃恶从善、改过自新的人。

4. 畔：通“叛”，反叛，背叛。

5. 有司：主管某方面事务的官吏，此指王阳明。

6. 里闬：乡里。

7. 诱掖：引导扶植。

8. 奖劝：奖励劝勉。

9. 叶和：和睦，和合。

10. 靡然：望风响应，闻风而动。

11. 恃：仗着，依赖。

12. 望：望月，满月，每月的十五日。

13. 寺观：佛寺，道观，泛指庙宇。僧人居处叫寺，道士居处叫观。

14. 案：记录在案。

15. 磊算：利滚利，高利贷。

16. 悛：悔改。

17. 赍发：赠送钱财。

18. 愆期：耽误。

19. 祗：恭敬。

20. 殛：杀。

21. 怍：色变。

22. 爵：饮酒的容器，酒杯。

23. 申戒：告诫。

24. 盍：何不，表示反问。

qǐ kuān miǎn shuì liáng jí jiù mín kùn

十、乞宽免税粮急救民困

yǐ mí zāi biàn shū

以弭灾变疏[1]

（1520 年）

【背景】1519 年的江西，不幸发生两件大事：一是该年三月至七月，天气异常燥热，没有下过一滴雨，赣江两岸的禾苗几近枯死。庄稼无收成几乎成定局，百姓心中很是愁苦。二是南昌宁王朱宸濠叛乱，还假传圣旨说给百姓优免租税，弄得人心惶惶，不知真假，也不知道该怎么去做。在这种情况下，王阳明别无他法，只能先平定叛乱。用一个月左右时间，打败叛军，活捉朱宸濠。接着，为安抚民心，他请求朝廷能够真的宽免粮税，并向朝廷呈报此文，阐明宽免粮税的理由及意义。

zhào dé zhèng dé shí sì nián qī yuè nèi jié jù jí ān děng
照得[2]正德十四年七月内，节据吉安等
yī shí sān fǔ suǒ shǔ lú líng děng xiàn gè shēn wéi hàn zāi shì kāi chēng
一十三府所属庐陵等县各申，为旱灾事开称：
běn nián zì sān yuè zhì yú qiū qī yuè bù yǔ hé miáo wèi jí fā
“本年自三月至于秋七月不雨，禾苗未及发
shēng jìn xíng kū sǐ xià shuì qiū liáng wú cóng bàn nà rén mín
生[3]，尽行枯死，夏税秋粮，无从办纳，人民
chóu tàn jiāng jí liú lí shēn qǐ zhuǎn dá kuān miǎn děng yīn dào chén
愁叹，将及流离，申乞转达宽免”等因到臣。

jié chāi guān shǐ lǎo rén tà kān qián xiàng dì fāng wěi zì sān yuè yǐ
节差官史、老人踏勘前项地方，委自三月以

lái yǔ zé bù jiàng hé miáo kū sǐ xù gāi níng wáng móu fǎn
来，雨泽不降，禾苗枯死。续该宁王谋反，

chéng xìn gǔ luàn chuán bō wěi mìng yōu miǎn zū shuì xiǎo rén wéi lì
乘衅鼓乱，传播伪命，优免租税。小人惟利

shì qū xiōng xiōng sī luàn chén yīn tōng xíng gào shì xǔ yǐ qín
是趋，汹汹思乱。臣因通行告示，许以秦

wén yōu miǎn liáng shuì yù yǐ chén zǐ dà yì shēn zǔ zōng xiū yǎng shēng
闻优免粮税。谕以臣子大义，申祖宗休养生

xī zhī zé bào níng wáng zhū qiú wú yàn zhī è yóu shì rén xīn
息之泽，暴宁王诛求[4]无厌之恶，由是人心

shāo shāo ān jí bèi nì qū shùn lǎo ruò jū shǒu dīng zhuàng chū
稍稍安集，背逆趋顺，老弱居守，丁壮出

zhēng tuán bǎo kuì xiǎng yì wú yí hù jiā wú yí fū jiù shǐ
征，团保馈饷，邑无遗户，家无遗夫。就使

yǔ yáng shí ruò jiāng xī zhī mín yì yǐ fèi gēng yún zhī yè shì
雨旸时若[5]，江西之民亦已废耕耘之业，事

zhēng zhàn zhī kǔ kuàng jūn lǚ hàn gān yī shí bìng zuò suī fù
征战之苦；况军旅旱干，一时并作，虽富

shì dà hù bù miǎn jī jǐn xià hù xiǎo mín dé wú zhuǎn sǐ
室大户，不免饥馑[6]，下户小民，得无转死

gōu hè liú sàn sì fāng hū shè huò jī hán suǒ pò zhēng shū suǒ
沟壑，流散四方乎？设或饥寒所迫，征输所

kǔ rén zì wéi luàn jiāng ruò zhī hé rú méng qǐ chì gāi bù zàn
苦，人自为乱，将若之何？如蒙乞敕该部暂

jiāng zhèng dé shí sì nián fèn shuì liáng tōng xíng yōu miǎn yǐ jiù cán shāng zhī
将正德十四年分税粮通行优免，以救残伤之

民，以防变乱之阶[7]。伏望[8]皇上罢冗员之俸，损不急之赏，止无名之征，节用省费，以足军国之需，天下幸甚。

缘由于本年七月三十日具题请旨，未奉明降[9]。

随蒙大驾亲征，京边官军前后数万，沓至并临，填城塞郭[10]。百姓戍守锋镝[11]之余，未及息肩驰担，又复救死扶伤，呻吟奔走，以给厮[12]养一应诛求；妻孥[13]鬻[14]于草料，骨髓竭于征输[15]。当是之时，鸟惊鱼散，贫民老弱流离弃委沟壑；狡健者逃窜山泽，群聚为盗；独遗其稍有家业与良善守死者十之二三，又皆颠顿[16]号呼于梃[17]刃捶挞[18]之下。郡县官吏，咸赴省城与兵马住屯之所奔命听役，不复得亲民事。上下汹汹，如驾漏船于风涛颠沛之中，惟惧覆溺之不暇，岂遑[19]复顾其他，为日后之虑，忧及税赋之不免，征科[20]之未完乎！当是之时，虽臣等亦皆奔走道路，危疑仓皇[21]，恐不能为小民请一旦之命，岂遑为岁月之虑，忧及赋税之不免，征课[22]之未完，而暇[23]为之复请乎！

若是者又数月，京边官军始将有旅归之期，而户部岁额之征已下，漕运[24]交兑之文已促，督催之使切责[25]之檄，已交驰[26]四集矣。流移之民闻官军之将去，稍稍胁息[27]延望[28]，归寻其故业。足未入境，而颈已系于追求者之手矣！夫荒旱极矣，而又因之以变乱；变乱极矣，而又竭之以师旅[29]；师旅极矣，而又竭之以供馈[30]，益之以诛求，亟之以征敛。当是之时，有目者不忍睹，有耳者不忍闻，又从而朘[31]其膏血[32]，有人心者而尚忍为之乎！

今远近军民号呼[33]匍匐，诉告喧腾[34]，求朝廷出帑藏[35]以赈济，久而未获，反有追征之令。哄然兴怨，谓臣等昔日蠲赋[36]之言为绐己[37]。窃相伤嗟，谓宸濠叛逆，独知优免租税以要人心。我辈朝廷赤子，皆尝竭骨髓、出死力以勤国难，今困穷已极，独不蒙少加优恤，又从而追征之，将何以自全。是以令之而益不信，抚之而益愤愤，谕之而益呶呶[38]，甫怀收复之望，又为流徙之图。计穷势迫，匿而为奸，肆而为寇，两月以来，有司之以鼠窃警报者，月无虚日。无怪也，彼无家业衣食之资，无父母妻子之恋，而又旁有追呼之苦，上有捶剥之灾，自非礼义之士，孰肯闭口枵腹[39]，坐以待死乎？

今朝廷亦尝有宽恤之令矣，亦尝有赈济之典矣，然宽恤赈济，内无帑藏之发，外无官府之储，而徒使有司措置[40]。措置者岂能神输而鬼运？必将取诸富民，今富民则又皆贫民矣！削贫以济贫，犹割心脔肉[41]以啖口[42]，口未饱而身先毙。且又有侵克[43]之弊，又有渔猎之奸，民之赖以生者，不能什一[44]，民之坐而死者，常十九矣。故宽恤之虚文，不若蠲租之实惠；赈济之难及，不若免租之易行。今不免租税，不息诛求，而徒曰宽恤赈济。是“夺其口中之食”，而曰“吾将疗汝之饥”；“刳[45]其腹肾之肉”，而曰“吾将救汝之死。”凡有血气，皆将不信之矣。

夫户部以国计为官，漕运以转输为任，今岁额之催，交兑之促，皆其职之使然。但“民者邦之本”，邦本一摇，虽有粟，吾得而食诸？伏望皇上轸念[46]地方涂炭[47]之余，小民困苦已极，思邦本之当固，虑祸变之可忧，乞敕该部速将正德十四、十五年该省钱粮悉行宽免；其南昌、南康、九江等府残破尤甚者，重加宽贷[48]，使得渐回喘息[49]，修复生理[50]。非但解江西一省之倒悬[51]，臣等无地方变乱之祸，得免于诛戮，实天下之大幸，宗社之福也。

fú miǎn jiāng xī yī shěng zhī liáng shuì bù guò sì shí wàn dàn
夫免江西一省之粮税，不过四十万石，
jīn lìn sì shí wàn dàn ér bù kěn juān yì shí huò biàn zú qǐ jí
今吝四十万石而不肯蠲，异时祸变卒起，即
chū shù bǎi wàn dàn jì yǐ wú jiù yú nàn yǐ cǐ qí xíng jì yǐ
出数百万石，既已无救于难矣。此其形迹已
xiàn shì lǐ shèn míng zhě chén děng shàng bù néng huì jì zhēng liǎn yǐ
见，事理甚明者。臣等上不能会计征敛以
zú guó yòng xià bù néng jiàn móu shè cè yǐ jì mín qióng tú tòng kū
足国用，下不能建谋设策以济民穷，徒痛哭
liú tì yī yán xiǎo mín jí kǔ zhī zhuàng wéi bì xià sù jiāng chén děng
流涕，一言小民疾苦之状，惟陛下速将臣等
chù guī tián lǐ zǎo cì shī xíng yǐ shū huò biàn
黜归田里，早赐施行，以纾[52]祸变。

yuán xì kuān miǎn shuì liáng jí jiù mín kùn yǐ mǐ zāi biàn
缘系宽免税粮，急救民困，以弭[53]灾变
shì lǐ wéi cǐ jù běn qǐng zhǐ
事理，为此具本请旨。

【注释】

1. 疏：是臣下写给皇帝的文字，一种文体。

2. 照得：实际考察而得到，在旧时公文中常用。

3. 发生：发芽，生长。

4. 诛求：强征暴敛。

5. 雨旸时若：风调雨顺。

6. 饥馑：灾荒。

7. 阶：凭借，由来。

8. 伏望：表示希望的敬词，多用于下级对上级。

9. 未奉明降：没有得到皇上明旨。

10. 郭：城外围着城的墙。

11. 锋镝：锋，刀口；镝，箭头，泛指兵器。

12. 厮：古时对人的称呼。

13. 孥：子女。

14. 鬻：卖。

15. 征输：征收赋税输入官府。

16. 颠顿：颠沛困顿。

17. 梃：棍棒。

18. 捶挞：杖击，鞭打。

19. 遑：恐惧。

20. 征科：征收赋税。

21. 仓皇：仓促，慌张。

22. 征课：征税。

23. 暇：空闲，没有事的时候。

24. 漕运：利用水道调运粮食。

25. 切责：严厉责备。

26. 交驰：交相奔走，往来不断。

27. 胁息：胁，屏住，收敛；息，气息。

28. 延望：引颈向远处眺望。

29. 师旅：军队编制，意指战争。

30. 供馈：供应。

31. 朘：剥削。

32. 膏血：人的脂血，比喻用血汗换来的财富。

33. 号呼：大声叫唤。

34. 喧腾：喧闹沸腾。

35. 帑藏：国库。

36. 蠲赋：免除赋税。

37. 绐己：欺骗自己。

38. 呶呶：吵闹。

39. 枵腹：空腹，饥饿之义。

40. 措置：安放，处置，安排。

41. 脔肉：小块的肉。

42. 啖口：吃或给人吃。

43. 侵克：侵害打击。

44. 什一：十分之一。

45. 刳：从中间破开再挖空。

46. 轸念：沉痛地想一想。

47. 涂炭：处于极端困苦的境地。

48. 宽贷：宽恕。

49. 喘息：短暂的休息。

50. 生理：机能，生存的希望。

51. 倒悬：头下脚上悬挂着，比喻处境异常困苦。

52. 纾：免除。

53. 弭：平息，消除。

shū xú rǔ pèi juàn

十一、书徐汝佩卷

（1523 年）

【背景】徐汝佩系浙江余姚人，王阳明弟子。1523 年，其进京参加科举考试，看到考试题中有诋毁老师的内容，他无法控制心中的怒火，愤然离开考场。当王阳明从他人口中得知此事时，显得不太高兴，但也没说什么。其实，好与坏都是相对而言的，好有可能变坏，坏有可能变好。王阳明看到这次科举考试的出题内容会影响到“天下士”，所以说“圣学从兹大明矣”。意思是说，我的学问从此让天下人都知道了，天下必然会出现求真之人，能弄明白此学问的真谛。本文就是记录此事。

rén wǔ zhī dōng rǔ pèi bié yú běi shàng fù nán gōng shì
壬午之冬，汝佩别予北上，赴南宫试[1]。
yǐ ér mén xià shì yǒu zì jīng lái zhě gào yú yǐ rǔ pèi yīn nán gōng
已而门下士有自京来者，告予以汝佩因南宫
cè wèn ruò yīn dǐ fū zǐ zhī xué zhě bù duì ér chū suì hào
策问[2]若阴[3]诋夫子之学者，不对而出，遂浩
rán dōng guī xíng qiě zhì yǐ yú wén zhī àn rán bù lè zhě
然[4]东归[5]，行且至矣。予闻之，黯然不乐者
jiǔ zhī
久之。

shì yuē rǔ pèi sī jǔ yǒu zhì zhī shì mò bù qīn yǎng
士曰：“汝佩斯举，有志之士莫不钦仰

xīn fú yǐ wéi zì yǐn yàn míng zhī hòu zhì jīn ér shǐ zài
歆[6]服，以为自尹彦明[7]之后，至今而始再
jiàn zhě yě fú rén lí qù qí gǔ ròu zhī ài jī liáng shù zhuāng
见者也。夫人离去其骨肉之爱，赍[8]粮束装，
zǒu shù qiān lǐ yǐ fù sān rì zhī shì jiāng jié jīng bì lì wéi
走数千里，以赴三日之试，将竭精弊力，惟
yǒu sī zhī hào shì tóu yǐ qí yī rì zhī dé xī zhōng shēn zhī
有司之好是投，以祈一日之得，希终身之
róng sī rén zhī tóng qíng yě ér rǔ pèi yú cǐ dú néng bù wéi
荣，斯人之同情也。而汝佩于此独能不为
qí suǒ bù wéi bù yù qí suǒ bù yù sī fēi qí yǒu jiàn dé sī
其所不为，不欲其所不欲，斯非其有见得思
yì jiàn wēi shòu mìng zhī yǒng qí shú néng shēng yīn xiào mào ér wéi cǐ
义、见危授命之勇，其孰能声音笑貌而为此
hū shì xīn yě gù fù guì bù néng yín pín jiàn bù néng yí
乎？是心也，固富贵不能淫，贫贱不能移，
wēi wǔ bù néng qū zhě yǐ jiāng fū zǐ wén zhī yuè rán ér xǐ
威武不能屈者矣。将夫子闻之，跃然而喜，
xiǎn rán ér jiā yǔ zhī yě ér gù àn rán ér bù lè yě hé jū
显然而嘉与之也；而顾黯然而不乐也，何居
hū
乎？”

yú yuē fēi shì zhī wèi yě
予曰：“非是之谓也。”

shì yuē rán zé rǔ pèi zhī wéi shì jǔ yě shàng yì yǒu
士曰：“然则汝佩之为是举也，尚亦有
wèi zhì yú qǐ yǐ rǔ pèi gǔ ròu zhī yǎng qiě dàn mù suǒ bù
未至欤？岂以汝佩骨肉之养，且旦暮所不

jǐ wú yì suí shí shùn yìng yǐ shǎo sū qí pín kùn yě hū
给，无亦随时顺应，以少苏[9]其贫困也乎？
ruò shì zé rǔ pèi zhī zhì huāng yǐ
若是，则汝佩之志荒矣。”

yú yuē fēi shì zhī wèi yě
予曰：“非是之谓也。”

shì yuē rán zé hé jū hū
士曰：“然则何居[10]乎？”

yú mò rán bù yìng shì bù dé wèn ér tuì
予默然不应，士不得问而退。

tā rì rǔ pèi jì guī shì wǎng wèn yú rǔ pèi yuē
他日，汝佩既归，士往问于汝佩曰：
xiàng wú yǐ zǐ zhī shì wèn yú fū zǐ yǐ fū zǐ àn rán ér bù
“向吾以子之事问于夫子矣，夫子黯然而不
lè yú yún yún ér fū zǐ yún yún yě zǐ yǐ wéi xī jū
乐。予云云而夫子云云也。子以为奚居[11]？”

rǔ pèi yuē shǐ wú jiàn fā cè zhě zhī yīn dǐ wú fū zǐ
汝佩曰：“始吾见发策者之阴诋吾夫子
zhī xué yě gài fú rán ér nù fèn rán ér bù píng yǐ wéi
之学也，盖怫然[12]而怒，愤然而不平。以为
wú fū zǐ zhī xué zé ruò shì qí jiǎn yì guǎng dà yě wú fū zǐ
吾夫子之学，则若是其简易广大也；吾夫子
zhī yán zé ruò shì qí zhēn qiè zhù míng yě wú fū zǐ zhī xīn
之言，则若是其真切著明[13]也；吾夫子之心，
zé ruò shì qí rén shù gōng pǔ yě fū zǐ mǐn rén xīn zhī xiàn nì
则若是其仁恕公普[14]也。夫子悯人心之陷溺，
ruò jǐ zhī duò yú yuān hè yě mào tiān xià zhī fēi xiào dǐ lì ér
若己之堕于渊壑也，冒天下之非笑诋詈[15]而

日惇惇[16]焉，亦岂何求于世乎！而世之人曾不觉其为心，而相嫉媢[17]诋毁之若是，若是而吾尚可与之并立乎？已矣！吾将从夫子而长往于深山穷谷，耳不与之相闻，而目不与之相见，斯已矣。故遂浩然而归。归途无所事事，始复专心致志，沈潜[18]于吾夫子致知之训，心平气和，而良知自发。然后黯然而不乐曰：‘嘻吁[19]乎！吾过矣。’”

士曰：“然则子之为是也，果尚有所不可欤？”

汝佩曰：“非是之谓也。吾之为是也，亦未下可；而所以为是者，则有所不可也。吾语子。始吾未见夫子也，则闻夫子之学而亦尝非笑之矣，诋毁之矣。及见夫子，亲闻良知之诲，恍然而大悟醒，油然而生意融，始自痛悔切责。吾不及夫子之门，则几死矣。今虽知之甚深，而未能实诸己也，信之甚笃，而未能孚[20]诸人也。则犹未免于身谤者也，而遽尔[21]责人若是之峻。且彼盖未尝亲承吾夫子之训也，使得亲承焉，又焉知今之非笑诋毁者，异日不如我之痛悔切责乎？不如我之深知而笃信乎？何忘己之困而责人之速也！夫子冒天下之非笑诋毁而日谆谆然，惟恐人之不入于善，而我则反之，其间不能以寸矣。夫子之黯然而不乐也，盖所以爱珊之至而忧珊之深也。虽然，夫子之心，则又广矣大矣，微矣几矣。不睹不闻之中，吾岂能尽以语子也？”

rǔ pèi jiàn, bèi yǐ qí suǒ yǐ gào yú shì zhě wéi wèn, yú
汝佩见，备以其所以告于士者为问，予

hàn zhī ér fú dá, mò rán zhě jiǔ zhī。rǔ pèi sǒng rán ruò
颔[22]之而弗答，默然者久之。汝佩悚然[23]若

yǒu xǐng yě。míng rì, yǐ cǐ juàn rù qǐng yuē: zuó chéng fū zǐ
有省也。明日，以此卷入请曰：“昨承夫子

bù yán zhī jiào, shān qīng ěr ér tīng, ruò zhèn jīng bǎi lǐ; cū xīn
不言之教，珊倾耳而听，若震惊百里；粗心

fú qì, yī shí jù sàng yǐ。qǐng suì shū zhī。
浮气，一时俱丧矣。请遂书之。”

【注释】

1. 南宫试：进士考试，科举考试中的一种。

2. 策问：以对答形式考试的一种文体，以经义、政事为主，与今天论文答辩类似。

3. 阴：暗中。

4. 浩然：盛大的样子。

5. 东归：指回故乡。

6. 歆：喜爱。

7. 尹彦明：宋朝人，原名尹焞，字彦明。曾参加科举考试，对试题不满，不答而出。终身不再参试。

8. 赍：带着。

9. 少苏：稍微得到缓解。

10. 何居：居，助词，什么原因。

11. 奚居：同“何居”之义。

12. 怫然：愤怒的样子。

13. 著明：很明显。

14. 公普：得到民众普遍认同。

15. 诋詈：毁谤詈骂。

16. 惇惇：敦厚，越来越浓厚。

17. 嫉娼：嫉妒。

18. 沈潜：沈同“沉”，沉潜，沉渐，默默地积蓄力量。

19. 嘻吁：表示叹息，象声词。

20. 孚：为人所信服。

21. 遽尔：突然。

22. 颔：点头。

23. 悚然：害怕的样子。

十二、答陆原静书

dá lù yuán jìng shū

（1524 年）

【背景】陆原静原名陆澄，字原静，明代浙江吴兴人，于 1514 年师从王阳明，1517 年中进士，官刑部主事。1524 年，王阳明在浙江收徒讲学，有很多人想投奔其门下，但不马上一一接受，必通过对话考问一番，如对越郡守南大吉。王阳明教授门徒，并不总是面对面讲授，有时也采取灵活多样的方式讲学，如宴请门徒，酒后以各种方式娱乐。1524 年 8 月 15 日在天泉桥聚会，王阳明在聚会后说出的“有高明脱落者，知一切俗缘皆非性体，然不加实践，以入于精微，则渐有轻灭世故，阔略伦物之病”的话语，便是告诫门人加强教育。本文即是通过书信形式与门人讨论“良知”“心即理”的思想。

lái shū yún xià shǒu gōng fū jué cǐ xīn wú shí níng jìng
来书云：“下手工夫，觉此心无时宁静。
wàng xīn gù dòng yě zhào xīn yì dòng yě xīn jì héng dòng
妄心[1]固动也，照心[2]亦动也；心既恒动，
zé wú kè zàn tíng yě
则无刻暂停也。”

shì yǒu yì yú qiú níng jìng shì yǐ yù bù níng jìng ěr fú
是有意于求宁静，是以愈不宁静耳。夫
wàng xīn zé dòng yě zhào xīn fēi dòng yě héng zhào zé héng dòng héng
妄心则动也，照心非动也；恒照则恒动恒

静，天地之所以恒久而不已也。照心固照也，妄心亦照也；“其为物不贰[3]，则其生物不息[4]”，有刻暂停则息矣，非至诚无息[5]之学矣。

来书云：“良知亦有起处。”云云。

此或听之未审。良知者，心之本体，即前所谓恒照者也。心之本体，无起无不起。虽妄念之发，而良知未尝不在，但人不知存，则有时而或放耳。虽昏塞之极，而良知未尝不明，但人不知察，则有时而或蔽耳，虽有时而或放，其体实未尝不在也，存之而已耳；虽有时而或蔽，其体实未尝不明也，察之而已耳。若谓良知亦有起处，则是有时而不在也，非其本体之谓矣。

来书云："前日'精一'之论，即作圣之功否？"

精一之精以理言，精神之精以气言。理者气之条理，气者理之运用；无条理则不能运用，无运用则亦无以见其所谓条理者矣。精则精，精则明，精则一，精则神，精则诚，一则精，一则明，一则神，一则诚；原非有二事也。但后世儒者之说与养生之说各滞[6]于一偏[7]，是以不相为用。前日"精一"之论，虽为原静爱养精神而发，然而作圣之功实亦不外是矣。

来书云："元神、元气、元精，必各有寄藏发生之处，又有真阴之精、真阳之气。"云云。

夫良知，一也，以其妙用而言谓之神，以其流行而言谓之气，以其凝聚而言谓之精，安可以形象方所求哉？真阴之精，即真阳之气之母；真阳之气，即真阴之精之父；阴根阳，阳根阴，亦非有二也。苟吾良知之说明，即凡若此类皆可以不言而喻。不然，则如来书所云“三关、七返、九还”[8]之属，尚有无穷可疑者也。

来书云：“良知，心之本体，即所谓性善也，未发[9]之中也，寂然不动[10]之体也，廓然大公[11]也，何常人皆不能而必待于学邪？中也，寂也，公也，既以属心之体，则良知是矣。今验之于心，知无不良，而中、寂、大公实未有也。岂良知复超然于体用之

wài hū
外乎？”

xìng wú bù shàn gù zhī wú bù liáng liáng zhī jí shì wèi fā
性无不善，故知无不良，良知即是未发

zhī zhōng jí shì kuò rán dà gōng jì rán bù dòng zhī běn tǐ rén
之中，即是廓然大公，寂然不动之本体，人

rén zhī suǒ tóng jù zhě yě dàn bù néng bù hūn bì yú wù yù
人之所同具者也。但不能不昏蔽[12]于物欲，

gù xū xué yǐ qù qí hūn bì rán yú liáng zhī zhī běn tǐ chū bù
故须学以去其昏蔽，然于良知之本体，初不

néng yǒu jiā sǔn yú háo mò yě zhī wú bù liáng ér zhōng jì dà
能有加损于毫末也。知无不良，而中寂大

gōng wèi néng quán zhě shì hūn bì zhī wèi jìn qù ér cún zhī wèi chún
公未能全者，是昏蔽之未尽去，而存之未纯

ěr tǐ jí liáng zhī zhī tǐ yòng jí liáng zhī zhī yòng nìng fù yǒu
耳。体即良知之体，用即良知之用，宁复有

chāo rán yú tǐ yòng zhī wài zhě hū
超然于体用之外者乎？

lái shū yún zhōu zǐ yuē zhǔ jìng chéng zǐ yuē
来书云：“周子曰‘主静’[13]，程子曰

dòng yì dìng jìng yì dìng xiān shēng yuē dìng zhě xīn zhī
‘动亦定，静亦定’，先生曰：‘定者，心之

běn tǐ shì jìng dìng yě jué fēi bù dǔ bù wén wú sī wú wéi
本体，是静定也，决非不睹不闻、无思无为

zhī wèi bì cháng zhī cháng cún cháng zhǔ yú lǐ zhī wèi yě fú
之谓，必常知，常存，常主于理之谓也。夫

cháng zhī cháng cún cháng zhǔ yú lǐ míng shì dòng yě yǐ fā
常知，常存，常主于理，明是动也，已发

也，何以谓之静？何以谓之本体？岂是静定也，又有以贯乎心之动静者邪？”

理无动者也。“常知，常存，常主于理”，即“不睹不闻、无思无为”之谓也。不睹不闻、无思无为，非槁木死灰[14]之谓也。睹、闻、思、为一于理，而未尝有所睹、闻、思、为，即是动而未尝动也。所谓“动亦定，静亦定”，体用一原者也。

来书云：“此心未发之体，其在已发之前乎？其在已发之中而为之主乎？其无前后内外而浑然之体者乎？今谓心之动静者，其主有事无事而言乎？其主寂然、感通而言乎？其主循理从欲而言乎？若以循理为静，从欲为动，则于所谓动中有静，静中有动，动极而静，静极而动者，不可通矣。若以有事而感通为动，无事而寂然为静，则于所谓动而无动，静而无静者，不可通矣。若谓未发在已发之先，静而生动，是至诚有息也，圣人有复也，又不可矣。若谓未发在已发之中，则不知未发已发俱当主静乎？抑未发为静而已发为动乎？抑未发已发俱无动无静乎？俱有动有静乎？幸教。”

未发之中即良知也，无前后内外而浑然一体[15]者也。有事无事可以言动静，而良知无分于有事无事也；寂然感通可以言动静，而良知无分于寂然感通也。动静者，所遇之时，心之本体，固无分于动静也。理无动者也，动即为欲，循理则虽酬酢万变而未尝动也；从欲则虽槁心一念而未尝静也。动中有静，静中有动，又何疑乎？有事而感通，固可以言动，然而寂然者未尝有增也。无事而寂然，固可以言静，然而感通者未尝有减也。动而无动，静而无静，又何疑乎？无前后内外而浑然一体，则至诚有息之疑，不待解矣。未发在已发之中，而已发之中未尝别有未发者在；已发在未发之中，而未发之中未尝别有已发者存；是未尝无动静，而不可以动静分者也。

凡观古人言语，在以意逆志[16]而得其大旨，若必拘滞于文义，则靡有孑遗[17]者，是周果[18]无遗民也。周子静极而动之说，苟不善观，亦未免有病[19]。盖其意从太极动而生

yáng jìng ér shēng yīn shuō lái tài jí shēng shēng zhī lǐ miào yòng
阳，静而生阴说来。太极生生之理，妙用

wú xī ér cháng tǐ bù yì tài jí zhī shēng shēng jí yīn yáng
无息，而常体不易。太极之生生，即阴阳

zhī shēng shēng jiù qí shēng shēng zhī zhōng zhǐ qí miào yòng wú xī zhě
之生生。就其生生之中，指其妙用无息者

ér wèi zhī dòng wèi zhī yáng zhī shēng fēi wèi dòng ér hòu shēng yáng
而谓之动，谓之阳之生，非谓动而后生阳

yě jiù qí shēng shēng zhī zhōng zhǐ qí cháng tǐ bù yì zhě ér wèi
也。就其生生之中，指其常体不易者而谓

zhī jìng wèi zhī yīn zhī shēng fēi wèi jìng ér cóng shēng yīn yě ruò
之静，谓之阴之生，非谓静而从生阴也。若

guǒ jìng ér hòu shēng yīn dòng ér hòu shēng yáng yīn zé shì yīn yáng
果静而后生阴，动而后生阳阴，则是阴阳

dòng jìng jié rán gè zì wéi yī wù yǐ yīn yáng yī qì yě yī
动静，截然各自为一物矣。阴阳一气也，一

qì qū shēn ér wéi yīn yáng dòng jìng yī lǐ yě yī lǐ yǐn xiǎn ér
气屈伸而为阴阳；动静一理也，一理隐显而

wéi dòng jìng chūn xià kě yǐ wéi yáng wéi dòng ér wèi cháng wú yīn yǔ
为动静。春夏可以为阳为动，而未尝无阴与

jìng yě qiū dōng kě yǐ wéi yīn wéi jìng ér wèi cháng wú yáng yǔ
静也；秋冬可以为阴为静，而未尝无阳与

dòng yě chūn xià cǐ bù xī qiū dōng cǐ bù xī jiē kě wèi zhī
动也。春夏此不息，秋冬此不息，皆可谓之

yáng wèi zhī dòng yě chūn xià cǐ cháng tǐ qiū dōng cǐ cháng tǐ
阳、谓之动也；春夏此常体，秋冬此常体，

jiē kě wèi zhī yīn wèi zhī jìng yě zì yuán huì yùn
皆可谓之阴、谓之静也。自元、会、运、

世、岁、月、日、时，以至刻、杪、忽、微，莫不皆然，所谓动静无端，阴阳无始，在知道者默而识之，非可以言语穷也。若只牵文泥句，比拟仿像，则所谓心从《法华》转，非是转《法华》矣。

来书云：“尝试于心，喜、怒、忧、惧之感发也，虽动气之极，而吾心良知一觉，即罔然消沮[20]，或遏于初，或制于中，或悔于后。然则良知常若居优闲无事之地而为之主，于喜怒忧惧若不与焉者，何欤？”

知此则知未发之中、寂然不动之体，而有发而中节之和，感而遂通之妙矣。然谓“良知常若居于优闲无事之地”，语尚有病。盖良知虽不滞于喜、怒、忧、惧，而喜、怒、忧、惧亦不外于良知也。

来书云："夫子昨以良知为照心。窃谓良知，心之本体也；照心，人所用功，乃戒慎恐惧之心也，犹思也。而遂以戒慎恐惧为良知，何欤？"

能戒慎恐惧者，是良知也。

来书云："先生又曰'照心非动也'，岂以其循理而谓之静欤？'妄心亦照也'，岂以其良知未尝不在于其中，未尝不明[21]于其中，而视听言动之不过则者皆天理欤？且既曰妄心，则在妄心可谓之照，而在照心则谓之妄矣。妄与息何异？今假妄之照以续至诚之无息，窃所未明，幸再启蒙[22]。"

照心非动者，以其发于本体明觉之自

然，而未尝有所动也。有所动即妄矣。妄心亦照者，以其本体明觉之自然者，未尝不在于其中，但有所动耳。无所动即照矣。无妄无照，非以妄为照，以照为妄也。照心为照，妄心为妄，是犹有妄有照也。有妄有照，则犹二也，二则息矣。无妄无照则不二，不二则不息矣。

来书云："养生以清心寡欲为要。夫清心寡欲，作圣之功毕[23]矣。然欲寡则心自清，清心非舍弃人事而独居求静之谓也。盖欲使此心纯乎天理，而无一毫人欲之私耳。今欲为此之功，而随人欲生而克之，则病根常在，未免灭于东而生于西。若欲刊剥洗荡于众欲未萌之先，则又无所用其力，徒

shǐ cǐ xīn zhī bù qīng qiě yù wèi méng ér sōu tī yǐ qiú qù zhī
使此心之不清。且欲未萌而搜剔以求去之，
shì yóu yǐn quǎn shàng táng ér zhú zhī yě yù bù kě yǐ
是犹引犬上堂[24]而逐之也，愈[25]不可矣。”

bì yù cǐ xīn chún hū tiān lǐ ér wú yī háo rén yù zhī
必欲此心纯乎天理，而无一毫人欲之
sī cǐ zuò shèng zhī gōng yě bì yù cǐ xīn chún hū tiān lǐ ér
私，此作圣之功也。必欲此心纯乎天理，而
wú yī háo rén yù zhī sī fēi fáng yú wèi méng zhī xiān ér kè
无一毫人欲之私，非防于未萌之先，而克
yú fāng méng zhī jì bù néng yě fáng yú wèi méng zhī xiān ér kè
于方萌之际不能也。防于未萌之先，而克
yú fāng méng zhī jì cǐ zhèng zhōng yōng jiè shèn kǒng jù dà
于方萌之际，此正《中庸》戒慎恐惧、《大
xué zhì zhī gé wù zhī gōng shě cǐ zhī wài wú bié gōng yǐ
学》致知格物之功，舍此之外，无别功矣。
fú wèi miè yú dōng ér shēng yú xī yǐn quǎn shàng táng ér zhú zhī
夫谓“灭于东而生于西，引犬上堂而逐之
zhě shì zì sī zì lì jiāng yíng yì bì zhī wéi lèi ér fēi
者”，是自私自利，将迎意必之为累[26]，而非
kè zhì xǐ dàng zhī wéi huàn yě jīn yuē yǎng shēng yǐ qīng xīn guǎ yù
克治洗荡之为患也。今曰“养生以清心寡欲
wéi yào zhǐ yǎng shēng èr zì biàn shì zì sī zì lì jiāng yíng
为要”，只养生二字，便是自私自利，将迎
yì bì zhī gēn yǒu cǐ bìng gēn qián fú yú zhōng yí qí yǒu miè
意必之根。有此病根潜伏于中，宜其有“灭
yú dōng ér shēng yú xī yǐn quǎn shàng táng ér zhú zhī zhī huàn yě
于东而生于西，引犬上堂而逐之”之患也。

来书云："佛氏于'不思善不思恶时，认本来面目'，与吾儒'随物而格'之功不同。吾若于不思善不思恶时用致知之功，则已涉于思善矣。欲善恶不思，而心之良知清静自在，惟有寐而方醒之时耳。斯正孟子'夜气'之说。但于斯光景不能久，倏忽[27]之际，思虑已生。不知用功久者，其常寐初醒而思未起之时否乎？今澄欲求宁静，愈不宁静，欲念[28]无生，则念愈生，如之何而能使此心前念易灭，后念不生，良知独显，而与造物者游乎？"

"不思善不思恶时，认本来面目"，此佛氏为未识本来面目者设此方便[29]。本来面目即吾圣门所谓真知。今既认得良知明白，即

yǐ bù xiāo rú cǐ shuō yǐ suí wù ér gé shì zhì zhī zhī
已不消如此说矣。“随物而格”，是致知之

gōng jí fó shì zhī cháng xīng xīng yì shì cháng cún tā běn lái
功，即佛氏之“常惺惺”，亦是常存他本来

miàn mù ěr tǐ duàn gōng fū dà lüè xiāng sì dàn fó shì yǒu gè
面目耳。体段工夫，大略相似，但佛氏有个

zì sī zì lì zhī xīn suǒ yǐ biàn yǒu bù tóng ěr jīn yù shàn è
自私自利之心，所以便有不同耳。今欲善恶

bù sī ér xīn zhī liáng zhī qīng jìng zì zài cǐ biàn yǒu zì sī zì
不思，而心之良知清静自在，此便有自私自

lì jiāng yíng yì bì zhī xīn suǒ yǐ yǒu bù sī shàn bù sī è
利，将迎意必之心，所以有“不思善不思恶

shí yòng zhì zhī zhī gōng zé yǐ shè yú sī shàn zhī huàn mèng zǐ
时用致知之功，则已涉于思善”之患。孟子

shuō yè qì yì zhǐ shì wèi shī qí liáng xīn zhī rén zhǐ chū gè
说“夜气”，亦只是为失其良心之人指出个

liáng xīn méng dòng chù shǐ tā cóng cǐ péi yǎng jiāng qù jīn yǐ zhī de
良心萌动处，使他从此培养将去。今已知得

liáng zhī míng bái cháng yòng zhì zhī zhī gōng jí yǐ bù xiāo shuō yè
良知明白，常用致知之功，即已不消说“夜

qì què shì de tù hòu bù zhī shǒu tù ér réng qù shǒu zhū
气”；却是得兔后不知守兔，而仍去守株，

tù jiāng fù shī zhī yǐ yù qiú níng jìng yù niàn wú shēng cǐ zhèng shì
兔将复失之矣。欲求宁静欲念无生，此正是

zì sī zì lì jiāng yíng yì bì zhī bìng shì yǐ niàn yù shēng ér yù
自私自利，将迎意必之病，是以念愈生而愈

bù níng jìng liáng zhī zhǐ shì yī gè liáng zhī ér shàn è zì biàn
不宁静。良知只是一个良知，而善恶自辨，

gèng yǒu hé shàn hé è kě sī liáng zhī zhī tǐ běn zì níng jìng jīn
更有何善何恶可思？良知之体本自宁静，今
què yòu tiān yī gè qiú níng jìng běn zì shēng shēng jīn què yòu tiān
却又添一个求宁静；本自生生，今却又添
yī gè yù wú shēng fēi dú shèng mén zhì zhī zhī gōng bù rú cǐ suī
一个欲无生；非独圣门致知之功不如此，虽
fó shì zhī xué yì wèi rú cǐ jiāng yíng yì bì yě zhǐ shì yī niàn liáng
佛氏之学亦未如此将迎意必也。只是一念良
zhī chè tóu chè wěi wú shǐ wú zhōng jí shì qián niàn bù miè
知，彻头彻尾，无始无终，即是前念不灭，
hòu niàn bù shēng jīn què yù qián niàn yì miè ér hòu niàn bù shēng
后念不生。今却欲前念易灭，而后念不生，
shì fó shì suǒ wèi duàn miè zhǒng xìng rén yú gǎo mù sǐ huī zhī
是佛氏所谓“断灭种性，人于槁木死灰”之
wèi yǐ
谓矣。

lái shū yún fó shì yòu yǒu cháng tí niàn tóu zhī shuō
来书云：“佛氏又有‘常提念头’之说，
qí yóu mèng zǐ suǒ wèi bì yǒu shì fū zǐ suǒ wèi zhì liáng
其犹孟子所谓‘必有事’，夫子所谓‘致良
zhī zhī shuō hū qí jí cháng xīng xīng cháng jì de cháng zhī
知’之说乎？其即‘常惺惺，常记得，常知
de cháng cún de zhě hū yú cǐ niàn tóu tí zài zhī shí ér
得，常存得者’乎？于此念头提在之时，而
shì zhì wù lái yìng zhī bì yǒu qí dào dàn kǒng cǐ niàn tóu tí qǐ
事至物来，应之必有其道。但恐此念头提起
shí shǎo fàng xià shí duō zé gōng fū jiàn duàn ěr qiě niàn tóu fàng
时少，放下时多，则工夫间断耳。且念头放

失，多因私欲客气之动而始，忽然惊醒而后提，其放而未提之间，心之昏杂多不自觉。今欲日精日明，常提不放，以何道乎？只此常提不放，即全功乎？抑于常提不放之中，更宜加省克[30]之功乎？虽曰常提不放，而不加戒惧克治之功，恐私欲不去；若加戒惧克治之功焉，又为思善之事，而于本来面目又未达一间[31]也。如之何则可？”

戒惧克治，即是常提不放之功，即是必有事焉，岂有两事邪？此节所问，前一段已自说得分晓；末后却是自生迷惑，说得支离，及有“本来面目未达一间”之疑，都是自私自利将迎意必之为病，去此病，自无此疑矣。

来书云：“质美者明得尽，渣滓便浑化。如何谓‘明得尽’？如何而能‘便浑化’？”

良知本来自明。气质不美者，渣滓多，障蔽厚，不易开明。质美者渣滓原少，无多障蔽，略加致知之功，此良知便自莹彻[32]，些少渣滓如汤中浮雪，如何作能障蔽？此本不甚难晓，原静所以致疑于此，想是因一明字不明白，亦是稍有欲速之心。向曾面论明善之义，明则诚矣，非若后儒所谓明善之浅也。

来书云：“聪明睿知[33]果质[34]乎？仁义礼智果性[35]乎？喜怒哀乐果情[36]乎？私欲客气[37]果一物乎？二物乎？古之英才若子房、仲舒、叔度、孔明、文中、韩、范诸公，德业表著，皆良知中所发也，而不得谓之闻道者，果何在乎？苟曰此特生质之美耳，则生知安行者，不愈于学知困勉者乎？愚意窃云谓诸公见道偏则可，谓全无闻，则恐后儒崇尚记诵训诂之过也。然乎？否乎？”

性一而已，仁义礼智，性之性也；聪明睿知，性之质也；喜怒哀乐，性之情也；私欲客气，性之蔽也。质有清浊，故情有过不及，而蔽有浅深也。私欲客气，一病两痛。非二物也，张、黄、诸葛及韩、范诸公，皆天质之美，自多暗合道妙，虽未可尽谓之知学，尽谓之闻道，然亦自其有学，违道[38]不远者也。使其闻学知道，即伊、传、周、召矣。若文中子则又不可谓之不知学者，其书虽多出于其徒，亦多有未是处，然其大略则亦居然可见，但今相去辽远，无有的然[39]凭证，不可悬断[40]其所至矣。

夫良知即是道，良知之在人心，不但圣贤，虽常人亦无不如此。若无有物欲牵蔽，但循著良知发用流行将去，即无不是道。但在常人多为物欲牵蔽，不能循得良知。如数公者天质既自清明，自少物欲为之牵蔽，则其良知之发用流行处，自然是多，自然违道不远。学者学循此良知而已，谓之知学，只是知得专在学循良知。数公虽未知专在良知上用功，而或泛滥于多歧，疑迷于影响，是以或离或合而未纯。若知得时，便是圣人矣。后儒尝以数子者尚皆是气质用事，未免于行不著，习不察，此亦未为过论。但后儒之所谓著、察者，亦是狃于闻见之狭，蔽于沿习之非，而依拟仿象于影响形迹之间，尚非圣门之所谓著、察者也，则亦安得以己之昏昏，而求人之昭昭也乎？所谓生知安行，知行二字亦是就用功上说；若是知行本体，即是良知良能，虽在困勉之人，亦皆可谓之生知安行矣。知行二字更宜精察。

来书云：“昔周茂叔每令伯淳寻仲尼、颜子乐处。敢问是乐也，与七情之乐同乎？否乎？若同，则常人之一遂所欲，皆能乐矣，何必圣贤？若别有真乐，则圣贤之遇大忧大怒大惊大惧之事，此乐亦在否乎？且君子之心常存戒惧，是盖终身之忧也，恶得乐？澄平生多闷[41]，未尝见真乐之趣，今切愿寻之。”

乐是心之本体，虽不同于七情之乐，而亦不外于七情之乐。虽则圣贤别有真乐，而亦常人之所同有。但常人有之而不自知，反自求许多忧苦，自加迷弃。虽在忧苦迷弃之中，而此乐又未尝不存。但一念开明，反[42]身而诚，则即此而在矣。每与原静论，无非此意。而原静尚有何道可得之问，是犹未免于骑驴觅驴之蔽也。

来书云：“《大学》以心有好乐忿懥忧患恐惧为不得其正，而程子亦谓圣人情顺万事而无情。所谓有者，《传习录》中以病疟譬之，极精切矣。若程子之言，则是圣人之情不生于心而生于物也，何谓耶？且事感而情应，则是是非非可以就格。事或未感时谓之有，则未形也，谓之无则病根在，有无之间，何以致吾知乎？学务无情，累虽轻，而出儒入佛矣，可乎？”

圣人致知之功至诚无息，其良知之体皦如明镜，略无纤翳[43]。妍媸[44]之来，随物见[45]形，而明镜曾无留染。所谓情顺万事而无情也。“无所住而生其心”，佛氏曾有是言，未为非也。明镜之应物，妍者妍，媸者媸，一照而皆真，即是生其心处。妍者妍，媸者媸，一过而不留，即是无所住处。病疟之喻，既已见其精切，则此节所问可以释然。病疟之人，疟虽未发，而病根自在，则亦安

kě yǐ qí nüè zhī wèi fā ér suì wàng qí fú yào tiáo lǐ zhī gōng hū
可以其疟之未发而遂忘其服药调理之功乎？
ruò bì dài nüè fā ér hòu fú yào tiáo lǐ zé jì wǎn yǐ zhì zhī
若必待疟发而后服药调理，则既晚矣。致知
zhī gōng wú jiān yú yǒu shì wú shì ér qǐ lùn yú bìng zhī yǐ fā
之功无间于有事无事，而岂论于病之已发、
wèi fā yé dà dǐ yuán jìng suǒ yí qián hòu suī ruò bù yī rán
未发邪？大抵原静所疑，前后虽若不一，然
jiē qǐ yú zì sī zì lì jiāng yíng yì bì zhī wéi chóng cǐ gēn yī
皆起于自私自利，将迎意必之为崇。此根一
qù zé qián hòu suǒ yí zì jiāng bīng xiāo wù shì yǒu bù dài yú wèn
去，则前后所疑自将冰消雾释，有不待于问
biàn zhě yǐ
辨者矣。

【注释】

1. 妄心：心神不定，心乱。

2. 照心：心体平静不动。

3. 不贰：不二心。

4. 生物不息：对万物的恩泽无法估量。

5. 至诚无息：纯诚是不停息的。

6. 滞：停留。

7. 偏：片面。

8. 三关、七返、九还：道家修炼术语，内心修炼之道。

9. 未发：没有表现出来。

10. 寂然不动：心中无思无虑，没有各种各样的念头。

11. 廓然大公：个人处理烦恼情绪的方法。

12. 昏蔽：遮盖，隐蔽。

13. 主静：圣人之道，无欲则静。

14. 槁木死灰：枯木着火后的冷灰。比喻心情消沉，对什么都无动于衷。

15. 浑然一体：各个部分融合成一个整体，不可分割。

16. 以意逆志：应用自己的心志去理解它的中心思想。

17. 靡有孑遗：没有剩余。

18. 果：果然。

19. 有病：有缺点。

20. 消沮：遏止。

21. 明：明细体察。

22. 启蒙：指教。

23. 毕：完成。

24. 上堂：入室。

25. 愈：更，越来越。

26. 累：牵累。

27. 倏忽：一转眼，时间快。

28. 念：杂念。

29. 方便：简便方法。

30. 省克：省察克治。

31. 一间：一样，相似，相符。

32. 莹彻：晶莹透彻。

33. 知：同“智”。

34. 质：资质。

35. 性：本性。

36. 情：情感。

37. 客气：虚伪，讲场面话。

38. 违道：违背正义。

39. 的然：明显的。

40. 悬断：凭空臆断。

41. 闷：烦恼。

42. 反：同“返”。

43. 纤翳：微小的障蔽。

44. 妍媸：表示美和丑。

45. 见：同“现”。

十三、与黄勉之

（1524年）

【背景】黄勉之原名黄省曾，字勉之，明代江苏苏州人。黄勉之曾乡试中举，列榜首；后来考进士，但屡试不第，于是放弃。王阳明在浙江讲学时，其前往拜师从学。当时，来求学的人很多，每天早晨都学习，有不会的就问，王阳明作答。不久，黄勉之学成。其一生著述颇丰，涉及经学、史学、地理、农学等方面，是一位杂家。黄勉之也与王阳明书信探讨学、知、道的问题，本文即为王阳明与黄勉之探讨上述问题的一篇文章。

勉之别去后，家人病益狼狈，贱躯亦咳逆[1]泄泻[2]相仍[3]，曾无间日，人事纷沓未论也。用是《大学》古本曾无下笔处，有辜勤勤之意，然此亦自可徐徐图[4]之。但古本白文之在吾心者，未能时时发明[5]，却有可忧耳。来问数条，实亦无暇作答，缔[6]观简末恳恳之诚，又自不容已于言也。

来书云："以良知之教涵泳[7]之，觉其彻动彻静，彻昼彻夜，彻古彻今，彻生彻死，无非此物。不假纤毫[8]思索，不得纤毫助长，亭亭当当[9]，灵灵明明，触而应，感而通，无所不照，无所不觉，无所不达，千圣同途，万贤合辙。无他如神，此即为神；无他希天[10]，此即为天；无他顺帝[11]，此即为帝。本无不中，本无不公。终日酬酢[12]，不见其有动；终日闲居，不见其有静。真乾坤[13]之灵体，吾人之妙用也。窃又以为《中庸》诚者之明，即此良知为明；诚之者之戒慎[14]恐惧[15]，即此良知为戒慎恐惧。当与恻隐[16]羞恶[17]一般，俱是良知条件。知戒慎恐惧，知恻隐，知羞恶，通是良知，亦即是明。"云云。

此节论得已甚分晓。知此，则知致知之外无余功矣。知此，则知所谓建诸天地而不悖[18]，质诸鬼神而无疑，百世以俟圣人而不惑者，非虚语矣。诚明戒惧，效验[19]功夫，本非两义。即知彻动彻静，彻死彻生，无非此物，则诚明戒惧与恻隐羞恶，又安得别有一物为之欤？

来书云："阴阳之气，欣合和畅而生万物。物之有生，皆得此和畅之气。故人之生理，本自和畅，本无不乐。观之鸢[20]飞鱼跃，鸟鸣兽舞，草木欣欣向荣，皆同此乐。但为客气物欲搅此和畅之气，始有间断不乐。孔子曰'学而时习之'，便立个无间断功夫，悦则乐之萌矣。朋来则学成，而吾性本体之乐复矣。故曰‘不亦乐乎’。在人虽不我知，吾无一毫愠怒[21]以间断吾性之乐，圣人恐学者乐之有息也，故又言此。所谓‘不怨’[22]‘不尤’[23]，与夫‘乐在其中’‘不改其乐’，皆是乐无间断否。”云云。

乐是心之本体。仁人之心，以天地万物为一体，欣合和畅，原无间隔。来书谓“人之生理，本自和畅，本无不乐，但为客气物欲搅此和畅之气，始有间断不乐”是也。时习者，求复此心之本体也。悦则本体渐复矣。朋来则本体之欣合和畅，充周无间。本体之欣合和畅，本来如是，初未尝有所增也。就使无朋来而天下莫我知焉，亦未尝有所减也。来书云“无间断”意思亦是。圣人亦只是至诚无息而已，其工夫只是时习。时习之要，只是谨独。谨独即是致良知。良知即是乐之本体。此节论得大意亦皆是，但不宜便有所执着。

来书云：“韩昌黎[24]‘博爱之谓仁’一句，看来大段不错，不知宋儒何故非之？以为爱自是情，仁自是性，岂可以爱为仁？愚意则曰：性即未发之情，情即已发之性，仁即未发之爱，爱即已发之仁。如何唤爱作仁不得？言爱则仁在其中矣。孟子曰：‘恻隐之心，仁也。’周子[25]曰：‘爱曰仁。’昌黎此言，与孟、周之旨无甚差别。不可以其文人而忽之也。”云云。

博爱之说，本与周子之旨无大相远。樊迟问仁，子曰："爱人。"爱字何尝不可谓之仁欤？昔儒看古人言语，亦多有因人重轻之病，正是此等处耳。然爱之本体固可谓之仁，但亦有爱得是与不是者，须爱得是方是爱之本体，方可谓之仁。若只知博爱而不论是与不是，亦便有差处。吾尝谓博字不若公字为尽。大抵训释字义，亦只是得其大概，若其精微奥蕴，在人思而自得，非言语所能喻。后人多有泥文[26]着相[27]，专在字眼上穿求，却是"心从《法华》转也"[28]。

来书云："《大学》云：'如好好色，如恶恶臭。'所谓恶之云者，凡见恶臭，无处不恶，固无妨碍。至于好色，无处不好，则将凡美色之经于目也，亦尽好之乎？《大学》之训，当是借流俗好恶之常情，以喻圣贤好善恶恶之诚耳。抑将好色亦为圣贤之所同，好经于目，虽知其姣，而思则无邪，未尝少累其心体否乎？《诗》云：‘有女如云’，未尝不知其姣也。其姣也，‘匪我思存’，言匪我见存，则思无邪而不累其心体矣。如见轩冕[29]金玉，亦知其为轩冕金玉也，但无歆羡[30]希觊[31]之心，则可矣。如此看，不知通[32]否。”云云。

人于寻常好恶，或亦有不真切处，惟是好好色，恶恶臭，则皆是发于真心，自求快足，曾无纤假者。《大学》是就人人好恶真切易见处，指示人以好善恶恶之诚当如是耳，亦只是形容一诚字。今若又于好色字上生如许意见，却未免有执指为月[33]之病。昔人多有为一字一句所牵蔽，遂致错解圣经者，正是此症候耳，不可不察也。中间云“无处不恶，固无妨碍”，亦便有受病处，更详之。

来书云：“有人因薛文清[34]‘过思亦是暴气’之说，乃欲截然不思者。窃以孔子曰：‘吾尝终日不食，终夜不寝以思’，亦将谓孔子过而暴其气乎？以愚推之，惟思而外于良知，乃谓之过。若念念在良知上体认，即如孔子终日终夜以思，亦不为过。不外良知，即是何思何虑[35]，尚何过哉。”云云。

“过思亦是暴气”，此语说得亦是。若遂

yù jié rán bù sī què shì yīn yē ér fèi shí zhě yě lái shū wèi
欲截然不思，却是因噎而废食者也。来书谓
sī ér wài yú liáng zhī nǎi wèi zhī guò ruò niàn niàn zài liáng zhī
“思而外于良知，乃谓之过，若念念在良知
shàng tǐ rèn jí zhōng rì zhōng yè yǐ sī yì bù wéi guò bù
上体认，即终日终夜以思，亦不为过。不
wài liáng zhī jí shì hé sī hé lǜ cǐ yǔ shèn dé bǐ yì
外良知，即是何思何虑”，此语甚得鄙意。
kǒng zǐ suǒ wèi wú cháng zhōng rì bù shí zhōng yè bù qǐn yǐ sī
孔子所谓吾尝终日不食，终夜不寝以思，
wú yì bù rú xué yě zhě shèng rén wèi bì rán nǎi shì zhǐ chū
无益，不如学也者，圣人未必然，乃是指出
tú sī ér bù xué zhī bìng yǐ huì rén ěr ruò tú sī ér bù xué
徒思而不学之病以诲人耳。若徒思而不学，
ān dé bù wèi zhī guò sī yú
安得不谓之过思与！

【注释】

1. 咳逆：咳嗽病的一种。

2. 泄泻：排便次数多，泄如水样。

3. 相仍：相继，连续不断。

4. 图：计划，希望得到。

5. 发明：启发，阐明。

6. 缔：结合，创立。

7. 涵泳：浸润，深入领会。

8. 纤毫：极其细微。

9. 亭亭当当：妥当，合宜。

10. 希天：仰慕上天。

11. 顺帝：顺应帝王的规则。

12. 酬酢：宾主互相敬酒。

13. 乾坤：借指天地、阴阳或江山、局面等。

14. 戒慎：警惕，谨慎。

15. 恐惧：保持一种敬畏之心。

16. 恻隐：同情之心。

17. 羞恶：羞耻之心。

18. 悖：冲突，混乱。

19. 效验：校正，检验。

20. 鸢：老鹰。

21. 愠怒：恼怒，愤怒。

22. 不怨：不抱怨。

23. 不尤：不责怪人。

24. 韩昌黎：韩愈，唐代文学家。

25. 周子：周敦颐，北宋哲学家。

26. 泥文：抱泥于文字。

27. 着相：有意识地表现出来，只注意表面，忽视了本质。

28. 心从法华转：法华，《法华经》。只是表面上心跟着《法华经》转，还没有真正悟出道理来。

29. 轩冕：官员的车队和官服。

30. 歆羡：爱慕，羡慕。

31. 希觊：妄想。

32. 通：合乎事理。

33. 执指为月：佛学用语。指，手指；月，月亮，意为引示真实道理。

34. 薛文清：原名薛瑄，字德温，谥文清，山西河津人，明代著名理学家师。

35. 何思何虑：没有什么可考虑的。

十四、启问道通书

（1524 年）

【背景】周道通原名周冲，字道通，明代江苏宜兴人，1510 年中乡举。后来升任相当于秘书长（长史）一类的官员，事务繁忙，过于劳累，在四十七岁时去世。王阳明出去讲学时，作为学生之一的周道通往往随。其在学习之时，认真听课，以求有实际效果；在活动之时，从容安详，讲求礼仪，常被称赞为淳朴高雅之人。周道通常与王阳明书信往来，交流思想。有一天，有两位学生来拜见王阳明，同时捎来周道通写给王阳明的信，请教问题，王阳明写信作答，并请来访学生带回。本文即为王阳明与其交流“立志”“磨炼”“致知”等思想的文章。

吴、曾两生至，备道道通恳切为道之意，殊慰相念！若道通，真可谓笃信好学者矣。忧病中会，不能与两生细论，然两生亦自有志向肯用功者，每见辄觉有进，在区区[1]诚不能无负于两生之远来，在两生则亦庶几无负其远来之意矣。临别以此册致道通意，请书数语，荒愦[2]无可言者，辄以道通来书中所问数节，略下转语奉酬。草草殊不详细，两生当亦自能口悉[3]也。

来书云："日用工夫只是立志。近来于先生每诲言时时体验，愈益明白。然于朋友不能一时相离。若得朋友讲习，则此志才精健阔大，才有生意[4]。若三五日不得朋友相讲[5]，便觉微弱，遇事便会困，亦时会忘。乃今无朋友相讲之日，还只静坐，或看书，或游衍[6]经行，凡寓目措身[7]，悉取以培养此志，颇觉意思和适[8]。然终不如朋友讲聚，精神流动[9]，生意[10]更多也。离群索居[11]之人，尝更有何法以处之？"

此段足验道通日用工夫所得。工夫大略亦只是如此用，只要无间断，到得纯熟后，意思又自不同矣。大抵吾人为学紧要大头脑[12]，只是立志，所谓困、忘之病，亦只是志欠真切。今好色之人，未尝病于困忘，只是一真切耳。自家[13]痛庠，自家须会知得，自家须会搔摩得，既自知得痛痒，自家须不能不搔摩得。佛家谓之方便法门，须是自家调停斟酌[14]，他人总难与力，亦更无别法可设[15]也。

来书云："上蔡[16]尝问：'天下何思何虑？'伊川[17]云：'有此理，只是发得太早。'在学者工夫，固是'必有事焉而勿忘'，然亦须识得'何思何虑'底[18]气象，一并看为是。若不识得这气象，便有'正'与'助长’之病[19]。若认得‘何思何虑’而忘‘必有事焉’工夫，恐人堕于无[20]也。须是不滞于有，不堕于无。然乎否也？”

所论亦相去不远矣，只是契悟未尽[21]。上蔡之问与伊川之答，亦只是上蔡、伊川之意，与孔子《系辞》原旨稍有不同。《系》言何思何虑，是言所思所虑只是一个天理，更无别思别虑耳，非谓无思无虑也。故曰：“同归而殊途，一致而百虑，天下何思何虑。”云殊途，云百虑，则岂谓无思无虑邪？心之本体即是天理，天理只是一个，更有何可思虑得？天理原自寂然不动[22]，原自感而遂通[23]，学者用功虽千思万虑，只是要复他本来体用而已，不是以私意[24]去安排思索出来；故明道云："君子之学莫若廓然而大公，物来而顺应。"若以私意去安排思索，便是用智自私[25]矣。何思何虑正是功夫，在圣人分上便是自然的，在学者分上便是勉然的。伊川却是把作效验看了，所以有"发得太早"之说。既而云"却好用功"，则已自觉其前言之有未尽矣。濂溪主静之论亦是此意。今道通之言虽已不为无见，然亦未免尚有两事也。

来书云："凡学者才晓得做工夫，便要识认得圣人气象。盖认得圣人气象，把做准的，乃就实地做工夫去，才不会差，才是作圣工夫。未知是否？"

"先认圣人气象"，昔人尝有是言矣，

然亦欠有头脑。圣人气象自是圣人的，我从何处识认？若不就自己良知上真切体认，如以无星[26]之称而权[27]轻重，未开之镜而照妍媸[28]，真所谓以小人之腹而度君子之心矣。圣人气象何由认得？自己良知原与圣人一般[29]，若体认得自己良知明白，即圣人气象不在圣人而在我矣。程子尝云：“觑着尧学他行事，无他许多聪明睿智，安能如彼之动容周旋中礼？”又云：“心通于道，然后能辨是非。”今且说通于道在何处？聪明睿智从何处出来？

来书云：“事上磨炼。一日之内不管有事无事，只一意培养本原[30]。若遇事来感，或自己有惑，心上既有觉，安可谓无事？但因事凝心一会，大段觉得事理当如此，只如无事处之，尽吾心而已。然乃有处得善与未善，何也？又或事来得多，须要次第[31]与处，每因才力[32]不足，辄为所困，虽极力扶起[33]，而精神已觉衰弱[34]。遇此未免要十分退省[35]，宁不了事，不可不加培养。如何？”

所说工夫，就道通分上也只是如此用，然未免有出入在。凡人为学，终身只为这一事，自少至老，自朝至暮，不论有事无事，只是做得这一件，所谓必有事焉者也。若说“宁不了事，不可不加培养”，却是尚为两事也。“必有事焉而勿忘勿助”，事物之来[36]，但尽吾心之良知以应之，所谓忠恕违道不远矣。凡处得有善有未善，及有困顿失次之患者，皆是牵于毁誉得丧，不能实致其良知耳。若能实致其良知，然后见得平日所谓善者未必是善，所谓未善者却恐正是牵于毁誉得丧，自贼[37]其良知者也。

来书云："致知之说，春间再承诲益，已颇知用力，觉得比旧[38]尤为简易。但鄙心则谓与初学言之，还须带格物意思，使之知下手处[39]。本来致知格物一并下，但在初学，未知下手用功，还说与格物，方晓得致知。"云云。

格物是致知工夫，知得致知，便已知得格物。若是未知格物，则是致知工夫亦未尝知[40]也。近有一书与友人论此颇悉，今往一通，细观之当自见[41]矣。

来书云："今之为朱、陆之辨者尚未已[42]，每对朋友言正学[43]不明已久，且不须枉费心力为朱、陆争是非；只依先生立志二字点化人，若其人果能辨得此志来，决意要知此学，已是大段明白了。朱、陆虽不辨，彼自能觉得。又尝见朋友中见有人议先生之言者，辄为动气。昔在朱、陆二先生所以遗后世纷纷之议者，亦见二先生工夫有未纯熟，分明亦有动气之病[44]，若明道[45]则无此矣。观其与吴涉礼[46]论介甫之学，云：'为我尽达诸介甫[47]，不有益于他，必有益于我。'气象[48]何等从容！常见先生与人书中亦引此言，愿朋友皆如此。如何？"

此节议论得极是[49]极是，愿道通遍以告于同志，各自且论自己是非，莫论朱、陆是非也。以言语谤人，其谤浅，若自己不能身体实践，而徒入耳出口，呶呶[50]度日，是以身谤[51]也，其谤深矣。凡今天下之论议我者，苟能取以为善，皆是砥砺切磋我也，则在我无非警惕修省进德之地矣。昔人谓攻吾之短者是吾师，师又可恶乎？

来书云："有引程子'人生而静以上不容说，才说性，便已不是性'，何故不容说？何故不是性？晦庵[52]答云：'不容说者，未有性之可言；不是性者，已不能无气质之杂矣。'二先生之言皆未能晓，每看书至此，辄为一惑，请问。"

"生之谓性"，生字即是气字，犹言气

jí shì xìng yě qì jí shì xìng rén shēng ér jìng yǐ shàng bù róng
即是性也。气即是性，“人生而静以上不容
shuō cái shuō qì jí shì xìng jí yǐ luò zài yī biān bù shì
说”，才说气即是性，即已落在一边，不是
xìng zhī běn yuán yǐ mèng zǐ xìng shàn shì cóng běn yuán shàng shuō rán
性之本原矣。孟子性善，是从本原上说。然
xìng shàn zhī duān xū zài qì shàng shǐ jiàn de ruò wú qì yì wú bù
性善之端，须在气上始见得，若无气亦无不
kě jiàn yǐ cè yǐn xiū wù cí ràng shì fēi jí shì qì
可见矣。恻隐、羞恶、辞让、是非即是气。
chéng zǐ wèi lùn xìng bù lùn qì bù bèi lùn qì bù lùn
程子谓：“论性不论气，不备[53]；论气不论
xìng bù míng yì shì wéi xué zhě gè rèn yī biān zhǐ dé rú
性，不明[54]。”亦是为学者各认一边，只得如
cǐ shuō ruò jiàn de zì xìng míng bái shí qì jí shì xìng xìng jí
此说。若见得自性明白时，气即是性，性即
shì qì yuán wú xìng qì zhī kě fēn yě
是气，原无性气之可分也。

【注释】

1. 区区：谦辞，“我”的意思。

2. 荒愦：昏乱，糊涂。

3. 口悉：见面详细表达。

4. 生意：产生灵感，灵动。

5. 相讲：相互探讨，研究。

6. 游衍：恣意游逛，狂思乱想。

7. 寓目措身：寓目，过目；措身，安身。指举手投足。

8. 和适：平和舒适。

9. 精神流动：思维开动，很活跃。

10. 生意：生机。

11. 索居：隐居。

12. 大头脑：要领，立足点。

13. 自家：自己身上。

14. 调停斟酌：调整琢磨。

15. 设：借鉴。

16. 上蔡：谢良佐，北宋官员，学者，蔡州上蔡人，人称上蔡先生或谢上蔡。

17. 伊川：程颐，北宋理学家、教育家，洛阳伊川人，世称伊川先生。

18. 底：的。

19. 病：弊端。

20. 无：虚无。

21. 未尽：深度不够，尚有欠缺。

22. 寂然不动：寂静无变化。

23. 通：通达。

24. 私意：自己的意志。

25. 用智自私：自私弄智。

26. 星：准星。

27. 权：称量。

28. 妍媸：美丑。

29. 一般：一样。

30. 本原：本体。

31. 次第：先后顺序。

32. 才力：才智。

33. 扶起：支撑。

34. 衰弱：疲惫。

35. 退省：反省。

36. 事物之来：事情发生。

37. 自贼：自己丢掉。

38. 旧：以前。

39. 下手处：切入点。

40. 未尝知：未曾弄明白。

41. 自见：明白。

42. 尚未已：还没有停止，很多。

43. 正学：正统儒学。

44. 动气之病：意气用事的毛病。

45. 明道：程颢，字伯淳，号明道，河南洛阳人，北宋哲学家、教育家，与其弟程颐并称“二程”。

46. 吴涉礼：应为吴师礼，字安仲，浙江杭州人。

47. 介甫：王安石，字介甫，号半山，北宋临川人。

48. 气象：气度。

49. 极是：非常好。

50. 呶呶：话很多。

51. 身谤：自己诽谤自己。

52. 晦庵：朱熹，字元晦，号晦庵，南宋著名理学家、思想家、教育家，世称朱子，是孔孟以来最杰出的儒学大师。

53. 不备：不全面。

54. 不明：不明确。

dá liú nèi zhòng

十五、答刘内重

（1525 年）

【背景】1525 年正月，王阳明夫人诸氏去世。四月，葬于徐山。九月，其扫墓回来后，勉励门人每月都要定期集会，探讨问题，不能因为他的在与不在而中断。相互切磋学问，能使人变得越来越善、越来越有涵养。刘内重是王阳明的弟子，常与其书信往来交流思想。王阳明毫不避讳地指出：刘内重有志向、爱学习，这一点值得肯定，但就是有一些狭猛。王阳明忍着腹痛，给他写信，鼓励他要放开眼界，多与人交往。本文可以说是一篇有针对性地谈及学生优缺点的文章。

shū lái jǐng fā liáng duō zhī gǎn zhī gǎn fù jí bù yù
书来警发良多，知感知感！腹疾，不欲
zuò dá dàn nèi zhòng wéi xué gōng fū shàng yǒu kě shāng liàng zhě bù
作答，但内重为学工夫尚有可商量者，不
kě yǐ xū lái yì zhī rǔ zhé fù shū cǐ ěr
可以虚来意之辱，辄复书此耳。

chéng zǐ yún suǒ jiàn suǒ qī bù kě bù yuǎn qiě dà
程子云：“所见所期，不可不远且大。
rán ér wéi zhī yì xū liàng lì yǒu jiàn zhì dà xīn láo lì xiǎo rèn
然而为之亦须量力有渐，志大心劳，力小任
zhòng kǒng zhōng bài shì fú xué zhě jì lì yǒu bì wéi shèng rén zhī
重，恐终败事。”夫学者既立有必为圣人之

zhì zhǐ xiāo jiù zì jǐ liáng zhī míng jué chù pǔ shí tóu zhì liǎo qù
志，只消就自己良知明觉处朴实头致了去，
zì rán xún xún rì yǒu suǒ zhì yuán wú xǔ duō mén miàn zhé shù yě
自然循循日有所至，原无许多门面折数[1]也。
wài miàn shì fēi huǐ yù yì hǎo zī zhī yǐ wéi jǐng qiè dǐ lì zhī
外面是非毁誉，亦好资之以为警切[2]砥砺之
dì què bù dé yǐ cǐ shāo dòng qí xīn biàn jiāng liú yú xīn láo rì
地，却不得以此稍动其心，便将流于心劳日
zhuō ér bù zì zhī yǐ
拙[3]而不自知矣。

nèi zhòng qiáng gāng dǔ shí zì shì rèn dào zhī qì rán yú
内重强刚笃实，自是任道之器，然于
cǐ děng chù shàng xū yǔ qiān zhī cóng róng yī shāng liàng yòu dāng yǒu jiàn
此等处尚须与谦之从容一商量，又当有见
yě yǎn qián lù jìng xū fàng kāi kuò cái hǎo róng rén lái wǎng
也。眼前路迳[4]须放开阔，才好容人来往，
ruò tài jū zhǎi kǒng zì jǐ yì wú zhǎn zú zhī dì yǐ shèng rén zhī
若太拘窄，恐自己亦无展足之地矣。圣人之
xíng chū bù yuǎn yú rén qíng lǔ rén liè jiào kǒng zǐ yì liè
行，初不远于人情。“鲁人猎较，孔子亦猎
jiào xiāng rén nuó cháo fú ér lì yú zuò jiē nán
较[5]。”“乡人傩[6]，朝服而立于阼阶[7]。”“难
yán zhī hù xiāng yì yǔ jìn qí tóng zǐ zài dāng shí gù bù néng
言[8]之互乡，亦与进其童子。”在当时固不能
wú huò zhī zhě yǐ zǐ jiàn nán zǐ zǐ lù qiě yǒu bù yuè fū
无惑之者矣。子见南子[9]，子路且有不悦。夫
zǐ dào cǐ rú hé gèng yǔ zǐ lù shuō de shì fēi zhǐ hǎo shǐ zhī
子到此如何更与子路说得是非？只好矢[10]之

而已。何也？若要说见南子是，得多少气力来说？且若依着子路认个不是，则子路终身不识圣人之心，此学终将不明矣。此等苦心处，惟颜子便能识得，故曰“于吾言无所不悦”。此正是大头脑处，区区举似内重，亦欲内重谦虚其心，宏大其量，去人我之见，绝意必[11]之私，则此大头脑处，自将卓尔[12]有见，当有“虽欲从之，末由也已”[13]之叹矣！

大抵[14]奇特斩绝[15]之行，多后世希高慕大者之所喜，圣贤不以是为贵也。故索隐行怪，则后世有述焉，依乎中庸，固有遁世[16]不见知者矣。学绝道丧之余，苟有以讲学来者，所谓空谷[17]之足音[18]，得似人者可矣。必

rú nèi zhòng suǒ yún zé jīn zhī kě jiǎng xué zhě zhǐ kě rú nèi
如内重所云，则今之可讲学者，止可如内
zhòng bèi èr sān rén ér zhǐ yǐ rán rú nèi zhòng zhě yì bù néng
重辈二三人而止矣。然如内重者，亦不能
shí shí lái jiǎng yě zé fǎ táng qián cǎo shēn yī zhàng yǐ nèi zhòng
时时来讲也，则法堂前草深一丈[19]矣。内重
yǒu jìn dào zhī zī ér wēi shī zhī yú ài wú gù bù gǎn bì
有进道之资，而微失之于隘[20]。吾固不敢避
shì fēi zì shì zhī xián ér dāo dāo zhì cǐ nèi zhòng yí xī cǐ
饰非自是之嫌，而叨叨[21]至此，内重宜悉此
yì fú tú qiú zhī yán yǔ zhī jiān kě yě
意，弗徒求之言语之间可也。

【注释】

1. 折数：抵数，报应。

2. 警切：警醒鞭策。

3. 拙：笨，不灵巧。

4. 路迳：路径，直上直下的山路。

5. 猎较：泛指打猎，此意为入乡随俗。

6. 傩：驱逐疫鬼的仪式。

7. 阼阶：东边的台阶。

8. 难言：难于打交道。

9. 南子：春秋时期卫灵公夫人。

10. 矢：发誓。

11. 意必：想象猜测，不切实际。

12. 卓尔：与众不同。

13. 虽欲从之，末由也已：即使想跟着学下去，也不知哪个途径可行。

14. 大抵：大概，大都。

15. 斩绝：陡峭的样子。

16. 遁世：独自隐居。

17. 空谷：空旷幽深的山谷，多指贤人隐居之地。

18. 足音：脚步声。

19. 法堂前草深一丈：形容前来讲学的人很少。

20. 隘：狭隘，心胸不宽广。

21. 叨叨：唠叨，没完没了地说。

dá gù dōng qiáo shū

十六、答顾东桥书

（1525年）

【背景】顾东桥原名顾璘，字华玉，号东桥居士，明代官员、文学家，江苏苏州人。1496年中进士，之后步步高升，最后任南京刑部尚书（相当于司法部、公安部部长）。晚年归故里休养，好与朋友交往，谈论一些问题。顾东桥也常与王阳明书信往来。本文写于1525年9月王阳明扫墓归后。在文中，与顾东桥交流“知行合一”“拔本塞源”思想，比如，“知之真切笃实处即是行；行之明觉静察处即是知。”“心之体，性也，性即理也。”“心者身之主也，而心之虚灵明觉，即所谓本然之良知也。”这些言论，读后令人很受启发。

lái shū yún jìn shí xué zhě wù wài yí nèi bó ér guǎ
来书云：“近时学者务外遗内，博而寡

yào gù xiān shēng tè chàng chéng yì yī yì zhēn biān gāo huāng chéng
要，故先生特倡诚意一义，针砭膏肓[1]，诚

dà huì yě
大惠也。”

wú zǐ dòng jiàn shí bì rú cǐ yǐ yì jiāng hé yǐ jiù zhī
吾子洞见时弊如此矣，亦将何以救之

hū rán zé bǐ rén zhī xīn wú zǐ gù yǐ yī jù dào jìn fù
乎？然则鄙人之心，吾子固已一句道尽，复

何言哉！复何言哉！若诚意之说，自是圣门教人用功第一义。但近世学者乃作第二义看，故稍与提掇[2]紧要出来，非鄙人所能特倡也。

来书云：“但恐立说太高，用功太捷，后生师传，影响谬误，未免坠[3]于佛氏‘明心见性’‘定慧顿悟’之机，无怪闻者见疑。”

区区格、致、诚、正之说，是就学者本心日用事为间，体究践履，实地用功，是多少次第、多少积累在，正与空虚顿悟之说相反。闻者本无求为圣人之志，又未尝讲究其详，遂以见疑，亦无足怪。若吾子之高明，自当一语之下便了然矣，乃亦谓“立说太高，用功太捷”，何邪？

来书云："所喻知行并进，不宜分别前后，即《中庸》尊德性[4]而道问学[5]之功交养互发，内外本末一以贯之之道。然功夫次第不能无先后之差，如知食乃食，知汤乃饮，知衣乃服，知路乃行，未有不见是物先有是事。此亦毫厘倏忽之间，非谓截然有等，今日知之而明日乃行也。"

既云"交养互发，内外本末一以贯之"，则知行并进之说无复可疑矣。又云"功夫次第不能无先后之差"，无乃自相矛盾已乎？"知食乃食"等说，此尤明白易见，但吾子为近闻[6]障蔽，自不察耳。

夫人必有欲食之心然后知食。欲食之心即是意，即是行之始矣。食味之美恶必待入口而后知，岂有不待入口而已先知食味之美恶者邪？必有欲行之心，然后知路。欲行之心即是意，即是行之始矣。路岐之险夷必待身亲履历而后知，岂有不待身亲履历而已先知路岐之险夷者邪？“知汤乃饮，知衣乃服”，以此例之，皆无可疑。若如吾子之喻，是乃所谓“不见是物而先有是事”者矣。

吾子又谓“此亦毫厘倏忽之间，非谓截然有等，今日知之而明日乃行也”，是亦察之尚有未精。然就如吾子之说，则知行之为合一并进，亦自断无可疑矣。

来书云：“真知即所以为行，不行不足谓之知，此为学者吃紧立教，俾务躬行则可。若真谓行即是知，恐其专求本心，遂遗

wù lǐ bì yǒu àn ér bù dá zhī chù yì qǐ shèng mén zhī xíng
物理[7]，必有暗而不达之处。抑岂圣门知行
bìng jìn zhī chéng fǎ zāi
并进之成法哉？”

zhī zhī zhēn qiè dǔ shí chù jí shì xíng xíng zhī míng jué jīng chá
知之真切笃实处即是行；行之明觉精察
chù jí shì zhī zhī xíng gōng fū běn bù kě lí zhǐ wéi hòu shì xué
处即是知。知行功夫本不可离。只为后世学
zhě fēn zuò liǎng jié yòng gōng shī què zhī xíng běn tǐ gù yǒu hé yī
者分作两截用功，失却知行本体，故有合一
bìng jìn zhī shuō zhēn zhī jí suǒ yǐ wéi xíng bù xíng bù zú wèi zhī
并进之说。真知即所以为行，不行不足谓之
zhī jí rú lái shū suǒ yún zhī shí nǎi shí děng shuō kě jiàn
知，即如来书所云“知食乃食”等说可见，
qián yǐ lüè yán zhī yǐ cǐ suī chī jǐn jiù bì ér fā rán zhī xíng
前已略言之矣。此虽吃紧救弊而发，然知行
zhī tǐ běn lái jiā shì fēi yǐ jǐ yì yì yáng qí jiān gū wéi shì
之体本来加是，非以己意抑扬其间，姑为是
shuō yǐ gǒu yī shí zhī xiào zhě yě
说，以苟一时之效者也。

zhuān qiú běn xīn suì yí wù lǐ cǐ gài shī qí běn
“专求本心，遂遗物理”，此盖失其本
xīn zhě yě fú wù lǐ bù wài yú wú xīn wài wú xīn ér qiú wù
心者也。夫物理不外于吾心，外吾心而求物
lǐ wú wù lǐ yǐ yí wù lǐ ér qiú wú xīn wú xīn yòu hé
理，无物理矣；遗物理而求吾心，吾心又何
wù yé xīn zhī tǐ xìng yě xìng jí lǐ yě gù yǒu xiào qīn
物邪？心之体，性也，性即理也。故有孝亲

之心，即有孝之理，无孝亲之心，即无孝之理矣。有忠君之心，即有忠之理，无忠君之心，即无忠之理矣。理岂外于吾心邪？晦庵[8]谓“人之所以为学者，心与理而已。心虽主乎一身而实管乎天下之理，理虽散在万事，而实不外乎一人之心”。是其一分一合之间，而未免已启学者心理为二之弊。此后世所以有“专求本心，遂遗物理”之患，正由不知心即理耳。夫外心以求物理，是以有暗而不达之处，此告子义外之说，孟子所以谓之不知义也。心一而已，以其全体恻怛[9]而言谓之仁，以其得宜而言谓之义，以其条理而言谓之理；不可外心以求仁，不可外心以求义，独可外心以求理乎？外心以求理，此知行之所以二也。求理于吾心，此圣门知行合一之教，吾子又何疑乎？

来书云：“所释《大学》古本，谓致其本体之知，此固[10]孟子尽心之旨。朱子亦以虚灵知觉为此心之量。然尽心由于知性[11]，致知在于格物[12]。”

“尽心由于知性，致知在于格物”，此语然矣。然而推本吾子之意，则其所以为是语者，尚有未明[13]也。朱子以尽心、知性、知天为格物、知致，以存心、养性、事天为诚意、正心、修身，以夭寿不贰[14]，修身以俟[15]为知至、仁尽，圣人之事。若鄙人之见，则与朱子正相反矣。夫尽心、知性、知天者，生知安行，圣人之事也；存心、养性、事天者，学知利行，贤人之事也；夭寿不贰、修身以俟者，困知勉行，学者之事也。岂可专以尽心知性为知，存心养性为行乎？吾子骤闻此言，必又以为大骇[16]矣。然其间实无可疑者，一为吾子言之。

夫心之体，性也；性之原，天也。能尽其心，是能尽其性矣。《中庸》云："惟天下至诚为能尽其性。"又云："知天地之化育，质诸鬼神而无疑，知天也。"此惟圣人而后能然，故曰：此生知安行，圣人之事也。存其心者，未能尽其心者也，故须加存之之功。心存之既久，不待于存而自无不存，然后可以进而言尽。盖知天之"知"，如知州知县之"知"，知州则一州之事皆己事也，知县则一县之事皆己事也，是与天为一者也；事天则如子之事父，臣之事君，犹与天为二也。天之所以命于我者，心也，性也，吾但存之而不敢失，养之而不敢害，如父母全而生之，子全而归之者也。故曰：此学知利行，贤人之事也。至于夭寿不贰，则与存其心者又有间矣。存其心者虽未能尽其心，固已一心于为善，时有不存则存之而已。今使之夭寿不贰，是犹以夭寿二其心者也。犹以夭寿二其心，是其为善之心犹未能一也，存之尚有所未可，而何尽之可云乎？今且使之不以夭寿二其为善之心，若曰死生夭寿皆有定命，吾但一心于为善，修吾之身，以俟天命而已，是其平日尚未知有天命也。事天虽与天为二，然已真知天命之所在，但惟恭敬奉承之而已耳。若俟之云者，则尚未能真知天命之所在，犹有所俟者也，故曰：所以立命。立者，创立之“立”，如立德、立言、立功、立名之类。凡言立者，皆是昔未尝有而今始建立之谓，孔子所谓不知命，无以为君子者也，故曰：此困知勉行，学者之事也。

今以尽心、知性、知天为格物致知，使初学之士尚未能不二其心者，而遽责之以圣人生知安行之事，如捕风捉影，茫然莫知所措其心，几何而不至于率天下而路[17]也！今世致知格物之弊，亦居然可见矣。吾子所谓务外遗内，博而寡要者，无乃亦是过欤？此学问最紧要处，于此而差，将无往而不差矣！此鄙人之所以冒天下之非笑，忘其身之陷于罪戮，呶呶其言，其不容已者也。

来书云："闻语学者乃谓'即物穷理之说亦是玩物丧志'；又取其'厌繁就约''涵养本原'数说标示学者，指为晚年定论[18]，此亦恐非。"

朱子所谓格物云者，在即物而穷其理也。即物穷理是就事事物物上求其所谓定理者也，是以吾心而求理于事事物物之中，析心与理为二矣。夫求理于事事物物者，如求孝之理于其亲之谓也。求孝之理于其亲，则孝之理其果在于吾之心邪？抑果在于亲之身邪？假而果在于亲之身，则亲没之后，吾心遂无孝之理欤？见孺子之入井，必有恻隐之理，是恻隐之理果在于孺子之身？抑在于吾心之良知欤？其或不可以从之于井欤？其或可以手而援之欤？是皆所谓理也，是果在于孺子之身欤？抑果出于吾心之良知欤？以是例之，万事万物之理，莫不皆然，是可以知析心与理为二之非矣。夫析心与理而为二，此告子“义外”之说，孟子之所深辟也。“务外遗内，博而寡要”，吾子既已知之矣。是果何谓而然哉？谓之玩物丧志，尚犹以为不可欤？

若鄙人所谓致知格物者，致吾心之良知于事事物物也。吾心之良知即所谓天理也，致吾心良知之天理于事事物物，则事事物物皆得其理矣。致吾心之良知者，致知也。事事物物皆得其理者，格物也。是合心与理而为一者也。合心与理而为一，则凡区区前之所云，与朱子晚年之论，皆可以不言而喻矣！

来书云：“人之心体本无不明，而气拘物蔽鲜有不昏。非学问思辨以明天下之理，则善恶之机、真妄之辨，不能自觉，任情恣意，其害有不可胜言者矣。”

此段大略似是而非，盖承沿旧说之弊，不可以不辨也。夫学问思辨行皆所以为学，未有学而不行者也。如言学孝，则必服劳奉养，躬行孝道，然后谓之学。岂徒悬空口耳讲说，而遂可以谓之学孝乎？学射则必张弓挟矢，引满中的；学书则必伸纸执笔，操觚染翰[20]；尽天下之学无有不行而可以言学者，则学之始固已即是行矣。笃者，敦实笃厚之意，已行矣，而敦笃其行，不息其功之谓尔。盖学之不能以无疑，则有问，问即学也，即行也；又不能无疑，则有思，思即学也，即行也；又不能无疑，则有辨，辨即学也，即行也。辨既明矣，思既慎矣，问既审矣，学既能矣，又从而不息其功焉，斯之谓笃行，非谓学问思辨之后而始措之于行也。是故以求能其事而言谓之学，以求解其惑而言谓之问，以求通其说而言谓之思，以求精其察而言谓之辨，以求履其实而言谓之行。盖析其功而言则有五，合其事而言则一而已。此区区心理合一之体，知行并进之功，所以异于后世之说者，正在于是。今吾子特举学问思辨以穷天下之理，而不及笃行，是专以学问思辨为知，而谓穷理为无行也已。天下岂有不行而学者邪？岂有不行而遂可谓之穷理者邪？明道云“只穷理，便尽性至命”，故必仁极仁而后谓之能穷仁之理；义极义而后谓之能穷义之理。仁极仁则尽仁之性矣，义极义则尽义之性矣。学至于穷理至矣，而尚未措之于行，天下宁有是邪？是故知不行之不可以为学，则知不行之不可以为穷理矣；知不行之不可以为穷理，则知知行之合一并进而不可以分为两节事矣。夫万事万物之理不外于吾心，而必曰穷天下之理，是殆以吾心之良知为未足，而必外求于天下之广以裨补增益之，是犹析心与理而为二也。夫学问思辨笃行之功，虽其困勉至于人一己百[21]，而扩充之极，至于尽性知天，亦不过致吾心之良知而已。良知之外，岂复有加于毫末乎？今必曰穷天下之理，而不知反求诸其心，则凡所谓善恶之机，真妄之辨者，舍吾心之良知，亦将何所致其体察乎？吾子所谓气拘物蔽者，拘此蔽此而已。今欲去此之蔽，不知致力于此，而欲以外求，是犹目之不明者，不务服药调理以治其目，而徒伥伥然求明于其外，明岂可以自外而得哉？任情恣意之害，亦以不能精察天理于此心之良知而已。此诚毫厘千里之谬者，不容

yú bù biàn wú zǐ wú wèi qí lùn zhī tài kè yě
于不辨，吾子毋谓其论之太刻也。

lái shū yún jiāo rén yǐ zhì zhī míng dé ér jiè qí jí
来书云：“教人以致知明德，而戒其即
wù qióng lǐ shì shǐ hūn àn zhī shì shēn jū duān zhèng bù wén jiào
物穷理，试使昏暗之士深居端正，不闻教
gào suì néng zhì yú zhī zhì ér dé míng hū zòng lìng jìng ér yǒu
告，遂能至于知致而德明乎？纵令静而有
jué shāo wù běn xìng zé yì dìng huì wú yòng zhī jiàn guǒ néng zhī
觉，稍悟本性，则亦定慧无用之见，果能知
gǔ jīn dá shì biàn ér zhì yòng yú tiān xià guó jiā zhī shí fǒu hū
古今，达事变而致用于天下国家之实否乎？
qí yuē zhī zhě yì zhī tǐ wù zhě yì zhī yòng gé wù rú
其曰：‘知者意之体，物者意之用’‘格物如
gé jūn xīn zhī fēi zhī gé yǔ suī chāo wù dú dé bù zhǒng chén
格君心之非之格’，语虽超悟独得，不踵陈
jiàn yì kǒng yú dào wèi xiāng wěn hé
见，抑恐于道未相吻合。”

qū qū lùn zhì zhī gé wù zhèng suǒ yǐ qióng lǐ wèi cháng
区区论致知格物，正所以穷理，未尝
jiè rén qióng lǐ shǐ zhī shēn jū duān zuò ér yī wú suǒ shì yě ruò
戒人穷理，使之深居端坐而一无所事也。若
wèi jí wù qióng lǐ rú qián suǒ yún wù wài ér yí nèi zhě zé
谓即物穷理，如前所云务外而遗内者，则
yǒu suǒ bù kě ěr hūn àn zhī shì guǒ néng suí shì suí wù jīng chá
有所不可耳。昏暗之士，果能随事随物精察
cǐ xīn zhī tiān lǐ yǐ zhì qí běn rán zhī liáng zhī zé suī yú bì
此心之天理，以致其本然之良知，则虽愚必

明，虽柔必强，大本立而达道行，九经[22]之属可一以贯之而无遗矣。尚何患其无致用之实乎？彼顽空虚静之徒，正惟不能随事随物精察此心之天理，以致其本然之良知，而遗弃伦理[23]，寂灭虚无以为常，是以要之不可以治家国天下。孰谓圣人穷理尽性之学而亦有是弊哉？心者身之主也，而心之虚灵明觉[24]，即所谓本然之良知也。其虚灵明觉之良知，应感而动者谓之意。有知而后有意，无知则无意矣。知非意之体乎？意之所用，必有其物，物即事也。如意用于事亲，即事亲为一物；意用于治民，即治民为一物；意用于读书，即读书为一物；意用于听讼，则听讼为一物：凡意之所用无有无物者，有是

yì jí yǒu shì wù wú shì yì jí wú shì wù yǐ wù fēi yì zhī
意即有是物，无是意即无是物矣。物非意之
yòng hū gé zì zhī yì yǒu yǐ zhì zì zhī xùn zhě rú gé yú
用乎？格字之义，有以至字之训者，如格于
wén zǔ yǒu miáo lái gé shì yǐ zhì xùn dé yě rán gé
文祖[25]、有苗[26]来格，是以至训得也。然格
yú wén zǔ bì chún xiào chéng jìng yōu míng zhī jiān wú yī bù dé
于文祖，必纯孝诚敬，幽明之间，无一不得
qí lǐ ér hòu wèi zhī gé yǒu miáo zhī wán shí yǐ wén dé dàn
其理，而后谓之格；有苗之顽，实以文德诞
fū ér hòu gé zé yì jiān yǒu zhèng zì zhī yì zài qí jiān wèi kě
敷而后格，则亦兼有正字之义在其间，未可
zhuān yǐ zhì zì jìn zhī yě rú gé qí fēi xīn dà chén gé jūn xīn
专以至字尽之也。如格其非心、大臣格君心
zhī fēi zhī lèi shì zé yī jiē zhèng qí bù zhèng yǐ guī yú zhèng zhī
之非之类，是则一皆正其不正以归于正之
yì ér bù kě yǐ zhì zì wéi xùn yǐ qiě dà xué gé wù
义，而不可以至字为训矣。且《大学》格物
zhī xùn yòu ān zhī qí bù yǐ zhèng zì wéi xùn ér bì yǐ zhì zì
之训，又安知其不以正字为训，而必以至字
wéi yì hū rú yǐ zhì zì wéi yì zhě bì yuē qióng zhì shì wù zhī
为义乎？如以至字为义者，必曰穷至事物之
lǐ ér hòu qí shuō shǐ tōng shì qí yòng gōng zhī yào quán zài yī qióng
理，而后其说始通。是其用功之要全在一穷
zì yòng lì zhī dì quán zài yī lǐ zì yě ruò shàng qù yī qióng
字，用力之地全在一理字也。若上去一穷、
xià qù yī lǐ zì ér zhí yuē zhì zhī zài zhì wù qí kě tōng
下去一理字，而直曰致知在至物，其可通

乎？夫穷理尽性，圣人之成训，见于《系辞》者也。苟格物之说而果即穷理之义，则圣人何不直曰致知在穷理，而必为此转折不完之语，以启后世之弊邪？盖《大学》格物之说，自与《系辞》穷理大旨虽同，而微有分辨。穷理者，兼格致诚正而为功也。故言穷理，则格致诚正之功皆在其中；言格物则必兼举致知、诚意、正心，而后其功始备而密。今偏举格物而遂谓之穷理，此所以专以穷理属知，而谓格物未常有行，非惟不得格物之旨，并穷理之义而失之矣。此后世之学所以析知行为先后两截，日以支离决裂，而圣学益以残晦者，其端实始于此。吾子盖亦未免承沿积习见，则以为于道未

xiāng wěn hé bù wéi guò yǐ
相吻合不为过矣。

lái shū yún wèi zhì zhī zhī gōng jiāng rú hé wéi wēn qìng
来书云："谓致知之功，将如何为温清[27]，
rú hé wéi fèng yǎng jí shì chéng yì fēi bié yǒu suǒ wèi gé wù
如何为奉养？即是诚意，非别有所谓格物，
cǐ yì kǒng fēi
此亦恐非。"

cǐ nǎi wú zǐ zì yǐ jǐ yì chuǎi duó bǐ jiàn ér wéi shì shuō
此乃吾子自以己意揣度鄙见而为是说，
fēi bǐ rén zhī suǒ yǐ gào wú zǐ zhě yǐ ruò guǒ rú wú zǐ zhī
非鄙人之所以告吾子者矣。若果如吾子之
yán nìng fù yǒu kě tōng hū gài bǐ rén zhī jiàn zé wèi yì
言，宁复有可通[28]乎？盖鄙人之见，则谓意
yù wēn qìng yì yù fèng yang zhě suǒ wèi yì yě ér wèi kě wèi
欲温清，意欲奉养者，所谓意也，而未可谓
zhī chéng yì bì shí xíng qí wēn qìng fèng yǎng zhī yì wù qiú zì
之诚意。必实行其温清奉养之意，务求自
qiè ér wú zì qī rán hòu wèi zhī chéng yì zhī rú hé ér wéi
慊[29]而无自欺，然后谓之诚意。知如何而为
wēn qìng zhī jié zhī rú hé ér wéi fèng yǎng zhī yí zhě suǒ wèi zhī
温清之节，知如何而为奉养之宜者，所谓知
yě ér wèi kě wèi zhī zhì zhī bì zhì qí zhī rú hé wéi wēn qìng
也，而未可谓之致知。必致其知如何为温清
zhī jié zhě zhī zhī ér shí yǐ zhī wēn qìng zhì qí zhī rú hé wéi
之节者之知，而实以之温清，致其知如何为
fèng yǎng zhī yí zhě zhī zhī ér shí yǐ zhī fèng yǎng rán hòu wèi zhī
奉养之宜者之知，而实以之奉养，然后谓之

致知。温凊之事，奉养之事，所谓物也，而未可谓之格物。必其于温凊之事也，一如其良知之所知，当如何为温凊之节者而为之，无一毫之不尽；于奉养之事也，一如其良知之所知，当如何为奉养之宜者而为之，无一毫之不尽，然后谓之格物。温凊之物格，然后知温凊之良知始致；奉养之物格，然后知奉养之良知始致，故曰“物格而后知至”。致其知温凊之良知，而后温凊之意始诚，致其知奉养之良知，而后奉养之意始诚，故曰“知至而后意诚”。此区区诚意、致知、格物之说盖如此。吾子更熟思之，将亦无可疑者矣。

来书云：“道之大端易于明白，所谓良

知良能，愚夫愚妇可与及者。至于节目时变[30]之详，毫厘千里之谬，必待学而后知。今语孝于温凊定省，孰不知之？至于舜之不告而娶[31]，武之不葬而兴师[32]，养志养口[33]，小杖大杖[34]，割股[35]庐墓[36]等事，处常处变，过与不及之间，必须讨论是非，以为制事之本，然后心体无蔽，临事无失。”

“道之大端易于明白”，此语诚然。顾后之学者，忽其易于明白者而弗由，而求其难于明白者以为学，此其所以道在迩而求诸远，事在易而求诸难[37]也。孟子云：“夫道若大路然，岂难知哉？人病不由耳[38]！”良知良能，愚夫愚妇与圣人同。但惟圣人能致其良知，而愚夫愚妇不能致，此圣愚之所由分也。“节目时变”，圣人夫岂不知？但不专以此为学。而其所谓学者，正惟致其良知，以精察此心之天理，而与后世之学不同耳。吾子未暇良知之致，而汲汲焉顾是之忧，此正求其难于明白者以为学之弊也。夫良知之于节目时变，犹规矩尺度之于方圆长短也。节目时变之不可预定，犹方圆长短之不可胜穷也。故规矩诚立，则不可欺以方圆，而天下之方圆不可胜用矣；尺度诚陈，则不可欺以长短，而天下之长短不可胜用矣；良知诚致，则不可欺以节目时变，而天下之节目时变不可胜应矣。毫厘千里之谬，不于吾心良知一念之微而察之，亦将何所用其学乎？是不以规矩而欲定天下之方圆，不

yǐ chǐ dù ér yù jìn tiān xià zhī cháng duǎn wú jiàn qí guāi zhāng miù
以尺度而欲尽天下之长短。吾见其乖张谬

lì rì láo ér wú chéng yě yǐ wú zǐ wèi yù xiào yú wēn
戾，日劳而无成也已。吾子谓“语孝于温

qìng dìng xǐng shú bù zhī zhī rán ér néng zhì qí zhī zhě xiǎn yǐ
清定省，孰不知之”，然而能致其知者鲜矣。

ruò wèi cū zhī wēn qìng dìng xǐng zhī yí jié ér suì wèi zhī néng zhì qí
若谓粗知温清定省之仪节，而遂谓之能致其

zhī zé fán zhī jūn zhī dāng rén zhě jiē kě wèi zhī néng zhì qí rén
知，则凡知君之当仁者皆可谓之能致其仁

zhī zhī zhī chén zhī dāng zhōng zhě jiē kě wèi zhī néng zhì qí zhōng zhī
之知，知臣之当忠者皆可谓之能致其忠之

zhī zé tiān xià shú fēi zhì zhī zhě yé yǐ shì ér yán kě yǐ
知，则天下孰非致知者邪？以是而言，可以

zhī zhì zhī zhī bì zài yú xíng ér bù xíng zhī bù kě yǐ wéi zhì zhī
知致知之必在于行，而不行之不可以为致知

yě míng yǐ zhī xíng hé yī zhī tǐ bù yì jiào rán yǐ hū fú
也明矣。知行合一之体，不益较然矣乎？夫

shùn zhī bù gào ér qǔ qǐ shùn zhī qián yǐ yǒu bù gào ér qǔ zhě wéi
舜之不告而娶，岂舜之前已有不告而娶者为

zhī zhǔn zé gù shùn dé yǐ kǎo zhī hé diǎn wèn zhū hé rén ér wéi
之准则，故舜得以考之何典，问诸何人而为

cǐ yé yì yì qiú zhū qí xīn yī niàn zhī liáng zhī quán qīng zhòng zhī
此邪？抑亦求诸其心一念之良知，权轻重之

yí bù dé yǐ ér wéi cǐ yé wǔ zhī bù zàng ér xīng shī qǐ
宜，不得已而为此邪？武之不葬而兴师，岂

wǔ zhī qián yǐ yǒu bù zàng ér xīng shī zhě wéi zhī zhǔn zé gù wǔ dé
武之前已有不葬而兴师者为之准则，故武得

以考之何典，问诸何人而为此邪？抑亦求诸其心一念之良知，权轻重之宜，不得已而为此邪？使舜之心而非诚于为无后，武之心而非诚于为救民，则其不告而娶与不葬而兴师，乃不孝不忠之大者。而后之人不务致其良知，以精察义理于此心感应酬酢之间，顾欲悬空讨论此等变常之事，执之以为制事之本，以求临事之无失，其亦远矣！其余数端，皆可类推，则古人致知之学，从可知矣。

来书云："谓《大学》格物之说专求本心，犹可牵合[39]；至于《六经》《四书》所载多闻多见、前言往行、好古敏求、博学审问、温故知新、博学详说、好问好察，是皆明白求于事为之际[40]，资于论说之间[41]者，用功节目固不容紊矣。”

格物之义，前已详悉；牵合之疑，想已不俟复解矣。至于多闻多见，乃孔子因子张之务外好高，徒欲以多闻多见为学，而不能求诸其心，以阙疑殆，此其言行所以不免于尤悔，而所谓见闻者，适以资其务外好高而已。盖所以救子张多闻多见之病，而非以是教之为学也。夫子尝曰：“盖有不知而作之者，我无是也[42]。”是犹孟子是非之心人皆有之之义也。此言正所以明德性之良知，非由于闻见耳。若曰“多闻择其善者而从之，多见而识之”，则是专求诸见闻之末，而已落在第二义矣，故曰知之次也。夫以见闻之知为次，则所谓知之上者果安所指乎？是可以窥圣门致知用力之地矣。夫子谓子贡曰：“赐也，汝以予为多学而识之者欤？非也，予一以贯之。”使诚在于多学而识，则夫子胡乃谬为是说以欺子贡者邪？一以贯之，非致其良知而何？《易》曰：“君子多识前言往行，以畜其德。”夫以畜其德为心，则凡多识前言往行者，孰非畜[43]德之事？此正知行合一之功矣。好古敏求者，好古人之学而敏求此心之理耳。心即理也。学者，学此心也；求者，求此心也。孟子云：“学问之道无他，求其放心而已矣。”非若后世广记博诵古人之言词以为好古，而汲汲然惟以求功名利达之具于外者也。博学审问，

qián yán yǐ jìn wēn gù zhī xīn zhū zǐ yì yǐ wēn gù shǔ zhī zūn
前言已尽。温故知新，朱子亦以温故属之尊
dé xìng yǐ dé xìng qǐ kě yǐ wài qiú zāi wéi fú zhī xīn bì yóu
德性矣。德性岂可以外求哉？惟夫知新必由
yú wēn gù ér wēn gù nǎi suǒ yǐ zhī xīn zé yì kě yǐ yàn zhī
于温故，而温故乃所以知新，则亦可以验知
xíng zhī fēi liǎng jié yǐ bó xué ér xiáng shuō zhī zhě jiāng yǐ fǎn shuō
行之非两节矣。博学而详说之者，将以反说
yuē yě ruò wú fǎn yuē zhī yún zé bó xué xiáng shuō zhě guǒ hé shì
约也，若无反约之云，则博学详说者果何事
yé shùn zhī hào wèn hào chá wéi yǐ yòng zhōng ér zhì qí jīng yī yú
邪？舜之好问好察，惟以用中而致其精一于
dào xīn ěr dào xīn zhě liáng zhī zhī wèi yě jūn zǐ zhī xué
道心耳。道心者，良知之谓也。君子之学，
hé cháng lí qù shì wéi ér fèi lùn shuō dàn qí cóng shì yú shì wéi
何尝离去事为而废论说？但其从事于事为
lùn shuō zhě yào jiē zhī xíng hé yī zhī gōng zhèng suǒ yǐ zhì qí běn
论说者，要皆知行合一之功，正所以致其本
xīn zhī liáng zhī ér fēi ruò shì zhī tú shì kǒu ěr tán shuō yǐ wéi zhī
心之良知；而非若世之徒事口耳谈说以为知
zhě fēn zhī xíng wéi liǎng shì ér guǒ yǒu jié mù xiān hòu zhī kě yán
者，分知行为两事，而果有节目先后之可言
yě
也。

lái shū yún yáng mò zhī wéi rén yì xiāng yuàn zhī
来书云："杨、墨[44]之为仁义，乡愿[45]之
cí zhōng xìn yáo shùn zǐ zhī zhī shàn ràng tāng wǔ
辞忠信，尧、舜、子之[46]之禅让，汤、武、

楚项之放伐，周公、莽、操之摄辅[47]，谩无印正[48]，又焉适从？且于古今事变，礼乐名物，未常考识[49]，使国家欲兴明堂[50]，建辟雍[51]，制历律[52]，草封禅[53]，又将何所致其用乎？故《论语》曰生而知之者，义理耳。若夫礼乐名物，古今事变，亦必待学而后有以验其行事之实。此则可谓定论矣。”

所喻杨、墨、乡愿、尧、舜、子之、汤、武、楚项、周公、莽、操之辨，与前舜、武之论，大略可以类推。古今事变之疑，前于良知之说，已有规矩尺度之喻，当亦无俟多赘矣。至于明堂、辟雍诸事，似尚未容于无言者。然其说甚长，姑就吾子之言而取正焉，则吾子之惑将亦可以少释[54]

矣。夫明堂、辟雍之制，始见于《吕氏》之《月令》汉儒之训疏，《六经》《四书》之中未尝详及也。岂吕氏、汉儒之知，乃贤于三代之贤圣乎？齐宣之时，明堂尚有未毁，则幽、厉之世，周之明堂皆无恙也。尧、舜茅茨土阶，明堂之制未必备，而不害其为治；幽、厉之明堂，固犹文、武、成、康之旧，而无救于其乱。何邪？岂能以不忍人之心而行不忍人之政，则虽茅茨土阶，固亦明堂也，以幽、厉之心，而行幽、厉之政，则虽明堂，亦暴政所自出之地邪？武帝肇讲于汉，而武后盛作于唐，其治乱何如邪？天子之学曰辟雍，诸侯之学曰泮宫，皆象地形而为之名耳。然三代之学，其要皆所以明人伦，非以辟不辟、泮不泮为重轻也。孔子云：“人而不仁，如礼何？人而不仁，如乐何？”制礼作乐，必具中和之德，声为律而身为度[55]者，然后可以语此。若夫器数之末，乐工之事，祝史之守，故曾子曰：“君子所贵乎道者三……笾豆之事，则有司存[56]”也。尧“命羲、和，钦若昊天，历象日月星辰”，其重在于“敬授人时”[57]也。舜“在璇玑玉衡[58]”，其重在于“以齐七政”[59]也。是皆汲汲然以仁民之心而行其养民之政，治历明时之本，固在于此也。羲和历数之学，皋、契未必能之也，禹、稷未必能之也；“尧、舜之知而不遍物[60]”，虽尧、舜亦未必能之也。然至于今，循羲、和之法而世修之，虽曲知小慧之人、星术浅陋之士，亦能推步占候而无所忒，则是后世曲知小慧之人，反贤于禹、稷、尧、舜者邪？封禅之说，尤为不经[61]，是乃后世佞人谀士，所以求媚于其上，倡为夸侈，以荡君心，而靡国费。盖欺天罔人，无耻之大者，君子之所不道，司马相如之所以见讥于天下后世也。吾子乃以是为儒者所宜学，殆亦未之思邪？夫圣人之所以为圣者，以其生而知之也。而释《论语》者曰：“生而知之者，义理耳。若夫礼乐名物，古今事变，亦必待学而后有以验其行事之实”。夫礼乐名物之类，果有关于作圣之功也，而圣人亦必待学而后能知焉，则是圣人亦不可以谓之生知矣！谓圣人为生知者，专指义理而言，而不以礼乐名物之类，则是礼乐名物之类无关于作圣之功矣。圣人之所以谓之生知者，专指义理而不以礼乐名物之类，则是学而知之者，亦惟当学知此义理而已，困而知之者亦惟当困知此义理而已。今学者之学圣人，于圣人之所能知者，未能学而知之，而顾汲汲焉求知圣人之所不能知者以为学，无乃失其所以希圣之方欤？凡此皆就吾子之所惑者，而稍为之分释，未及乎拔本塞源[62]之论也。

夫拔本塞源之论不明于天下，则天下之学圣人者将日繁日难，斯人沦于禽兽夷狄，而犹自以为圣人之学；吾之说虽或暂明于一时，终将冻解于西而冰坚于东，雾释于前而

yún wēng yú hòu náo náo yān wēi kùn yǐ sǐ ér zú wú jiù yú tiān
云滃于后，呶呶焉危困以死，而卒无救于天

xià zhī fēn háo yě yǐ fú shèng rén zhī xīn yǐ tiān dì wàn wù wéi
下之分毫也已！夫圣人之心，以天地万物为

yī tǐ qí shì tiān xià zhī rén wú wài nèi yuǎn jìn fán yǒu xuè
一体，其视天下之人，无外内远近，凡有血

qì jiē qí kūn dì chì zǐ zhī qīn mò bù yù ān quán ér jiào yǎng
气，皆其昆弟赤子之亲，莫不欲安全而教养

zhī yǐ suì qí wàn wù yī tǐ zhī niàn tiān xià zhī rén xīn qí
之，以遂其万物一体之念。天下之人心，其

shǐ yì fēi yǒu yì yú shèng rén yě tè qí jiān yú yǒu wǒ zhī sī
始亦非有异于圣人也，特其间于有我之私，

gé yú wù yù zhī bì dà zhě yǐ xiǎo tōng zhě yǐ sè rén gè
隔于物欲之蔽，大者以小，通者以塞，人各

yǒu xīn zhì yǒu shì qí fù zǐ xiōng dì rú chóu chóu zhě shèng rén
有心，至有视其父子兄弟如仇雠[63]者。圣人

yǒu yōu zhī shì yǐ tuī qí tiān dì wàn wù yī tǐ zhī rén yǐ jiào tiān
有忧之，是以推其天地万物一体之仁以教天

xià shǐ zhī jiē yǒu yǐ kè qí sī qù qí bì yǐ fù qí xīn
下，使之皆有以克其私，去其蔽，以复其心

tǐ zhī tóng rán qí jiào zhī dà duān zé yáo shùn yǔ zhī xiāng
体之同然。其教之大端，则尧、舜、禹之相

shòu shòu suǒ wèi dào xīn wéi wēi wéi jīng wéi yī yǔn zhí jué
授受，所谓道心惟微，惟精惟一，允执厥

zhōng ér qí jié mù zé shùn zhī mìng qì suǒ wèi fù zǐ yǒu qīn
中。而其节目则舜之命契，所谓父子有亲，

jūn chén yǒu yì fū fù yǒu bié zhǎng yòu yǒu xù péng yǒu yǒu xìn
君臣有义，夫妇有别，长幼有序，朋友有信

五者而已。唐、虞、三代之世，教者惟以此为教，而学者惟以此为学。当是之时，人无异见，家无异习，安此者谓之圣，勉此者谓之贤，而背此者虽其启明如朱[64]，亦谓之不肖。下至闾井田野，农工商贾之贱，莫不皆有是学，而惟以成其德行为务。何者？无有闻见之杂，记诵之烦，辞章之靡滥，功利之驰逐，而但使孝其亲，弟其长，信其朋友，以复其心体之同然。是盖性分之所固有，而非有假于外者，则人亦孰不能之乎？学校之中，惟以成德为事，而才能之异或有长于礼乐，长于政教，长于水土播植者，则就其成德，而因使益精其能于学校之中。迨[65]夫举德而任，则使之终身居其职而不易。用之者惟知同心一德，以共安天下之民，视才之称否，而不以崇卑为轻重，劳逸为美恶；效用者，亦惟知同心一德，以共安天下之民，苟当其能，则终身处于烦剧而不以为劳，安于卑琐而不以为贱。当是之时，天下之人熙熙皞皞[66]，皆相视如一家之亲。其才质之下者，则安其农工商贾之分，各勤其业以相生相养，而无有乎希高慕外之心。其才能之异若皋、夔、稷、契者，则出而各效其能。若一家之务，或营其衣食，或通其有无，或备其器用，集谋并力，以求遂其仰事俯育[67]之愿，惟恐当其事者之或怠而重己之累也。故稷勤其稼，而不耻其不知教，视契之善教，即己之善教也；夔司其乐，而不耻于不明礼，视其夷之通礼[68]，即己之通礼也。盖其心学纯明，而有以全其万物一体之仁，故其精神流贯，志气通达，而无有乎人己之分，物我之间。譬之一人之身，目视、耳听、手持、足行，以济一身之用。目不耻其无聪，而耳之所涉，目必营焉；足不耻其无执，而手之所探，足必前焉；盖其元气充周，血脉条畅，是以痒疴呼吸，感触神应，有不言而喻之妙。此圣人之学所以至易至简，易知易从，学易能而才易成者，正以大端惟在复心体之同然，而知识技能非所与论也。

三代之衰，王道熄而霸术昌；孔孟既没，圣学晦而邪说横。教者不复以此为教，而学者不复以此为学。霸者之徒，窃取先王之近似者，假[69]之于外，以内济其私己之欲，天下靡然而宗之，圣人之道遂以芜塞[70]，相仿相效，日求所以富强之说，倾诈[71]之谋，攻伐之计，一切欺天罔人，苟一时之得，以猎取声利[72]之术，若管、商、苏、张[73]之属者，至不可名数。既其久也，斗争劫夺，不胜其祸，斯人沦于禽兽夷狄，而霸术亦有所不能行矣。世之儒者，慨然悲伤，蒐猎[74]先圣王之典章法制，而掇拾修补于煨烬[75]之余；盖其为心，良亦欲以挽回先王之道。圣学既远，霸术之传积渍[76]已深，虽在贤知，皆不免于习染，其所以讲明修饰，以求宣畅光复于世者，仅足以增霸者之藩篱，而圣学之门墙遂不复可睹。于是乎有训诂之学，而传之以为名；有记诵之学，而言之以为博；有词章之学，而侈之以为丽。若是者纷纷籍籍，群起角立于天下，又不知其几家，万径千蹊，莫知所适[77]。世之学者，如入百戏之场，欢谑[78]跳踉[79]、骋奇斗巧、献笑争妍者，四面而竞出[80]，前瞻后盼，应接不遑[81]，而耳目眩瞀[82]，精神恍惑，日夜遨游淹息其间，如病狂丧心之人，莫自知其家业之所归。时君世主亦皆昏迷颠倒于其说，而终身从事于无用之虚文，莫自知其所谓。间有觉其空疏谬妄，支离牵滞，而卓然自奋，欲以见诸行事之实者，极其所抵，亦不过为富强功利五霸之事业而止。圣人之学日远日

huì ér gōng lì zhī xí yù qū yù xià qí jiān suī cháng gǔ huò
晦，而功利之习愈趋愈下。其间虽尝瞽惑[83]

yú fó lǎo ér fó lǎo zhī shuō zú yì wèi néng yǒu yǐ shèng qí
于佛、老，而佛、老之说卒亦未能有以胜其

gōng lì zhī xīn suī yòu cháng zhé zhōng yú qún rú ér qún rú zhī
功利之心；虽又尝折衷于群儒，而群儒之

lùn zhōng yì wèi néng yǒu yǐ pò qí gōng lì zhī jiàn gài zhì yú jīn
论终亦未能有以破其功利之见。盖至于今，

gōng lì zhī dú lún jiā yú rén zhī xīn suǐ ér xí yǐ chéng xìng yě jǐ
功利之毒沦浃于人之心髓而习以成性也几

qiān nián yǐ xiāng jīn yǐ zhī xiāng yà yǐ shì xiāng zhēng yǐ lì
千年矣，相矜以知，相轧以势，相争以利，

xiāng gāo yǐ jì néng xiāng qǔ yǐ shēng yù qí chū ér shì yě lǐ
相高以技能，相取以声誉。其出而仕也，理

qián gǔ zhě zé yù jiān fú bīng xíng diǎn lǐ yuè zhě yòu yù yù yú
钱谷[84]者则欲兼夫兵刑，典礼乐者又欲与于

quán zhóu chǔ jùn xiàn zé sī fān niè zhī gāo jū tái jiàn zé
铨轴[85]，处郡县则思藩臬[86]之高，居台谏则

wàng zǎi zhí zhī yāo gù bù néng qí shì zé bù dé yǐ jiān qí guān
望宰执之要。故不能其事则不得以兼其官；

bù tōng qí shuō zé bù kě yǐ yāo qí yù jì sòng zhī guǎng shì yǐ
不通其说则不可以要其誉；记诵之广，适以

zhǎng qí áo yě zhī shí zhī duō shì yǐ xíng qí è yě wén
长其敖[87]也；知识之多，适以行其恶也；闻

jiàn zhī bó shì yǐ sì qí biàn yě cí zhāng zhī fù shì yǐ
见之博，适以肆其辨[88]也；辞章之富，适以

shì qí wěi yě shì yǐ gāo kuí jì qì suǒ bù néng jiān zhī
饰其伪也。是以皋、夔、稷、契所不能兼之

shì ér jīn zhī chū xué xiǎo shēng jiē yù tōng qí shuō jiū qí shù
事，而今之初学小生[89]皆欲通其说，究其术。

qí chēng míng jiàn hào wèi cháng bù yuē wú yù yǐ gòng chéng tiān
其称名僭号[90]，未尝不曰“吾欲以共成天

xià zhī wù ér qí chéng xīn shí yì zhī suǒ zài yǐ wéi bù rú
下之务”，而其诚心实意之所在，以为不如

shì zé wú yǐ jì qí sī ér mǎn qí yù yě wū hū yǐ ruò shì
是则无以济其私而满其欲也。呜呼！以若是

zhī jī rǎn yǐ ruò shì zhī xīn zhì ér yòu jiǎng zhī yǐ ruò shì zhī
之积染，以若是之心志，而又讲之以若是之

xué shù yí qí wén wú shèng rén zhī jiào ér shì zhī yǐ wéi zhuì yóu
学术，宜其闻吾圣人之教，而视之以为赘疣

ruì záo zé qí yǐ liáng zhī wéi wèi zú ér wèi shèng rén zhī xué
枘凿[91]，则其以良知为未足，而谓圣人之学

wéi wú suǒ yòng yì qí shì yǒu suǒ bì zhì yǐ wū hū shì shēng
为无所用，亦其势有所必至矣！呜呼，士生

sī shì ér shàng hé yǐ qiú shèng rén zhī xué hū shàng hé yǐ lùn
斯世，而尚何以求圣人之学乎！尚何以论

shèng rén zhī xué hū shì shēng sī shì ér yù yǐ wéi xué zhě bù
圣人之学乎！士生斯世而欲以为学者，不

yì láo kǔ ér fán nán hū bù yì jū zhì ér xiǎn jiān hū wū
亦劳苦而繁难乎？不亦拘滞而险艰乎？呜

hū kě bēi yě yǐ suǒ xìng tiān lǐ zhī zài rén xīn zhōng yǒu suǒ
呼，可悲也已！所幸天理之在人心，终有所

bù kě mǐn ér liáng zhī zhī míng wàn gǔ yī rì zé qí wén wú
不可泯，而良知之明，万古一日，则其闻吾

bá běn sè yuán zhī lùn bì yǒu cè rán ér bēi qī rán ér tòng
拔本塞源之论，必有恻然而悲，戚然而痛，

fèn rán ér qǐ pèi rán ruò jué jiāng hé ér yǒu suǒ bù kě yù zhě
愤然而起，沛然若决江河而有所不可御者

yǐ fēi fú háo jié zhī shì wú suǒ dài ér xīng qǐ zhě wú shuí
矣！非夫豪杰之士，无所待而兴起者，吾谁

yǔ wàng hū
与望[92]乎？

【注释】

1. 膏肓：心尖脂肪叫膏，心脏与膈膜之间叫肓，形容病情十分严重，无法医治。

2. 提掇：提出，提起。

3. 坠：落入，掉下。

4. 尊德性：德性的本质是至诚。

5. 道问学：人通过自身修养的途径达到诚的境界。

6. 近闻：最近听说的信息。

7. 物理：事物的内在规律或道理。

8. 晦庵：朱熹，字元晦，号晦庵，世称朱文公。

9. 恻怛：哀伤，同情，与“恻隐”义同。

10. 固：按照。

11. 知性：知道人的本性。

12. 格物：探究事物的道理，纠正人的行为。

13. 未明：不明确。

14. 夭寿不贰：不论寿命长短，都不改变对天命的态度。不贰：不变心，专一。

15. 俟：等待。

16. 骇：惊恐、吃惊。

17. 率天下而路：出自《孟子·滕文公上》，意为率领天下的人一起奔命、逃命。

18. 晚年定论：王阳明认为朱熹到晚年，改变了自己的学术观点。

19. 从之于井：跟随前边的人跳入井中。

20. 操觚染翰：觚，木简；翰，鸟的硬羽毛，意为执笔写字。

21. 人一己百：别人用一倍努力，自己得用百倍努力。

22. 九经：治理国家的九个方面，即修身、尊贤、亲亲、敬大臣、体群臣、子庶民、来百工、柔远人、怀诸侯。

23. 伦理：人与人、人与自然的关系，以及处理这些关系的规则。

24. 虚灵明觉：心的灵动，对日常行为的一种感应。

25. 文祖：尧的太庙。

26. 苗：苗族人。

27. 温凊：冬暖夏凉的简称，侍奉父母之礼。

28. 可通：说得通。

29. 自慊：自己满足，自己愉快。

30. 节目时变：事情的条目。

31. 舜之不告而娶：舜娶妻没有告诉父母。

32. 武之不葬而兴师：周武王没有为父亲周文王送葬，就出兵讨伐纣王。

33. 养志养口：这是古人侍奉父母的两个方面，一是让父母心情愉快，二是让父母衣食无忧。

34. 小杖大杖：这是古人责罚孩子的方式，分为轻打和暴打。

35. 割股：割下自己的股肉来治疗父母的病，这在古代一些时期被认为是大孝。

36. 庐墓：父母去世后，儿女在墓旁建小房屋守墓。

37. 道在迩而求诸远，事在易而求诸难：道在近处却到远处去找，事情本来很容易却往难处做。

38. 人病不由耳：人的问题在于不去切实追求罢了。

39. 牵合：牵强附会。

40. 求于事为之际：处事中求取。

41. 资于论说之间：论辩中获得。

42. 我无是也：我不是这样的人。

43. 畜：积累。

44. 杨、墨：战国时期杨朱、墨翟。

45. 乡愿：不讲原则的老好人。

46. 子之：战国时期燕王的相，燕王后来把国君位置让给了他，属于窃国大盗。

47. 摄辅：摄政辅佐。

48. 谩无印正：非常繁杂无法考证。

49. 考识：考察识别。

50. 明堂：帝王处理政务的地方。

51. 辟雍：学校。

52. 历律：历法。

53. 封禅：帝王祭祀天地的典礼。祭天为封，祭地为禅。

54. 少释：稍微说一下。

55. 度：标准。

56. 司存：官吏。

57. 敬授人时：将时令告诉老百姓。

58. 璇玑玉衡：观察北斗七星。

59. 以齐七政：然后列出七项政事。

60. 遍物：万事万物。

61. 不经：不合常规。

62. 拔本塞源：正本清源，杜绝不正的见解。

63. 仇雠：仇人，冤家对头。

64. 启明如朱：聪明得跟丹朱（尧的儿子）一样。

65. 迨：等到。

66. 熙熙皞皞：和乐，怡然自得。

67. 仰事俯育：向上侍奉父母，向下养活妻儿。事同“侍”。

68. 夷之通礼：伯夷通晓天、地、人三种礼仪。

69. 假：假借。

70. 芜塞：荒芜阻塞。

71. 倾诈：倾轧诡诈。

72. 声利：声名和利益。

73. 管、商、苏、张：管仲、商鞅、苏秦、张仪。

74. 蒐猎：搜求，寻找。

75. 煨烬：灰烬。

76. 积渍：积淀。

77. 适：适从。

78. 戏谑：用有趣的话语开玩笑。

79. 跳踉：跳跃。

80. 竞出：竞相涌出。

81. 遑：来不及，没有时间。

82. 眩瞀：眼睛昏花，视物不清。

83. 瞀惑：迷惑。

84. 谷：粮食。

85. 铨轴：吏部核心部门。

86. 藩臬：相当于省一级的职务。

87. 敖：傲慢。

88. 辨：狡辩。辨同“辩”。

89. 小生：后生，后来的人。

90. 僭号：冒用帝王的称号。

91. 枘凿：枘，榫头；凿，榫眼。二者合不到一起，比喻两不相容。

92. 吾谁与望：我寄望于谁。

xú ài lù

十七、徐爱录

【背景】徐爱（1487—1517），明代学者，字曰仁，号横山，余姚马堰（今浙江余姚）人。徐爱不仅娶王阳明之妹为妻，还于明正德二年（1507年）师从王阳明，成为第一位及门弟子。正德三年（1508年），徐爱高中进士，先后出任祁州知州、南京兵部员外郎、南京工部郎中。在此期间，徐爱将王阳明的讲义编纂成《语录》和《传习录》，积极宣传王阳明的学说，有“王门颜回”的美誉，被王阳明视为能够继承道统的得意传人。1517年，徐爱不幸病逝。王阳明悲恸万分，叹曰：“自曰仁没后，吾道益孤。”徐爱著有《横山遗集》二卷。下文中的“爱”，即为徐爱的自称。《徐爱录》是徐爱以语录体的形式记载王阳明与学生之间问答的内容，是对王阳明思想内涵的大致介绍及其中部分核心概念的系统梳理，譬如《大学》中的三纲领和八条目，反映出王阳明与朱熹在思想上的差异。

xú ài yǐn yán

徐爱引言

xiān shēng yú dà xué gé wù zhū shuō xī

先生于《大学》“格物”[1]诸说[2]，悉[3]

yǐ jiù běn wéi zhèng gài xiān rú suǒ wèi wù běn zhě yě ài

以旧本[4]为正，盖先儒[5]所谓误本[6]者也。爱

shǐ wén ér hài jì ér yí yǐ ér dān jīng jié sī cān hù cuò

始闻而骇，既而疑，已而殚精竭思，参互错

纵以质[7]于先生，然后知先生之说，若水之寒，若火之热，断断乎百世以俟[8]圣人而不惑者也。先生明睿天授，然和乐坦易，不事边幅。人见其少时豪迈不羁，又尝泛滥于词章，出入二氏[9]之学，骤闻是说，皆目以为立异好奇，漫不省究。不知先生居夷三载[10]，处困养静，精一[11]之功，固已超入圣域，粹然大中至正之归矣。

爱朝夕炙门下，但见先生之道，即之若易而仰之愈高，见之若粗而探之愈精，就之若近而造之愈益无穷，十余年来，竟未能窥其藩篱[12]。世之君子，或与先生仅交一面，或犹未闻其謦欬，或先怀忽易愤激之心，而遽欲于[13]立谈之间，传闻之说，臆断悬度，如之何其可得也！从游之士，闻先生之教，往往得一而遗二，见其牝牡[14]骊黄[15]而弃其所谓千里者。故爱备录平日之所闻，私以示夫同志，相与考而正之，庶无负先生之教云。

爱问：“‘在亲民’，朱子[16]谓当作‘新民’，后章‘作新民’之文似亦有据。先生以为宜从旧本作‘亲民’，亦有所据否？”

先生曰：“‘作新民’之‘新’，是‘自新之民’，与‘在新民’之‘新’不同。此岂足为据！‘作’字却与‘亲’字相对，然非‘亲’字义。下面‘治国平天下’处，皆于‘新’字无发明。如云‘君子贤其贤而亲其亲，小人乐其乐而利其利’‘如保赤子’‘民之所好好之，民之所恶恶之，此之谓民之父母’之类，皆是‘亲’字意。‘亲民’犹孟子‘亲亲仁民’[17]之谓，‘亲之’即‘仁之’也。‘百姓不亲’，舜使契为司徒，‘敬敷五教’[18]，所以亲之也。《尧典》‘克明峻德’[19]便是‘明明德’‘以亲九族’，至‘平章’‘协和’，便是‘亲民’，便是‘明明德于天下’。又如孔子言‘修己以安百姓’，‘修己’便是‘明明德’，‘安百姓’便是‘亲民’。说‘亲民’便是兼教养意，说‘新民’便觉偏了。”

爱问：“‘知止而后有定’，朱子以为‘事事物物皆有定理’，似与先生之说相戾？”

先生曰："于事事物物上求至善，却是义外[20]也。至善是心之本体，只是明明德到至精至一处便是，然亦未尝离却事物，本注[21]所谓'尽夫天理之极，而无一毫人欲之私'者得之。"

爱问："至善只求诸心，恐于天下事理有不能尽？"

先生曰："心即理也。天下又有心外之事，心外之理乎？"

爱曰："如事父之孝，事君之忠，交友之信，治民之仁，其间有许多理在，恐亦不可不察。"

先生叹曰："此说之蔽久矣，岂一语所能悟？今姑就所问者言之。且如事父，不成去父上求个孝的理？事君，不成去君上求个忠的理？交友、治民，不成去友上、民上求个信与仁的理？都只在此心。心即理也，此心无私欲之蔽，即是天理，不须外面添一分。以此纯乎天理之心，发之事父，便是孝；发之事君，便是忠；发之交友、治民，便是信与仁。只在此心去人欲、存天理上用功便是。”

爱曰：“闻先生如此说，爱已觉有省悟处。但旧说缠于胸中，尚有未脱然者。如事父一事，其间温清定省[22]之类，有许多节目，不亦须讲求否？”

先生曰：“如何不讲求？只是有个头脑，只是就此心去人欲、存天理上讲求。就

rú jiǎng qiú dōng wēn yě zhǐ shì yào jìn cǐ xīn zhī xiào kǒng pà yǒu
如讲求冬温，也只是要尽此心之孝，恐怕有

yī háo rén yù jiàn zá jiǎng qiú xià qìng yě zhǐ shì yào jìn cǐ xīn
一毫人欲间杂；讲求夏凊，也只是要尽此心

zhī xiào kǒng pà yǒu yī háo rén yù jiàn zá zhǐ shì jiǎng qiú dé cǐ
之孝，恐怕有一毫人欲间杂；只是讲求得此

xīn cǐ xīn ruò wú rén yù chún shì tiān lǐ shì gè chéng yú xiào
心。此心若无人欲，纯是天理，是个诚于孝

qīn de xīn dōng shí zì rán sī liang fù mǔ de hán biàn zì yào qù
亲的心，冬时自然思量父母的寒，便自要去

qiú gè wēn de dào lǐ xià shí zì rán sī liang fù mǔ de rè biàn
求个温的道理，夏时自然思量父母的热，便

zì yào qù qiú gè qìng de dào lǐ zhè dōu shì nà chéng xiào de xīn fā
自要去求个凊的道理，这都是那诚孝的心发

chū lái de tiáo jiàn què shì xū yǒu zhè chéng xiào de xīn rán hòu yǒu
出来的条件。却是须有这诚孝的心，然后有

zhè tiáo jiàn fā chū lái pì zhī shù mù zhè chéng xiào de xīn biàn shì
这条件发出来。譬之树木，这诚孝的心便是

gēn xǔ duō tiáo jiàn biàn shì zhī yè xū xiān yǒu gēn rán hòu yǒu
根，许多条件便是枝叶。须先有根，然后有

zhī yè bù shì xiān xún le zhī yè rán hòu qù zhòng gēn lǐ
枝叶，不是先寻了枝叶，然后去种根。《礼

jì yán xiào zǐ zhī yǒu shēn ài zhě bì yǒu hé qì yǒu
记》言：‘孝子之有深爱者，必有和气；有

hé qì zhě bì yǒu yú sè yǒu yú sè zhě bì yǒu wǎn róng
和气者，必有愉色；有愉色者，必有婉容。’

xū shì yǒu gè shēn ài zuò gēn biàn zì rán rú cǐ
须是有个深爱做根，便自然如此。”

郑朝朔[23]问："至善亦须有从事物上求者？"

先生曰："至善只是此心纯乎天理之极便是。更于事物上怎生求？且试说几件看。"

朝朔曰："且如事亲，如何而为温清之节，如何而为奉养之宜，须求个是当，方是至善，所以有学问思辩之功。"

先生曰："若只是温清之节，奉养之宜，可一日二日讲之而尽，用得甚学问思辩！惟于温清时也只要此心纯乎天理之极，奉养时也只要此心纯乎天理之极，此则非有学问思辩[24]之功，将不免于毫厘千里之谬，所以虽在圣人，犹加精一之训。若只是那些仪节求得是当，便谓至善，即如今扮戏子扮得许多温清奉养的仪节是当，亦可谓之至善矣。”

爱于是日又有省。

爱因未会先生知行合一之训，与宗贤[25]、惟贤[26]往复辩论，未能决。以问于先生。

先生曰：“试举看。”

爱曰：“如今人尽有知得父当孝、兄当弟者，却不能孝、不能弟，便是知与行分明是两件。”

先生曰：“此已被私欲隔断，不是知行的本体了。未有知而不行者；知而不行，只是未知。圣贤教人知行正是要复那本体，不是着你只恁[27]的便罢。故《大学》指个真知行与人看，说‘如好好色’‘如恶恶臭’[28]。

见好色属知，好好色属行只见那好色时已自好了，不是见了后又立个心去好。闻恶臭属知，恶恶臭属行，只闻那恶臭时已自恶了，不是闻了后别立个心去恶。如鼻塞人虽见恶臭在前，鼻中不曾闻得，便亦不甚恶，亦只是不曾知臭。就如称某人知孝、某人知弟，必是其人已曾行孝行弟，方可称他知孝知弟。不成只是晓得说些孝弟的话，便可称为知孝弟。又如知痛，必已自痛了方知痛；知寒，必已自寒了；知饥，必已自饥了。知行如何分得开？此便是知行的本体，不曾有私意隔断的。圣人教人必要是如此，方可谓之知；不然，只是不曾知。此却是何等紧切着实的工夫！如今苦苦定要说知行做两个，是甚么意？某要说做一个，是甚么意？若不知立言宗旨，只管说一个两个，亦有甚用？”

爱曰：“古人说知行做两个，亦是要人见个分晓，一行做知的功夫，一行做行的功夫，即功夫始有下落。”

先生曰：“此却失了古人宗旨也。某尝说知是行的主意，行是知的功夫；知是行之始，行是知之成。若会得时，只说一个知，已自有行在，只说一个行，已自有知在。古人所以既说一个知，又说一个行者，只为世间有一种人，懵懵懂懂的任意去做，全不解思惟省察，也只是个冥行妄作，所以必说个知，方才行得是。又有一种人，茫茫

dàng dàng xuán kōng qù sī suǒ quán bù kěn zhuó shí gōng xíng yě zhǐ
荡荡[29]悬空去思索，全不肯着实躬行，也只
shì gè chuǎi mo yǐng xiǎng suǒ yǐ bì shuō yī gè xíng fāng cái zhī de
是个揣摸影响，所以必说一个行，方才知得
zhēn cǐ shì gǔ rén bù dé yǐ bǔ piān jiù bì de shuō huà ruò jiàn
真。此是古人不得已补偏救弊的说话，若见
de zhè gè yì shí jí yī yán ér zú jīn rén què jiù jiāng zhī xíng
得这个意时，即一言而足。今人却就将知行
fēn zuò liǎng jiàn qù zuò yǐ wéi bì xiān zhī le rán hòu néng xíng
分作两件去做，以为必先知了，然后能行，
wǒ rú jīn qiě qù jiǎng xí tǎo lùn zuò zhī de gōng fū dài zhī de zhēn
我如今且去讲习讨论做知的工夫，待知得真
le fāng qù zuò xíng de gōng fū gù suì zhōng shēn bù xíng yì
了，方去做行的工夫；故遂终身不行，亦
suì zhōng shēn bù zhī cǐ bù shì xiǎo bìng tòng qí lái yǐ fēi yī rì
遂终身不知。此不是小病痛，其来已非一日
yǐ mǒu jīn shuō gè zhī xíng hé yī zhèng shì duì bìng de yào yòu
矣。某今说个知行合一，正是对病的药，又
bù shì mǒu záo kōng dù zhuàn zhī xíng běn tǐ yuán shì rú cǐ jīn
不是某凿空杜撰，知行本体原是如此。今
ruò zhī de zōng zhǐ shí jí shuō liǎng gè yì bù fáng yì zhǐ shì yī
若知得宗旨时，即说两个亦不妨，亦只是一
gè ruò bù huì zōng zhǐ biàn shuō yī gè yì jì de shèn shì
个；若不会宗旨，便说一个，亦济得甚事？
zhǐ shì xián shuō huà
只是闲说话。”

ài wèn zuó wén xiān shēng zhǐ zhì shàn zhī jiào yǐ jué
爱问：“昨闻先生止至善[30]之教，已觉

gōng fū yǒu yòng lì chù dàn yǔ zhū zǐ gé wù zhī xùn sī zhī
功夫有用力处；但与朱子格物[31]之训，思之
zhōng bù néng hé
终不能合。”

xiān shēng yuē gé wù shì zhǐ zhì shàn zhī gōng jì zhī zhì
先生曰：“格物是止至善之功。既知至
shàn jí zhī gé wù yǐ
善，即知格物矣。”

ài yuē zuó yǐ xiān shēng zhī jiào tuī zhī gé wù zhī shuō
爱曰：“昨以先生之教推之格物之说，
sì yì jiàn de dà lüè dàn zhū zǐ zhī xùn qí yú shū zhī
似亦见得大略。但朱子之训，其于《书》之
jīng yī lún yǔ zhī bó yuē mèng zǐ zhī jìn xīn zhī
精一，《论语》之博约[32]，《孟子》之尽心知
xìng jiē yǒu suǒ zhèng jù yǐ shì wèi néng shì rán
性[33]，皆有所证据，以是未能释然。”

xiān shēng yuē zǐ xià dǔ xìn shèng rén zēng zǐ fǎn
先生曰：“子夏[34]笃信圣人，曾子[35]反
qiú zhū jǐ dǔ xìn gù yì shì rán bù rú fǎn qiú zhī qiè jīn
求诸己，笃信固亦是，然不如反求之切。今
jì bù dé yú xīn ān kě niǔ yú jiù wén bù qiú shì dāng
既不得于心，安可狃[36]于旧闻，不求是当？
jiù rú zhū zǐ yì zūn xìn chéng zǐ zhì qí bù dé yú xīn chù yì
就如朱子亦尊信程子，至其不得于心处，亦
hé cháng gǒu cóng jīng yī bó yuē jìn xīn běn zì yǔ
何尝苟从？‘精一’‘博约’‘尽心’本自与
wú shuō wěn hé dàn wèi zhī sī ěr zhū zǐ gé wù zhī xùn wèi
吾说吻合，但未之思耳。朱子格物之训，未

免牵合附会，非其本旨。精是一之功，博是约之功，曰仁既明知行合一之说，此可一言而喻。尽心知性知天是生知安行事，存心养性事天是学知利行事，夭寿不贰，修身以俟是困知勉行事。[37]“朱子错训格物，只为倒看了此意，以尽心知性为物格知至，要初学便去做生知安行事，如何做得！”

爱问：“尽心知性何以为生知安行？”

先生曰：“性[38]是心之体，天是性之原，尽心即是尽性。惟天下至诚，为能尽其性，知天地之化育[39]。存心者，心有未尽也。知天如知州、知县之知，是自己分上事，己与天为一。事天如子之事父，臣之事君，须是恭敬奉承，然后能无失，尚与天为二。此便是圣贤之别。至于夭寿不贰[40]其心，乃是教学者一心为善，不可以穷通夭寿之故，便把为善的心变动了，只去修身以俟命，见得穷通寿夭有个命在，我亦不必以此动心。事天虽与天为二，已自见得个天在面前；俟命便是未曾见面，在此等候相似。此便是初学立心之始，有个困勉的意在。今却倒做了，所以使学者无下手处。”

爱曰：“昨闻先生之教，亦影影见得功夫须是如此，今闻此说益无可疑。爱昨晓思格物的物字，即是事字，皆从心上说。”

先生曰：“然。身之主宰便是心，心之所发便是意，意之本体便是知，意之所在便是物。如意在于事亲，即事亲便是一物；意在于事君，即事君便是一物；意在于仁民爱物，即仁民爱物便是一物；意在于视听言动，即视听言动便是一物。所以某说无心外之理，无心外之物。《中庸》言不诚无物。《大学》明明德之功，只是个诚意；诚意之功，只是个格物。”

先生又曰：“格物如孟子大人格君心之格，是去其心之不正，以全其本体之正。但意念所在，即要去其不正，以全其正，即无时无处不是存天理，即是穷理。天理即是明德，穷理即是明明德。”

又曰：“知是心之本体。心自然会知，见父自然知孝，见兄自然知弟，见孺子入井，自然知恻隐，此便是良知[41]，不假外求。

若良知之发，更无私意障碍，即所谓充其恻隐之心，而仁不可胜用矣[42]。然在常人，不能无私意障碍，所以须用致知格物之功。胜私复理，即心之良知更无障碍，得以充塞流行，便是致其知。知致则意诚。”

爱问：“先生以博文为约礼功夫，深思之，未能得，略请开示。”

先生曰：“礼字即是理字。理之发见可见者谓之文，文之隐微不可见者谓之理，只是一物。约礼只是要此心纯是一个天理。要此心纯是天理，须就理之发见处用功。如发见于事亲时，就在事亲上学存此天理；发见于事君时，就在事君上学存此天理；发见于处富贵、贫贱时，就在处富贵、贫贱上学存此天理；发见于处患难、夷狄时，就在处患难、夷狄上学存此天理[43]。至于作止语默，无处不然，随他发见处，即就那上面学个存天理。这便是博学之于文，便是约礼的功夫。博文即是惟精，约礼即是惟一。”

爱问：“‘道心常为一身之主，而人心每听命。’[44]以先生精一之训推之，此语似有弊。”

先生曰：“然。心一也，未杂于人，谓之道心，杂以人伪，谓之人心。人心之得其正者即道心，道心之失其正者即人心，初非有二心也。程子谓‘人心即人欲，道心即天理’[45]，语若分析，而意实得之。今曰‘道心为主，而人心听命’，是二心也。天理人

yù bù bìng lì ān yǒu tiān lǐ wéi zhǔ rén yù yòu cóng ér tīng mìng
欲不并立，安有天理为主，人欲又从而听命
zhě
者？”

ài wèn wén zhōng zǐ hán tuì zhī
爱问文中子[46]、韩退之[47]。

xiān shēng yuē tuì zhī wén rén zhī xióng ěr wén zhōng
先生曰：“退之，文人之雄耳；文中
zǐ xián rú yě hòu rén tú yǐ wén cí zhī gù tuī zūn tuì
子，贤儒也。后人徒以文词之故，推尊退
zhī qí shí tuì zhī qù wén zhōng zǐ yuǎn shèn
之，其实退之去文中子远甚。”

ài wèn hé yǐ yǒu nǐ jīng zhī shī
爱问：“何以有拟经之失？”

xiān shēng yuē nǐ jīng kǒng wèi kě jìn fēi qiě shuō hòu shì
先生曰：“拟经恐未可尽非。且说后世
rú zhě zhù shù zhī yì yǔ nǐ jīng rú hé
儒者著述之意与拟经如何？”

ài yuē shì rú zhù shù jìn míng zhī yì bù wú rán
爱曰：“世儒著述，近名之意不无，然
qī yǐ míng dào nǐ jīng chún ruò wéi míng
期以明道；拟经，纯若为名。”

xiān shēng yuē zhù shù yǐ míng dào yì hé suǒ xiào
先生曰：“著述以明道，亦何所效
fǎ
法？”

yuē kǒng zǐ shān shù liù jīng yǐ míng dào yě
曰：“孔子删述六经[48]以明道也。”

先生曰："然则拟经独非效法孔子乎？"

爱曰："著述，即于道有所发明；拟经，似徒拟其迹，恐于道无补。"

先生曰："子以明道者，使其反朴还淳而见诸行事之实乎？抑将美其言辞而徒以诡诡[49]于世也？天下之大乱，由虚文胜而实行衰也。使道明于天下，则六经不必述；删述六经，孔子不得已也。自伏羲画卦，至于文王、周公，其间言易，如《连山》《归藏》之属[50]，纷纷籍籍，不知其几，易道大乱。孔子以天下好文之风日盛，知其说之将无纪极，于是取文王、周公之说而赞之，以为惟此为得其宗。于是纷纷之说尽废，而天下之言易者始一。《书》《诗》《礼》《乐》《春秋》皆然。《书》自典、谟[51]以后，《诗》自二南[52]以降，如《九丘》《八索》[53]，一切淫哇逸荡之词，盖不知其几千百篇。《礼》《乐》之名物度数[54]，至是亦不可胜穷。孔子皆删削而述正之，然后其说始废。如《书》《诗》《礼》《乐》中，孔子何尝加一语？今之《礼记》诸说，皆后儒附会而成，已非孔子之旧。至于《春秋》，虽称孔子作之，其实皆鲁史旧文。所谓笔者，笔其旧；所谓削者，削其繁，是有减无增。孔子述六经，惧繁文之乱天下，惟简之而不得，使天下务去其文以求其实，非以文教之也。《春秋》以后，繁文益盛，天下益乱。始皇焚书得罪，是出于私意，又不合焚六经；若当时志在明道，其诸反经叛理之说，悉取而焚之，亦正暗合删述之意。自秦、汉以降，文又日盛，若欲尽去之，断不能去；只宜取法孔子，录其近是者而表章之，则其诸怪悖之说，亦宜渐渐自废。不知文中子当时拟经之意如何？某切深有取于其事，以为圣人复起，不能易也。天下所以不治，只因文盛实衰，人出己见，新奇相高，以眩俗取誉，徒以乱天下之聪明，涂天下之耳目，使天下靡然争务修饰文词，以求知于世，而不复知有敦本尚实，反朴还淳之行；是皆著述者有以启之。”

爱曰：“著述亦有不可缺者，如《春秋》一经，若无《左传》[55]，恐亦难晓。”

xiān shēng yuē chūn qiū bì dài zhuàn ér hòu míng shì
先生曰：“《春秋》必待传而后明，是
xiē hòu mí yǔ yǐ shèng rén hé kǔ wéi cǐ jiān shēn yǐn huì zhī cí
歇后谜语矣，圣人何苦为此艰深隐晦之词？
zuǒ zhuàn duō shì lǔ shǐ jiù wén ruò chūn qiū xū cǐ ér
《左传》多是鲁史旧文，若《春秋》须此而
hòu míng kǒng zǐ hé bì xuē zhī
后明，孔子何必削之？”

ài yuē yī chuān yì yún zhuàn shì àn jīng shì
爱曰：“伊川[56]亦云‘传是案，经是
duàn rú shū shì mǒu jūn fá mǒu guó ruò bù míng qí shì
断’[57]。如书弑某君、伐某国，若不明其事，
kǒng yì nán duàn
恐亦难断。”

xiān shēng yuē yī chuān cǐ yán kǒng yì shì xiāng yán shì rú
先生曰：“伊川此言，恐亦是相沿世儒
zhī shuō wèi dé shèng rén zuò jīng zhī yì rú shū shì jūn jí
之说，未得圣人作经之意。如书弑君，即
shì jūn biàn shì zuì hé bì gèng wèn qí shì jūn zhī xiáng zhēng fá
弑君便是罪，何必更问其弑君之详？征伐
dāng zì tiān zǐ chū shū fá guó jí fá guó biàn shì zuì hé
当自天子出，书伐国，即伐国便是罪，何
bì gèng wèn qí fá guó zhī xiáng shèng rén shù liù jīng zhǐ shì yào
必更问其伐国之详？圣人述六经，只是要
zhèng rén xīn zhǐ shì yào cún tiān lǐ qù rén yù yú cún tiān
正人心，只是要存天理、去人欲，于存天
lǐ qù rén yù zhī shì zé cháng yán zhī huò yīn rén qǐng wèn
理、去人欲之事则尝言之。或因人请问，

各随分量而说，亦不肯多道，恐人专求之言语，故曰‘予欲无言’[58]。若是一切纵人欲、灭天理的事又安肯详以示人，是长乱导奸也。故孟子云：‘仲尼之门，无道桓、文之事者，是以后世无传焉。’[59]此便是孔门家法。世儒只讲得一个伯者[60]的学问，所以要知得许多阴谋诡计，纯是一片功利的心，与圣人作经的意思正相反，如何思量得通！”因叹曰：“此非达天德者，未易与言此也！”

又曰：“孔子云：‘吾犹及史之阙文也。’[61]孟子云：‘尽信书不如无书，吾于武、成，取二三策而已。’[62]孔子删《书》，于唐、虞、夏四五百年间，不过数篇，岂更无一事，而所述止此，圣人之意可知矣。圣人只是要删去繁文，后儒却只要添上。”

爱曰：“圣人作经，只是要去人欲、存天理，如五伯[63]以下事，圣人不欲详以示人，则诚然矣；至如尧、舜以前事，如何略不少见？”

先生曰：“羲、黄之世[64]，其事阔疏，传之者鲜矣。此亦可以想见，其时全是淳庞朴素、略无文采的气象，此便是太古之治，非后世可及。”

爱曰：“如《三坟》[65]之类，亦有传者，孔子何以删之？”

先生曰：“纵有传者，亦于世变渐非所宜。风气益开，文采日胜，至于周末，虽欲变以夏、商之俗，已不可挽，况唐、虞乎！又况羲、黄之世乎！然其治不同，其道则一。孔子于尧、舜，则祖述之；于文、武，则宪章之[66]。文、武之法，即是尧、舜之道，但因时致治，其设施政令，已自不同，即夏、商事业施之于周，已有不合。故‘周公思兼三王，其有不合，仰而思之，夜以继日’，况太古之治，岂复能行？斯固圣人之所可略也。”

又曰：“专事无为，不能如三王之因时致治，而必欲行以太古之俗，即是佛、老的学术。因时致治，不能如三王之一本于道，而以功利之心行之，即是伯者以下事业。后世儒者许多讲来讲去，只是讲得个伯术。”

又曰："唐、虞以上之治，后世不可复也，略之可也。三代以下之治，后世不可法也，削之可也。惟三代之治可行。然而世之论三代者，不明其本而徒事其末，则亦不可复矣。"

爱曰："先儒论六经[67]，以《春秋》为史，史专记事，恐与五经[68]事体终或稍异。"

先生曰："以事言，谓之史；以道言，谓之经。事即道，道即事。《春秋》亦经，五经亦史。《易》是包牺氏[69]之史，《书》是尧、舜以下史，《礼》《乐》是三代史。其事同，其道同，安有所谓异！"

又曰："五经亦只是史。史以明善恶，示训戒：善可为训者，特存其迹以示法；恶

kě wéi jiè zhě cún qí jiè ér xuē qí shì yǐ dù jiān
可为戒者，存其戒而削其事以杜奸。”

àì yuē cún qí jì yǐ shì fǎ yì shì cún tiān lǐ zhī
爱曰：“存其迹以示法，亦是存天理之
běn rán xuē qí shì yǐ dù jiān yì shì è rén yù yú jiāng méng
本然；削其事以杜奸，亦是遏人欲于将萌
fǒu
否？”

xiān shēng yuē shèng rén zuò jīng gù wú fēi shì cǐ yì
先生曰：“圣人作经，固无非是此意；
rán yòu bù bì nì zhuó wén jù
然又不必泥着文句。”

ài yòu wèn è kě wéi jiè zhě cún qí jiè ér xuē qí
爱又问：“恶可为戒者，存其戒而削其
shì yǐ dù jiān hé dú yú shī ér bù shān zhèng wèi
事以杜奸，何独于《诗》而不删郑、卫？
xiān rú wèi è zhě kě yǐ chéng chuàng rén zhī yì zhì rán
先儒谓‘恶者可以惩创人之逸志’[70]，然
fǒu
否？”

xiān shēng yuē shī fēi kǒng mén zhī jiù běn yǐ kǒng
先生曰：“《诗》非孔门之旧本矣。孔
zǐ yún fàng zhèng shēng zhèng shēng yín yòu yuē wù zhèng
子云：‘放郑声，郑声淫。’[71]又曰：‘恶郑
shēng zhī luàn yǎ yuè yě zhèng wèi zhī yīn wáng guó zhī yīn
声之乱雅乐也。’[72]‘郑、卫之音，亡国之音
yě cǐ shì kǒng mén jiā fǎ kǒng zǐ suǒ dìng sān bǎi piān
也。’[73]此是孔门家法。孔子所定《三百篇》，

皆所谓雅乐，皆可奏之郊庙，奏之乡党，皆所以资畅和平，涵泳德性，移风易俗，安得有此？是长淫导奸矣！此必秦火之后，世儒附会，以足《三百篇》之数。盖淫泆之词，世俗多所喜传，如今闾巷皆然。恶者可以惩创人之逸志，是求其说而不得，从而为之辞。”

徐爱跋

爱因旧说汩没[74]，始闻先生之教，实是骇愕不定，无入头处；其后闻之既久，渐知反身实践，然后始信先生之学为孔门嫡传，舍是皆傍蹊小径，断港绝河矣。如说“格物是诚意的工夫，明善是诚身的工夫[75]，穷理是尽性的工夫，道问学是尊德性的工夫[76]，

bó wén shì yuē lǐ de gōng fū wéi jīng shì wéi yī de gōng fū
博文是约礼的工夫，惟精是惟一的工夫”，
zhū rú cǐ lèi shǐ jiē luò luò nán hé qí hòu sī zhī jì jiǔ
诸如此类，始皆落落难合，其后思之既久，
bù jué shǒu wǔ zú dǎo
不觉手舞足蹈。

【注释】

1. 格物：意为穷究事物的道理，端正人的行为。朱熹认为，所谓“格物”，“言欲致吾之知，在即物而穷其理也”，即格物是探究外物。王阳明则认为，“格者，正也”，“是去其心之不正，以全其本体之正”，“为善去恶是格物”，即格物是探究自己的内心。

2. 诸说：各种说法。

3. 悉：都。

4. 旧本：即《大学》的原文。

5. 先儒：指北宋的程颢、程颐和南宋的朱熹。

6. 误本：《大学》成书之后，后世学者怀疑其中的篇目次序有误，因此程颢、程颐和朱熹曾对《大学》的内容进行了修订和增补。

7. 质：求证。

8. 以俟：之后。

9. 二氏：佛道。

10. 居夷三载：明正德元年（1506 年），王阳明因直言进谏而得罪宦官刘瑾，由此被贬谪至其时尚处于未开化状态的贵州龙场驿（今贵阳市修文县）。在龙场驿的三年间，王阳明取得了思想上的重大突破，经“龙场悟道”而创立心学。

11. 精一：意为专精纯一。

12. 藩篱：边界，范畴，轮廓。

13. 遽欲于：急于。

14. 牝牡：雌雄。

15. 骊黄：黑黄色。

16. 朱子：朱熹。

17. 亲亲仁民：意为亲爱亲人而仁爱百姓，仁爱百姓而爱惜万物。

18. 敬敷五教：敷，施行。五教，指父义、母慈、兄友、弟恭、子孝五种伦理道德的教育。

19. 克明峻德：克，能，能够。峻，高尚。

20. 义外：告子认为，义属于内心之外。孟子则持相反观点，认为仁义在于内心。

21. 本注：朱熹《大学章句》第一章注。

22. 温凊定省：意为为人子女应按照侍奉父母的礼制做到无微不至，冬天温被，夏天扇席，晚上照顾双亲睡定，早上向双亲问安。

23. 郑朝朔（1476—1513）：名一初，号紫坡。明弘治十八年（1505年）登进士，曾任监察御史，为王阳明弟子之一。

24. 思辨：出自《礼记·中庸》，原句为“博学之，审问之，慎思之，明辨之，笃行之”。

25. 宗贤：黄绾（1477—1551），字宗贤、叔贤，号久庵、石龙，浙江黄岩人，曾任后军都督府都事。明正德五年（1510年），拜入王阳明门下。

26. 惟贤：顾应祥（1483—1565），字惟贤，号箬溪，浙江长兴人，明代思想家、数学家，王阳明的弟子之一。

27. 恁：意为那么，那样。

28. “如好好色”，“如恶恶臭”：“如好好色”，第一个“好”读 hào，意为喜好；第二个“好”读 hǎo，意为美好。“如恶恶臭”，第一个“恶”读 wù，意为厌恶；第二个“恶”读 è，意为恶劣。

29. 茫茫荡荡：空旷远大，漫无边际。

30. 止至善：意为达到最高、最完善的境界。

31. 格物：朱熹《大学章句》有云：“所谓致知在格物者，言欲致吾之知，在即物而穷理也。”朱熹将“格物”理解为通过探究事物获得道理。王阳明的观点则与朱熹大相径庭，将“格”解释为“正”，即“格者，正也；正其不正，以归于正也。”

32. 博约：博，广泛地学习古代的文化典籍。约，以礼约束自身。

33. 尽心知性：意为人可以通过自身善性的领悟与发挥，掌握天道。

34. 子夏：姓卜，名商，孔子弟子，孔门七十二贤之一。

35. 曾子：名参（shēn），字子舆，孔子弟子，孔门七十二贤之一。

36. 狃：意为因袭，拘泥。

37. 生知安行、学知利行、困知勉行：生知安行，即先天懂得道理并自愿实行；学知利行，即通过学习掌握道理并通过训练能够做到；困知勉行，即历经困苦才能领悟道理并通过努力践行。三者殊途同归，成功后的境界是一致的。

38. 性：事物的本质所在。

39. 惟天下至诚，为能尽其性，知天地之化育：只有天下最真诚之人才能充分发挥本性；能充分发挥本性，便能充分发挥众人的本性；能充分发挥众人的本性，便能充分发挥万物的本性；能充分发挥万物的本性，便可以帮助天地孕育生命；能帮助大地孕育生命，就可以与天地并列了。

40. 夭寿不贰：夭，短寿。寿，长寿。不贰，毫无二致。意为无论寿命长短，都不改变态度。

41. 良知：意为人不用学习就能的，是良能；不用思考就知道的，是良知。

42. 充其恻隐之心，而仁不可胜用矣：意为一个人能够扩展不想害人的心，那么仁便用不完了。

43. 富贵贫贱，患难夷狄：意为君子只按现在所处的地位做应做之事，不希望去做本分以外之事。处在富贵地位就做富贵者应做之事；处在贫贱地位就做贫贱者应做之事；处在夷狄地位就做夷狄应做之事；处在患难时就做患难所应做之事。君子如能随遇而安，便自然能悠然自得。

44. 道心常为一身之主，而人心每听命：意为必须使合乎理性的天理为人的主宰，才能使私欲之心受到控制。道心、人心，出自《尚书·大禹谟》："人心惟危，道心惟微，惟精惟一，允执厥中。"

45. 人心即人欲，道心即天理：出自《二程遗书·卷二十四·伊川先生语十》："人心私欲，故危殆。道心天理，故精微。灭私欲则天理明矣。"即所谓"存天理，灭人欲"。

46. 文中子：王通（584—617），字仲淹，道号文中子，隋朝教育家、思想家，河东郡龙门县通化镇（今山西万荣县）人，著有《王氏六经》（又称《续六经》）。

47. 韩退之：韩愈（768—824），字退之，河南河阳（今河南孟州）人，唐代文学家、思想家、政治家，曾任吏部侍郎，古文运动的倡导者，"唐宋八大家"之一。

48. 六经：指经过孔子整理而传授的六部先秦古籍《诗》《书》《礼》《易》《乐》《春秋》的合称。

49. 哓哓：争辩，论辩，引申为喧闹嘈杂。

50.《连山》《归藏》：与《周易》同为《易经》的组成部分，现已失传。《周礼·春官宗伯》言："太卜掌三易之法：一曰《连山》，二曰《归藏》，三曰《周易》，其经卦皆八，其别皆有六十有四。"《连山》相传为夏代之《易》，以艮为首卦。《归藏》相传为商代之《易》，以坤为首卦。

51. 典、谟：指《尚书》中的《尧典》《舜典》《大禹谟》《皋陶谟》《益稷谟》。

52. 二南：指《诗经》中的《周南》《召南》。

53.《九丘》《八索》：出自孔安国《古文尚书·序》："八卦之说，谓之《八索》。索，求其义也。九州之志，谓之《九丘》。丘，聚也。言九州所有，土地所生，风气所宜，皆聚此书也。"皆是古书之名，已亡佚。

54. 名物度数：泛指各类具体事物、规律及道理。

55.《左传》：即《春秋左氏传》，又名《左氏春秋》，相传为战国时期鲁国史官左丘明为《春秋》做的注解，与《公羊传》《谷梁传》合称"春秋三传"，也是中国第一部叙事详细的编年体史书。

56. 伊川：程颐（1033—1107），字正叔，祖籍河南府伊川县（今嵩县田湖镇程村），世称伊川先生，北宋理学家和教育家，与胞兄程颢同受教于周敦颐，并称"二程"，共创"洛学"，奠定理学基础。

57. 传是案，经是断：出自《二程遗书·卷十五·伊川先生语一》："《春秋》传为案，经为断。"意为传是案件，经是裁决。

58. 予欲无言：出自《论语·阳货》："子曰：予欲无言。子贡曰：子如不言，则小子何述焉？子曰：天何言哉？四时行焉，百物生焉。天何言哉？"

59. 仲尼之门，无道桓、文之事者：出自《孟子·梁惠王上》："齐宣王问曰：齐桓、晋文之事可得闻乎？孟子对曰：仲尼之徒无道桓文之事者，是以后世无传焉，臣未之闻也。无以，则王乎？”

60. 伯者：伯，通“霸”。霸者，成霸王之业者。

61. 吾犹及史之阙文也：出自《论语·卫灵公》：“子曰：吾犹及史之阙文也，有马者借人乘之，今亡矣夫。”

62. 尽信书不如无书，吾于武、成，取二三策而已：出自《孟子·尽心下》。

63. 五伯：即春秋五霸，齐桓公、晋文公、秦穆公、宋襄公和楚庄王。

64. 羲、黄之世：伏羲与黄帝所处的上古时代。

65. 《三坟》：出自孔安国《古文尚书·序》：“伏羲、神农、黄帝之书，谓之《三坟》，言大道也。少昊、颛顼、高辛、唐、虞之书，谓之《五典》，言常道也。”

66. 祖述，宪章：出自朱熹《中庸章句》：“祖述者，远宗其道。宪章者，近守其法。”

67. 六经：《诗》《书》《礼》《易》《乐》《春秋》。

68. 五经：指六经中除已失传的《乐》之外的其他经书。

69. 包牺氏：即伏羲氏。

70. 恶者可以惩创人之逸志：出自朱熹《论语集注》：“凡《诗》之言，善者可以感发人之善心，恶者可以惩创人之逸志，其用归于使人得其性情之正而已。”

71. 放郑声，郑声淫：出自《论语·卫灵公》：“颜渊问为邦。子曰：行夏之时，乘殷之辂，服周之冕，乐则韶舞。放郑声，远佞人。郑声淫，佞人殆。”放，罢黜，禁绝。

72. 恶郑声之乱雅乐也：出自《论语·阳货》：“子曰：恶紫之夺朱也，

恶郑声之乱雅乐也，恶利口之覆邦家者。”

73. 郑、卫之音，亡国之音也：出自《礼记·乐记》：“郑、卫之音，乱世之音也，比于慢矣；桑间、濮上之音，亡国之音也，其政散，其民流，诬上行私而不可止也。”

74. 汩没：意为埋没。

75. 明善、诚身：出自《礼记·中庸》：“诚身有道，不明乎善，不诚乎身矣。”

76. 道问学、尊德性：出自《礼记·中庸》：“故君子尊德性而道问学，致广大而尽精微，极高明而道中庸，温故而知新，敦厚以崇礼。”

lù chéng lù

十八、陆澄录

【背景】陆澄，字原静，又字清伯，浙江吴兴人。明正德十二年（1517年），登进士，授刑部主事。陆澄与徐爱同为王阳明最为看重的弟子之一，对心学的理解较为深刻。徐爱病逝后，王阳明将弘扬心学的希望寄托在陆澄身上，曾叹曰："自曰仁没后，吾道益孤，至望原静者不浅。"《陆澄录》以语录体的形式记载了王阳明与陆澄及其他学生之间问答的内容，对王阳明提出的心学观点，如"主一是专主一个天理""义理无定在，无穷尽""人须在事上磨""心外无理、心外无事""格物无分动静"等，进行了详细解释。

lù chéng wèn zhǔ yī zhī gōng rú dú shū zé yī xīn zài
陆澄问："主一之功，如读书则一心在
dú shū shàng jiē kè zé yī xīn zài jiē kè shàng kě yǐ wéi zhǔ yī
读书上，接客则一心在接客上，可以为主一
hū
乎？"

xiān shēng yuē hào sè zé yī xīn zài hào sè shàng hào huò
先生曰："好色则一心在好色上，好货
zé yī xīn zài hào huò shàng kě yǐ wéi zhǔ yī hū shì suǒ wèi zhú
则一心在好货上，可以为主一乎？是所谓逐
wù fēi zhǔ yī yě zhǔ yī shì zhuān zhǔ yī gè tiān lǐ
物，非主一也。主一是专主一个天理。"

问立志。

先生曰："只念念要存天理，即是立志。能不忘乎此，久则自然心中凝聚，犹道家所谓结圣胎[1]也。此天理之念常存，驯至于美大圣神[2]，亦只从此一念存养扩充去耳。"

"日间工夫，觉纷扰，则静坐；觉懒看书，则且看书。是亦因病而药。"

"处朋友，务相下则得益，相上则损。"

孟源[3]有自是好名之病。先生屡责之。一日，警责方已，一友自陈日来工夫请正。源从傍曰："此方是寻着源旧时家当。"

先生曰："尔病又发。"源色变。议拟欲有所辨。

先生曰："尔病又发。"因喻之曰："此是汝一生大病根。譬如方丈地内，种此一大树，雨露之滋，土脉之力，只滋养得这个大根。四傍纵要种些嘉谷，上面被此树叶遮覆，下面被此树根盘结，如何生长得成？须用伐去此树，纤根勿留，方可种植嘉种。不然，任汝耕耘培壅，只是滋养得此根。"

问："后世著述之多，恐亦有乱正学？"

先生曰："人心天理浑然，圣贤笔之书，如写真传神，不过示人以形状大略，使之因此而讨求其真耳。其精神意气，言笑动止，固有所不能传也。后世著述，是又将圣人所画摹仿誊写，而妄自分析加增以逞其技。其失真愈远矣。"

wèn shèng rén yìng biàn bù qióng mò yì shì yù xiān jiǎng qiú
问：“圣人应变不穷，莫亦是预先讲求
fǒu
否？”

xiān shēng yuē rú hé jiǎng qiú de xǔ duō shèng rén zhī xīn
先生曰：“如何讲求得许多？圣人之心
rú míng jìng zhǐ shì yī gè míng zé suí gǎn ér yìng wú wù bù
如明镜，只是一个明，则随感而应，无物不
zhào wèi yǒu yǐ wǎng zhī xíng shàng zài wèi zhào zhī xíng xiān jù zhě
照。未有已往之形尚在，未照之形先具者。
ruò hòu shì suǒ jiǎng què shì rú cǐ shì yǐ yǔ shèng rén zhī xué dà
若后世所讲，却是如此，是以与圣人之学大
bèi zhōu gōng zhì lǐ zuò yuè yǐ wén tiān xià jiē shèng rén suǒ néng
背。周公制礼作乐，以文天下，皆圣人所能
wéi yao shùn hé bù jìn wéi zhī ér dài yú zhōu gōng kǒng zǐ shān
为，尧舜何不尽为之，而待于周公？孔子删
shù liù jīng yǐ zhào wàn shì yì shèng rén suǒ néng wéi zhōu gōng
述六经，以诏万世，亦圣人所能为，周公
hé bù xiān wéi zhī ér yǒu dài yú kǒng zǐ shì zhī shèng rén yù cǐ
何不先为之，而有待于孔子？是知圣人遇此
shí fāng yǒu cǐ shì zhǐ pà jìng bù míng bù pà wù lái bù néng
时，方有此事。只怕镜不明，不怕物来不能
zhào jiǎng qiú shì biàn yì shì zhào shí shì rán xué zhě què xū xiān
照。讲求事变，亦是照时事。然学者却须先
yǒu gè míng de gōng fū xué zhě wéi huàn cǐ xīn zhī wèi néng míng bù
有个明的功夫。学者惟患此心之未能明，不
huàn shì biàn zhī bù néng jìn
患事变之不能尽。”

曰："然则所谓冲漠无朕，而万象森然已具[4]者，其言如何？"

曰："是说本自好，只不善看，亦便有病痛。"

"义理无定在，无穷尽。吾与子言，不可以少有所得，而遂谓止此也，再言之十年，二十年，五十年，未有止也。"

他日又曰："圣如尧、舜，然尧、舜之上善无尽；恶如桀、纣，然桀、纣之下恶无尽。使桀、纣未死，恶宁止此乎？使善有尽时，文王何以望道而未之见[5]？"

问："静时亦觉意思好，才遇事，便不同，如何？"

先生曰："是徒知静养，而不用克己工

夫也，如此临事便要倾倒。人须在事上磨，方立得住，方能静亦定，动亦定[6]。”

问上达[7]工夫。

先生曰：“后儒教人，才涉精微，便谓上达，未当学，且说下学。是分下学、上达为二也。夫目可得见，耳可得闻，口可得言，心可得思者，皆下学也；目不可得见，耳不可得闻，口不可得言，心不可得思者，上达也。如木之栽培灌溉，是下学也；至于日夜之所息，条达畅茂，乃是上达。人安能预其力哉？故凡可用功、可告语者，皆下学，上达只在下学里。凡圣人所说，虽极精微，俱是下学。学者只从下学里用功，自然上达去。不必别寻个上达的工夫。持志如心痛。一心在痛上，岂有工夫说闲话、管闲事。”

问：“惟精惟一[8]，是如何用功？”

先生曰：“惟一是惟精主意，惟精是惟一功夫。非惟精之外复有惟一也。精字从米，姑以米譬之。要得此米纯然洁白，便是惟一意；然非加舂簸筛拣惟精之工，则不能纯然洁白也。舂簸筛拣，是惟精之功，然亦不过要此米到纯然洁白而已。博学、审问、慎思、明辨、笃行者，皆所以为惟精而求惟一也。他如博文者即约礼之功，格物致知者即诚意之功，道问学即尊德性之功，明善即诚身之功，无二说也。”

“知者行之始，行者知之成。圣学只一

个功夫，知行不可分作两事。”

“漆雕开[9]曰：‘吾斯之未能信’，夫子说之。[10]子路使子羔为费宰，子曰：‘贼夫人之子。’[11]曾点言志，夫子许之。[12]圣人之意可见矣。”

问：“宁静存心时，可为未发之中[13]否？”

先生曰：“今人存心，只定得气。当其宁静时亦只是气宁静。不可以为未发之中。”

曰：“未便是中。莫亦是求中功夫？”

曰：“只要去人欲、存天理，方是功夫。静时念念去人欲、存天理，动时念念去人欲、存天理，不管宁静不宁静。若靠那宁静，不惟渐有喜静厌动之弊，中间许多病痛，只是潜伏在，终不能绝去，遇事依旧滋长。以循理为主，何尝不宁静；以宁静为主，未必能循理。”

问：“孔门言志，由、求任政事，公西赤任礼乐，多少实用。及曾皙说来，却似耍的事，圣人却许他，是意何如？”

曰：“三子是有意必[14]，有意必便偏着一边，能此未必能彼。曾点这意思却无意必，便是‘素其位而行，不愿乎其外[15]。素夷狄行乎夷狄，素患难行乎患难。无入而不自得矣’。三子所谓‘汝器也’[16]，曾点便有不器[17]意。然三子之才各卓然成章，非若世之空言无实者，故夫子亦皆许之。”

问：“知识不长进，如何？”

xiān shēng yuē wéi xué xū yǒu běn yuán xū cóng běn yuán shàng
先生曰："为学须有本原，须从本原上

yòng lì jiàn jiàn yíng kē ér jìn xiān jiā shuō yīng ér yì shàn
用力，渐渐盈科而进[18]。仙家说婴儿[19]，亦善

pì yīng ér zài mǔ fù shí zhǐ shì chún qì yǒu hé zhī shí
譬。婴儿在母腹时，只是纯气，有何知识？

chū tāi hòu fāng shǐ néng tí jì ér hòu néng xiào yòu jì ér hòu
出胎后，方始能啼，既而后能笑，又既而后

néng rèn shí qí fù mǔ xiōng dì yòu jì ér hòu néng lì néng xíng
能认识其父母兄弟，又既而后能立、能行、

néng chí néng fù zú nǎi tiān xià zhī shì wú bù kě néng jiē shì
能持、能负，卒乃天下之事无不可能。皆是

jīng qì rì zú zé jīn lì rì qiáng cōng míng rì kāi bù shì
精气日足，则筋力日强，聪明日开。不是

chū tāi rì biàn jiǎng qiú tuī xún de lái gù xū yǒu gè běn yuán shèng
出胎日便讲求推寻得来，故须有个本原。圣

rén dào wèi tiān dì yù wàn wù yě zhǐ cóng xǐ nù āi lè wèi
人到位天地、育万物[20]，也只从喜怒哀乐未

fā zhī zhōng shàng yǎng lái hòu rú bù míng gé wù zhī shuō jiàn shèng
发之中上养来。后儒不明格物之说，见圣

rén wú bù zhī wú bù néng biàn yù yú chū xià shǒu shí jiǎng qiú de
人无不知、无不能，便欲于初下手时讲求得

jìn qǐ yǒu cǐ lǐ
尽，岂有此理。"

yòu yuē lì zhì yòng gōng rú zhòng shù rán fāng qí gēn
又曰："立志用功，如种树然。方其根

yá yóu wèi yǒu gàn jí qí yǒu gàn shàng wèi yǒu zhī zhī ér
芽，犹未有干；及其有干，尚未有枝；枝而

后叶，叶而后花、实。初种根时，只管栽培灌溉，勿作枝想，勿作叶想，勿作花想，勿作实想。悬想何益？但不忘栽培之功，怕没有枝叶花实？”

问：“看书不能明，如何？”

先生曰：“此只是在文义上穿求，故不明。如此，又不如为旧时学问。他到看得多，解得去。只是他为学虽极解得明晓，亦终身无得。须于心体上用功，凡明不得，行不去，须反在自心上体当，即可通。盖四书五经，不过说这心体，这心体即所谓道，心体明即是道明，更无二。此是为学头脑处。”

“虚灵不昧，众理具而万事出。[21]心外无理，心外无事。”

或问：“晦庵[22]先生曰：‘人之所以为学者，心与理而已。’此语如何？”

曰：“心即性，性即理，下一与字，恐未免为二。此在学者善观之。”

或曰：“人皆有是心，心即理。何以有为善有为不善？”

先生曰：“恶人之心，失其本体。”

问：“‘析之有以极其精而不乱，然后合之有以尽其大而无余’[23]，此言如何？”

先生曰：“恐亦未尽。此理岂容分析？又何须凑合得？圣人说精一，自是尽。”

“省察是有事时存养，存养是无事时省察。”

澄尝问象山[24]在人情事变上做工夫之说。

先生曰："除了人情事变则无事矣。喜怒哀乐，非人情乎？自视听言动以至富贵、贫贱、患难、死生，皆事变也。事变亦只在人情里，其要只在致中和，致中和只在谨独[25]。"

澄问："仁义礼智之名，因已发而有。"

曰："然。"

他日，澄曰："恻隐、羞恶、辞让、是非[26]，是性之表德[27]邪？"

曰："仁义礼智也是表德。性一而已，自其形体也谓之天，主宰也谓之帝，流行也谓之命，赋于人也谓之性，主于身也谓之

xīn xīn zhī fā yě yù fù biàn wèi zhī xiào yù jūn biàn wèi zhī
心。心之发也，遇父便谓之孝，遇君便谓之
zhōng zì cǐ yǐ wǎng míng zhì yú wú qióng zhǐ yī xìng ér yǐ
忠。自此以往，名至于无穷，只一性而已。
yóu rén yī ér yǐ duì fù wèi zhī zǐ duì zǐ wèi zhī fù zì
犹人一而已，对父谓之子，对子谓之父，自
cǐ yǐ wǎng zhì yú wú qióng zhǐ yī rén ér yǐ rén zhǐ yào
此以往，至于无穷，只一人而已。人只要
zài xìng shàng yòng gōng kàn de yī xìng zì fēn míng jí wàn lǐ càn
在性上用功，看得一性字分明，即万理灿
rán
然。”

yī rì lùn wéi xué gōng fū
一日，论为学工夫。

xiān shēng yuē jiāo rén wéi xué bù kě zhí yī piān chū
先生曰：“教人为学，不可执一偏。初
xué shí xīn yuán yì mǎ shuān fù bù dìng qí suǒ sī lǜ duō shì
学时心猿意马，拴缚不定，其所思虑，多是
rén yù yī biān gù qiě jiāo zhī jìng zuò xī sī lǜ jiǔ zhī
人欲一边，故且教之静坐，息思虑。久之，
sì qí xīn yì shāo dìng zhǐ xuán kōng jìng shǒu rú gǎo mù sǐ huī
俟其心意稍定，只悬空静守，如槁木死灰，
yì wú yòng xū jiāo tā xǐng chá kè zhì xǐng chá kè zhì zhī gōng zé
亦无用，须教他省察克治。省察克治之功则
wú shí ér kě jiàn rú qù dào zéi xū yǒu gè sǎo chú kuò qīng zhī
无时而可间，如去盗贼，须有个扫除廓清之
yì wú shì shí jiāng hào sè hào huò hào míng děng sī yù
意。无事时，将好色、好货、好名等私欲

逐一追究搜寻出来，定要拔去病根，永不复起，方始为快。常如猫之捕鼠，一眼看着，一耳听着，才有一念萌动，即与克去，斩钉截铁，不可姑容，与他方便，不可窝藏，不可放他出路，方是真实用功，方能扫除廓清。到得无私可克，自有端拱时在。虽曰何思何虑，非初学时事。初学必须思省察克治，即是思诚，只思一个天理，到得天理纯全，便是何思何虑[28]矣。”

澄问：“有人夜怕鬼者，奈何？”

先生曰：“只是平日不能集义[29]而心有所慊[30]，故怕。若素行合于神明，何怕之有？”

子莘[31]曰：“正直之鬼不须怕，恐邪鬼不

guǎn rén shàn è gù wèi miǎn pà
管人善恶，故未免怕。”

xiān shēng yuē qǐ yǒu xié guǐ néng mí zhèng rén hū zhǐ cǐ
先生曰：“岂有邪鬼能迷正人乎？只此
yī pà jí shì xīn xié gù yǒu mí zhī zhě fēi guǐ mí yě
一怕，即是心邪。故有迷之者，非鬼迷也，
xīn zì mí ěr rú rén hào sè jí shì sè guǐ mí hào huò
心自迷耳。如人好色，即是色鬼迷；好货，
jí shì huò guǐ mí nù suǒ bù dāng nù shì nù guǐ mí jù suǒ
即是货鬼迷；怒所不当怒，是怒鬼迷；惧所
bù dāng jù shì jù guǐ mí yě
不当惧，是惧鬼迷也。”

dìng zhě xīn zhī běn tǐ tiān lǐ yě dòng jìng suǒ
“定者，心之本体，天理也。动静，所
yù zhī shí yě
遇之时也。”

chéng wèn xué yōng tóng yì
澄问《学》《庸》同异。

xiān shēng yuē zǐ sī kuò dà xué yī shū zhī yì
先生曰：“子思括《大学》一书之义，
wéi zhōng yōng shǒu zhāng
为《中庸》首章。”

wèn kǒng zǐ zhèng míng xiān rú shuō shàng gào tiān zǐ
问：“孔子正名[32]，先儒说‘上告天子，
xià gào fāng bó fèi zhé lì yǐng cǐ yì rú hé
下告方伯，废辄[33]立郢’，此意如何？”

xiān shēng yuē kǒng nán rú cǐ qǐ yǒu yī rén zhì jìng jìn
先生曰：“恐难如此。岂有一人致敬尽

礼，待我而为政，我就先去废他，岂人情天理？孔子既肯与辄为政，必已是他能倾心委国而听。圣人盛德至诚，必已感化卫辄，使知无父之不可以为人，必将痛哭奔走，往迎其父。父子之爱，本于天性，辄能悔痛真切如此，蒯聩岂不感动底豫？蒯聩既还，辄乃致国请戮。聩已见化于子，又有夫子至诚调和其间，当亦决不肯受，仍以命辄。群臣百姓又必欲得辄为君。辄乃自暴其罪恶。请于天子，告于方伯诸侯[34]。而必欲致国于父。聩与群臣百姓，亦皆表辄悔悟仁孝之美，请于天子，告于方伯诸侯，必欲得辄而为之君。于是集命于辄，使之复君卫国。辄不得已，乃如后世上皇故事，率群臣百姓尊聩为太公，备物致养，而始退复其位焉。则君君、臣臣、父父、子子，名正言顺，一举而可为政于天下矣。孔子正名，或是如此。”

澄在鸿胪寺[35]仓居[36]，忽家信至，言儿病危，澄心甚忧闷，不能堪。

先生曰：“此时正宜用功，若此时放过，闲时讲学何用？人正要在此等时磨炼。父之爱子，自是至情，然天理亦自有个中和处，过即是私意。人于此处多认做天理当忧，则一向忧苦，不知已是有所忧患不得其正[37]。大抵七情所感，多只是过，少不及者。才过，便非心之本体，必须调停适中始得。就如父母之丧，人子岂不欲一哭便死，方快于心？然却曰毁不灭性[38]。非圣人强制之也，天理本体自有分限，不可过也。人但要识得心体，自然增减分毫不得。”

“不可谓未发之中常人俱有。盖体用一源[39]，有是体即有是用。有未发之中，即有发而皆中节之和。今人未能有发而皆中节之和，须知是他未发之中亦未能全得。”

“《易》之辞是‘初九，潜龙勿用’[40]六字，《易》之象是初画[41]，《易》之变是值其画，《易》之占是用其辞。”[42]

“‘夜气’[43]是就常人说。学者能用功，则日间有事无事，皆是此气翕[44]聚发生处。圣人则不消说‘夜气’。”

澄问“操存舍亡”[45]章。

曰：“出入无时，莫知其乡，此虽就常

人心说，学者亦须是知得心之本体，亦元是如此，则操存功夫始没病痛。不可便谓出为亡，入为存。若论本体，元是无出无入的。若论出入，则其思虑运用是出，然主宰常昭昭在此，何出之有？既无所出，何入之有？程子所谓腔子[46]，亦只是天理而已。虽终日应酬而不出天理，即是在腔子里。若出天理，斯谓之放，斯谓之亡。”

又曰：“出入亦只是动静，动静无端，岂有乡邪？”

王嘉秀[47]问：“佛以出离生死诱人入道，仙以长生久视诱人入道，其心亦不是要人做不好。究其极至，亦是见得圣人上一截，然非入道正路。如今仕者，有由科，有由贡，有由传奉，一般做到大官。毕竟非入仕正路，君子不由也。仙、佛到极处，与儒者略同。但有了上一截，遗了下一截[48]，终不似圣人之全。然其上一截同者，不可诬[49]也。后世儒者，又只得圣人下一截，分裂失真，流而为记诵、词章、功利、训诂，亦卒不免为异端。是四家者，终身劳苦，于身心无分毫益，视彼仙、佛之徒，清心寡欲，超然于世累之外者，反若有所不及矣。今学者不必先排仙、佛，且当笃志为圣人之学。圣人之学明，则仙、佛自泯。不然，则此之所学恐彼或有不屑，而反欲其俯就，不亦难乎！鄙见如此。先生以为何如？”

先生曰：“所论大略亦是。但谓上一

截、下一截，亦是人见偏了如此。若论圣人大中至正之道，彻上彻下，只是一贯[50]，更有甚上一截、下一截？一阴一阳之谓道[51]，但仁者见之便谓之仁，知者见之便谓之智，百姓又日用而不知，故君子之道鲜矣[52]。仁、智岂可不谓之道？但见得偏了，便有弊病。”

“蓍[53]固是《易》，龟[54]亦是《易》。”

问：“孔子谓武王未尽善[55]，恐亦有不满意？”

先生曰：“在武王自合如此。”

曰：“使文王未没，毕竟如何？”

曰：“文王在时，天下三分已有其二[56]。若到武王伐商之时，文王若在，或者不致兴兵，必然这一分亦来归了。文王只善处纣，使不得纵恶而已。”

惟乾问孟子言“执中无权犹执一”[57]。

先生曰：“中只有天理，只是易。随时变易，如何执得？须是因时制宜，难预先定一个规矩在。如后世儒者，要将道理一一说得无罅[58]漏，立定个格式，此正是执一。”

唐诩[59]问：“立志是常存个善念，要为善去恶否？”

曰：“善念存时，即是天理。此念即善，更思何善？此念非恶，更去何恶？此念如树之根芽。立志者长立此善念而已。从心所欲，不逾矩[60]，只是志到熟处。”

“精神、道德、言动，大率收敛为主，发散是不得已。天、地、人、物皆然。”

wèn wén zhōng zǐ shì rú hé rén
问："文中子是如何人？"

xiān shēng yuē wén zhōng zǐ shù jī jù tǐ ér wēi
先生曰："文中子庶几'具体而微'[61]，
xī qí zǎo sǐ
惜其蚤死。"

wèn rú hé què yǒu xù jīng zhī fēi
问："如何却有续经之非？"

yuē xù jīng yì wèi kě jìn fēi
曰："续经亦未可尽非。"

qǐng wèn
请问。

liáng jiǔ yuē gèng jué liáng gōng xīn dú kǔ
良久，曰："更觉'良工心独苦'[62]。"

xǔ lǔ zhāi wèi rú zhě yǐ zhì shēng wéi xiān zhī shuō yì wù
"许鲁斋[63]谓儒者以治生为先[64]之说亦误
rén
人。"

wèn xiān jiā yuán qì yuán shén yuán jīng
问仙家元气、元神、元精。

xiān shēng yuē zhǐ shì yī jiàn liú xíng wéi qì níng jù
先生曰："只是一件，流行为气，凝聚
wéi jīng miào yòng wéi shén
为精，妙用为神。"

xǐ nù āi lè běn tǐ zì shì zhōng hé de cái zì jiā
"喜怒哀乐，本体自是中和的，才自家
zhuó xiē yì si biàn guò bù jí biàn shì sī
着些意思，便过、不及，便是私。"

问："哭则不歌。"[65]

先生曰："圣人心体自然如此。"

"克己须要扫除廓清，一毫不存方是；有一毫在，则众恶相引而来。"

问《律吕新书》[66]。

先生曰："学者当务为急，算得此数熟，亦恐未有用。必须心中先具礼乐之本方可。且如其书说，多用管以候气[67]。然至冬至那一刻时，管灰之飞或有先后，须臾之间，焉知那管正值冬至之刻？须自心中先晓得冬至之刻始得。此便有不通处。学者须先从礼乐本原上用功。"

曰仁云："心犹镜也。圣人心如明镜，常人心如昏镜。近世格物之说，如以镜照物，照上用功，不知镜尚昏在，何能照？先生之格物，如磨镜而使之明，磨上用功，明了后亦未尝废照。”

问道之精粗。

先生曰：“道无精粗，人之所见有精粗。如这一间房，人初进来，只见一个大规模如此；处久，便柱壁之类，一一看得明白；再久，如柱上有些文藻，细细都看得出来。然只是一间房。”

先生曰：“诸公近见时少疑问，何也？人不用功，莫不自以为已知为学，只循而行之是矣。殊不知私欲日生，如地上尘，一日不扫便又有一层。着实用功，便见道无终穷，愈探愈深，必使精白无一毫不彻方可。”

问："知至然后可以言诚意[68]。今天理人欲知之未尽，如何用得克己工夫？"

先生曰："人若真实切己用功不已，则于此心天理之精微日见一日，私欲之细微亦日见一日。若不用克己功夫，终日只是说话而已，天理终不自见，私欲亦终不自见。如人走路一般，走得一段方认得一段，走到歧路处，有疑便问，问了又走，方渐能到得欲到之处。今人于已知之天理不肯存，已知之人欲不肯去，且只管愁不能尽知，只管闲讲，何益之有？且待克得自己无私可克，方愁不能尽知，亦未迟在。"

问："道一而已，古人论道往往不同，求之亦有要乎？"

先生曰："道无方体[69]，不可执着。却拘滞于文义上求道，远矣。如今人只说天，其实何尝见天？谓日、月、风、雷即天，不可；谓人、物、草、木不是天，亦不可。道即是天。若识得时，何莫而非道？人但各以其一隅之见认定，以为道止如此，所以不同。若解向里寻求，见得自己心体，即无时无处不是此道。亘古亘今，无终无始，更有甚同异？心即道，道即天。知心则知道、知天。"

又曰："诸君要实见此道，须从自己心上体认，不假外求，始得。"

问："名物度数，亦须先讲求否？"

先生曰："人只要成就自家心体，则用

在其中。如养得心体果有未发之中，自然有发而中节之和，自然无施不可。苟无是心，虽预先讲得世上许多名物度数，与己原不相干，只是装缀临时，自行不去。亦不是将名物度数全然不理，只要知所先后，则近道[70]。”

又曰：“人要随才成就，才是其所能为。如夔[71]之乐，稷[72]之种，是他资性合下便如此。成就之者，亦只是要他心体纯乎天理。其运用处皆从天理上发来，然后谓之才。到得纯乎天理处，亦能不器。使夔、稷易艺而为，当亦能之。”

又曰：“如素富贵，行乎富贵。素患难，行乎患难，皆是不器。此惟养得心体正者能之。"

"与其为数顷无源之塘水，不若为数尺有源之井水，生意不穷。"

时先生在塘边坐，傍有井，故以之喻学云。

问："世道日降，太古时气象如何复见得？"

先生曰："一日便是一元[73]。人平旦时起坐，未与物接，此心清明景象，便如在伏羲时游一般。"

问："心要逐物，如何则可？"

先生曰："人君端拱清穆，六卿[74]分职，天下乃治。心统五官，亦要如此。今眼要视时，心便逐在色上；耳要听时，心便逐在声上。如人君要选官时，便自去坐在吏部；要调军时，便自去坐在兵部。如此，岂惟失却君体？六卿亦皆不得其职。”

“善念发而知之，而充之；恶念发而知之，而遏之。知与充与遏者，志也，天聪明也。圣人只有此，学者当存此。”

澄曰：“好色、好利、好名等心，固是私欲，如闲思杂虑，如何亦谓之私欲？”

先生曰：“毕竟从好色、好利、好名等根上起，自寻其根便见。如汝心中决知是无有做劫盗的思虑，何也？以汝元无是心也。汝若于货、色、名、利等心，一切皆如不做劫盗之心一般，都消灭了，光光只是心之本体，看有甚闲思虑？此便是寂然不动，

biàn shì wèi fā zhī zhòng biàn shì kuò rán dà gōng zì rán gǎn ér suì
便是未发之中，便是廓然大公。自然感而遂
tōng zì rán fā ér zhòng jié zì rán wù lái shùn yìng
通[75]，自然发而中节，自然物来顺应[76]。”

wèn zhì zhì qì cì
问志至气次[77]。

xiān shēng yuē zhì zhī suǒ zhì qì yì zhì yān zhī wèi
先生曰：“志之所至，气亦至焉之谓，
fēi jí zhì cì èr zhī wèi chí qí zhì zé yǎng qì zài qí
非极至、次贰之谓。持其志，则养气在其
zhōng wú bào qí qì zé yì chí qí zhì yǐ mèng zǐ jiù gào zǐ
中。无暴其气，则亦持其志矣。孟子救告子
zhī piān gù rú cǐ jiá chí shuō
[78]之偏，故如此夹持说。”

wèn xiān rú yuē shèng rén zhī dào bì jiàng ér zì bēi
问：“先儒曰：‘圣人之道必降而自卑，
xián rén zhī yán zé yǐn ér zì gāo rú hé
贤人之言则引而自高。’[79]如何？”

xiān shēng yuē bù rán rú cǐ què nǎi wěi yě shèng rén
先生曰：“不然。如此却乃伪也。圣人
rú tiān wú wǎng ér fēi tiān sān guāng zhī shàng tiān yě jiǔ dì
如天，无往而非天，三光之上天也，九地
zhī xià yì tiān yě tiān hé cháng yǒu jiàng ér zì bēi cǐ suǒ wèi dà
之下亦天也。天何尝有降而自卑？此所谓大
ér huà zhī yě xián rén rú shān yuè shǒu qí gāo ér yǐ rán bǎi
而化之也。贤人如山岳，守其高而已。然百
rèn zhě bù néng yǐn ér wéi qiān rèn qiān rèn zhě bù néng yǐn ér wéi wàn
仞者不能引而为千仞，千仞者不能引而为万

rèn shì xián rén wèi cháng yǐn ér zì gāo yě yǐn ér zì gāo zé wěi
仞。是贤人未尝引而自高也，引而自高则伪
yǐ
矣。”

wèn yī chuān wèi bù dāng yú xǐ nù āi lè wèi fā zhī qián
问：“伊川谓不当于喜怒哀乐未发之前
qiú zhōng yán píng què jiāo xué zhě kàn wèi fā zhī qián qì xiàng hé
求中[80]，延平[81]却教学者看未发之前气象，何
rú
如？”

xiān shēng yuē jiē shì yě yī chuān kǒng rén yú wèi fā qián
先生曰：“皆是也。伊川恐人于未发前
tǎo gè zhōng bǎ zhōng zuò yī wù kàn rú wú xiàng suǒ wèi rèn qì dìng
讨个中，把中做一物看，如吾向所谓认气定
shí zuò zhōng gù lìng zhǐ yú hán yǎng xǐng chá shàng yòng gōng yán píng kǒng
时做中，故令只于涵养省察上用功。延平恐
rén wèi biàn yǒu xià shǒu chù gù lìng rén shí shí kè kè qiú wèi fā qián
人未便有下手处，故令人时时刻刻求未发前
qì xiàng shǐ rén zhèng mù ér shì wéi cǐ qīng ěr ér tīng wéi cǐ
气象，使人正目而视惟此，倾耳而听惟此，
jí shì jiè shèn bù dǔ kǒng jù bù wén de gōng fū jiē gǔ rén bù
即是戒慎不睹，恐惧不闻的工夫。皆古人不
dé yǐ yòu rén zhī yán yě
得已诱人之言也。”

chéng wèn xǐ nù āi lè zhī zhōng hé qí quán tǐ cháng
澄问：“喜怒哀乐之中和，其全体常
rén gù bù néng yǒu rú yī jiàn xiǎo shì dāng xǐ nù zhě píng shí wú
人固不能有。如一件小事当喜怒者，平时无

xǐ nù zhī xīn zhì qí lín shí yì néng zhòng jié yì kě wèi zhī
喜怒之心，至其临时，亦能中节，亦可谓之

zhōng hé hū
中和乎？”

xiān shēng yuē zài yī shí yī shì gù yì kě wèi zhī zhōng
先生曰：“在一时一事，固亦可谓之中

hé rán wèi kě wèi zhī dà běn dá dào rén xìng jiē shàn
和，然未可谓之大本、达道[82]。人性皆善，

zhōng hé shì rén rén yuán yǒu de qǐ kě wèi wú dàn cháng rén zhī
中和是人人原有的，岂可谓无？但常人之

xīn jì yǒu suǒ hūn bì zé qí běn tǐ suī yì shí shí fā jiàn zhōng
心既有所昏蔽，则其本体虽亦时时发见，终

shì zàn míng zàn miè fēi qí quán tǐ dà yòng yǐ wú suǒ bù zhōng
是暂明暂灭，非其全体大用矣。无所不中，

rán hòu wèi zhī dà běn wú suǒ bù hé rán hòu wèi zhī dá dào
然后谓之大本；无所不和，然后谓之达道。

wéi tiān xià zhī zhì chéng rán hòu néng lì tiān xià zhī dà běn
惟天下之至诚，然后能立天下之大本。”

yuē chéng yú zhōng zì zhī yì shàng wèi míng
曰：“澄于中字之义尚未明。”

yuē cǐ xū zì xīn tǐ rèn chū lái fēi yán yǔ suǒ néng
曰：“此须自心体认出来，非言语所能

yù zhōng zhǐ shì tiān lǐ
喻。中只是天理。”

yuē hé zhě wéi tiān lǐ
曰：“何者为天理？”

yuē qù de rén yù biàn shí tiān lǐ
曰：“去得人欲，便识天理。”

yuē tiān lǐ hé yǐ wèi zhī zhōng
曰：“天理何以谓之中？”

yuē wú suǒ piān yǐ
曰：“无所偏倚。”

yuē wú suǒ piān yǐ shì hé děng qì xiàng
曰：“无所偏倚，是何等气象？”

yuē rú míng jìng rán quán tǐ yíng chè lüè wú xiān chén
曰：“如明镜然，全体莹彻，略无纤尘
rǎn zhuó
染着。”

yuē piān yǐ shì yǒu suǒ rǎn zhuó rú zhuó zài hào sè
曰：“偏倚是有所染着，如着在好色、
hào lì hào míng děng xiàng shàng fāng jiàn de piān yǐ ruò wèi fā
好利、好名等项上，方见得偏倚。若未发
shí měi sè míng lì jiē wèi xiàng zhuó hé yǐ biàn zhī qí yǒu
时，美色、名、利皆未相着，何以便知其有
suǒ piān yǐ
所偏倚？”

yuē suī wèi xiàng zhuó rán píng rì hào sè hào lì
曰：“虽未相着，然平日好色、好利、
hào míng zhī xīn yuán wèi cháng wú jì wèi cháng wú jí wèi zhī yǒu
好名之心原未尝无。既未尝无，即谓之有；
jì wèi zhī yǒu zé yì bù kě wèi wú piān yǐ pì zhī bìng nüè zhī
既谓之有，则亦不可谓无偏倚。譬之病疟之
rén suī yǒu shí bù fā ér bìng gēn yuán bù céng chú zé yì bù
人，虽有时不发，而病根原不曾除，则亦不
dé wèi zhī wú bìng zhī rén yǐ xū shì píng rì hào sè hào lì
得谓之无病之人矣。须是平日好色、好利、

好名等项一应私心扫除荡涤，无复纤毫留滞，而此心全然廓然，纯是天理，方可谓之喜怒哀乐未发之中，方是天下之大本。”

问：“颜子没而圣学亡[83]，此语不能无疑。”

先生曰：“见圣道之全者惟颜子，观喟然一叹[84]可见。其谓夫子循循然善诱人，博我以文，约我以礼[85]，是见破后如此说。博文、约礼如何是善诱人？学者须思之。道之全体，圣人亦难以语人，须是学者自修自悟。颜子虽欲从之，末由也已，即文王望道未见意。望道未见乃是真见。颜子没而圣学之正派遂不尽传矣”。

问：“身之主为心，心之灵明是知，知

zhī fā dòng shì yì yì zhī suǒ zhù wéi wù shì rú cǐ fǒu
之发动是意，意之所著为物，是如此否？”

xiān shēng yuē yì shì
先生曰：“亦是。”

zhǐ cún de cǐ xīn cháng jiàn zài biàn shì xué guò qù wèi
“只存得此心常见在，便是学。过去未
lái shì sī zhī hé yì tú fàng xīn ěr
来事，思之何益？徒放心[86]耳。”

yán yǔ wú xù yì zú yǐ jiàn xīn zhī bù cún
“言语无序，亦足以见心之不存。”

shàng qiān wèn mèng zǐ zhī bù dòng xīn yǔ gào zǐ yì
尚谦[87]问孟子之“不动心”与告子异。

xiān shēng yuē gào zǐ shì yìng bǎ zhuō zhe cǐ xīn yào tā
先生曰：“告子是硬把捉着此心，要他
bù dòng mèng zǐ què shì jí yì dào zì rán bù dòng
不动；孟子却是集义到自然不动。”

yòu yuē xīn zhī běn tǐ yuán zì bù dòng xīn zhī běn
又曰：“心之本体，原自不动。心之本
tǐ jí shì xìng xìng jí shì lǐ xìng yuán bù dòng lǐ yuán bù
体即是性，性即是理。性元不动，理元不
dòng jí yì shì fù qí xīn zhī běn tǐ
动。集义是复其心之本体。”

wàn xiàng sēn rán shí yì chōng mò wú zhèn chōng mò wú
“万象森然[88]时，亦冲漠无朕；冲漠无
zhèn jí wàn xiàng sēn rán chōng mò wú zhèn zhě yī zhī fù
朕，即万象森然。冲漠无朕者，一之父；
wàn xiàng sēn rán zhě jīng zhī mǔ yī zhōng yǒu jīng jīng zhōng yǒu
万象森然者，精之母。一中有精，精中有

一。”

“心外无物。如吾心发一念孝亲，即孝亲便是物。”

先生曰：“今为吾所谓格物之学者，尚多流于口耳。况为口耳之学者，能反于此乎？天理人欲，其精微必时时用力省察克治，方日渐有见。如今一说话之间，虽口讲天理，不知心中倏忽之间，已有多少私欲！盖有窃发而不知者，虽用力察之尚不易见，况徒口讲而可得尽知乎？今只管讲天理来顿放着不循，讲人欲来顿放着不去，岂格物致知之学？后世之学，其极至只做得个义袭而取[89]的工夫。”

问格物。

先生曰：“格者，正也，正其不正以归于正也。”

问：“知止[90]者，知至善只在吾心，元不在外也，而后志定。”

曰：“然。”

问：“格物于动处用功否？”

先生曰：“格物无间[91]动静，静亦物也。孟子谓必有事焉[92]，是动静皆有事。”

“工夫难处，全在格物致知上。此即诚意之事。意既诚，大段心亦自正，身亦自修。但正心、修身工夫亦各有用力处。修身是已发边，正心是未发边。心正则中，身修则和。”

“自格物、致知至平天下，只是一个明

míng dé suī qīn mín yì míng dé shì yě míng dé shì cǐ xīn zhī
明德，虽亲民亦明德事也。明德是此心之
dé jí shì rén rén zhě yǐ tiān dì wàn wù wéi yī tǐ shǐ
德，即是仁。仁者以天地万物为一体[93]，使
yǒu yī wù shī suǒ biàn shì wú rén yǒu wèi jìn chù
有一物失所，便是吾仁有未尽处。”

zhǐ shuō míng míng dé ér bù shuō qīn mín biàn sì lǎo
“只说明明德而不说亲民，便似老、
fó
佛。”

zhì shàn zhě xìng yě xìng yuán wú yī háo zhī è gù
“至善者，性也，性元无一毫之恶，故
yuē zhì shàn zhǐ zhī shì fù qí běn rán ér yǐ
曰至善。止之，是复其本然而已。”

wèn zhī zhì shàn jí wú xìng wú xìng jù wú xīn wú
问：“知至善即吾性，吾性具吾心，吾
xīn nǎi zhì shàn suǒ zhǐ zhī dì zé bù wéi xiàng shí zhī fēn rán wài qiú
心乃至善所止之地，则不为向时之纷然外求
ér zhì dìng yǐ dìng zé bù rǎo rǎo ér jìng jìng ér bù wàng dòng
而志定矣。定则不扰扰而静，静而不妄动
zé ān ān zé yī xīn yī yì zhǐ zài cǐ chù qiān sī wàn xiǎng
则安，安则一心一意只在此处，千思万想
wù qiú bì dé cǐ zhì shàn shì néng lǜ ér dé yǐ rú cǐ shuō shì
务求必得此至善，是能虑而得矣。如此说是
fǒu
否？”

xiān shēng yuē dà lüè yì shì
先生曰：“大略亦是。”

问："程子云：'仁者以天地万物为一体。'何墨氏[94]兼爱[95]，反不得谓之仁？"

先生曰："此亦甚难言，须是诸君自体认出来始得。仁是造化生生不息之理，虽弥漫周遍，无处不是，然其流行发生亦只有个渐，所以生生不息。如冬至一阳生，必自一阳生，而后渐渐至于六阳。[96]若无一阳之生，岂有六阳？阴亦然。惟其渐，所以便有个发端处；惟其有个发端处，所以生；惟其生，所以不息。譬之木，其始抽芽，便是木之生意发端处，抽芽然后发干，发干然后生枝生叶，然后是生生不息。若无芽，何以有干有枝叶？能抽芽，必是下面有个根在，有根方生，无根便死。无根何从抽芽？

父子兄弟之爱便是人心生意发端处，如木之抽芽。自此而仁民，而爱物，便是发干生枝生叶。墨氏兼爱无差等，将自家父子兄弟与途人一般看，便自没了发端处。不抽芽，便知得他无根，便不是生生不息，安得谓之仁？孝弟为仁之本，却是仁理从里面发生出来。”

问：“延平云：‘当理而无私心[97]。’当理与无私心，如何分别？”

先生曰：“心即理也。无私心即是当理，未当理便是私心。若析心与理言之，恐亦未善。”

又问：“释氏于世间一切情欲之私都不染着，似无私心。但外弃人伦，却似未当理。”

曰：“亦只是一统事，都只是成就他一个私己的心。”

【注释】

1. 结圣胎：为道教术语。结，凝结。圣胎，是道教金丹、内丹的别名。结圣胎是道士修炼的内功之一。

2. 美大圣神：意为个体通过自觉努力，把本身固有的仁义等善性扩展贯注于全部人格之中，并表现于外，即成为美的人。

3. 孟源：字伯生，安徽滁州人，王阳明的学生。

4. 冲漠无朕，而万象森然已具：意为在天地浑然一体未分之时，万事万物之理便已然存在其中。

5. 文王何以望道而未之见：意为文王看待百姓，如同他们受了伤一样，总是同情抚慰；看见道，却如同没看见一样，总是不断追求。

6. 静亦定，动亦定：出自程颢《明道先生文集·答横渠先生定性书》：“所谓定者，动亦定，静亦定，无将迎，无内外。苟以外物为外，牵己而从之，是以己性为有内外也。”

7. 上达：意为通达天理，掌握认识事物的一般规律。

8. 惟精惟一：出自《尚书·大禹谟》：“人心惟危，道心惟微，惟精惟一，允执厥中。”

9. 漆雕开：字子开，又作子若，春秋时期鲁国人，孔子的弟子之一，以德行著称，著有《漆雕子》。

10. 吾斯之未能信，夫子说之：说通“悦”，即高兴。孔子让漆雕开做官，漆雕开则以学道为重，不急于入仕途，孔子对此十分高兴。

11. 贼夫人之子：子路，名仲由，鲁国卞人，孔子弟子之一，以政事见长。子羔，名高柴，孔子弟子之一，性格忠厚纯正，与子路为好友。子路劝说子羔出任费地的长官，孔子则认为这样会毁掉别人的孩子。

12. 曾点言志，夫子许之：曾点，即曾皙，孔子弟子之一，曾参之父。孔子对曾点的志向很认可。

13. 未发之中：意为心中的喜怒哀乐等情感未表露于外，称之为中道。

14. 意必：意，凭空猜测。必，绝对的肯定或否定。

15. 素其位而行，不愿乎其外。素夷狄行乎夷狄，素患难行乎患难。无入而不自得矣：出自《礼记·中庸》：“君子素其位而行，不愿乎其外。素富贵，行乎富贵；素贫贱，行乎贫贱；素夷狄，行乎夷狄；素患难，行乎患难。君子无入而不自得焉。”素，安于所处。

16. 汝器也：女通“汝”，意为你。“汝器也”，意为你如同一种器皿。

17. 不器：意为君子不能像器皿一样仅有特定的才能，而是要能够融会贯通。

18. 盈科而进：盈，满。科，坎。意为循序渐进。

19. 婴儿：道教术语。出自《老子》：“专气致柔，能如婴儿乎？”

20. 位天地、育万物：出自《礼记·中庸》：“致中和，天地位焉，万物育焉。”

21. 虚灵不昧，众理具而万事出：出自朱熹《大学章句》：“明德者，人之所得乎天；而虚灵不昧，以具众理而应万事者也。”

22. 晦庵：朱熹的号。

23. 析之有以极其精而不乱，然后合之有以尽其大而无余：出自朱熹

《大学或问》:“析之极精不乱，说条目功夫，然后合之尽大无余，说明明德于天下。”

24. 象山：陆九渊（1139—1193），字子静，世称存斋先生，又因曾于象山书院讲学，而被称为象山先生，南宋哲学家、思想家，著有《象山先生全集》。

25. 谨独：意为君子独处时也要严格要求自己。

26. 恻隐、羞恶、辞让、是非：出自《孟子·公孙丑上》:“恻隐之心，仁之端也；羞恶之心，义之端也；辞让之心，礼之端也；是非之心，智之端也。人之有是四端也，犹其有四体也。”端，萌芽，开端。

27. 表德：意为人的表字或别号。《颜氏家训·风操》:“古者，名以正体，字以表德。”

28. 何思何虑：出自《周易·系辞》:“天下何思何虑？天下同归而殊途，一致而百虑。天下何思何虑？”

29. 集义：出自《孟子·公孙丑上》:“敢问何谓浩然之气？曰：难言也。其为气也，至大至刚，以直养而无害，则塞于天地之间。去为气也，配义与道；于是，馁也。是集义所生者，非义袭而取也。”

30. 慊：意为遗憾，愧疚。

31. 子莘：马明衡，字子莘，福建莆田人，明正德九年（1514年）登进士，王阳明的弟子之一。

32. 正名：正名，即名与实相符。

33. 辄：即卫出公，名辄，卫后庄公蒯聩之子。

34. 方伯诸侯：方伯，古汉语名词，出自《礼记·王制》，意为一方诸侯之长，后泛指地方长官。诸侯，西周及春秋时期中央政权所分封的各国国君的统称。

35. 鸿胪寺：官署名，明代掌管朝会礼仪的部门。明正德九年（1514年），王阳明升任南京鸿胪寺卿。

36. 仓居：居住于衙舍。

37. 有所忧患不得其正：出自《大学》："所谓修身在正其心者，身有所忿懥，则不得其正；有所恐惧，则不得其正；有所好乐，则不得其正，有所忧患，则不得其正。"

38. 毁不灭性：出自《孝经》："孝子之丧亲也，哭不哀，礼无容，言不文，服美不安，闻乐不乐，食旨不甘，此哀戚之情也。三日而食，教民无以死伤生。毁不灭性，此圣人之政也。"

39. 体用一源：出自《伊川易传·序》："至微者理也，至著者象也，体用一源，显微无间，观会通以行其典礼，则辞无所不备。"

40. 初九，潜龙勿用：出自《易经》乾卦。"初九"为爻题，"潜龙勿用"为爻辞。《易经》中以"九"表示阳爻，以"六"表示阴爻。最下一爻称为"初爻"，乾卦初爻为阳，因此最下一爻称"初九"。该爻意为君子应当潜藏于社会下层，韬光养晦，积聚实力，待时而出。

41. 初画：乾卦由下向上数的第一爻，即初九。

42. 辞、象、变、占：出自《易经·系辞上》："《易》有圣人之道四焉：以言者尚其辞，以动者尚其变，以制器者尚其象，以卜筮者尚其占。"王阳明认为，乾卦的"辞、象、变、占"均可谓《易经》的代表。

43. 夜气：意为人在晚间通过静思所获得的良善平和之气。

44. 翕：本义为闭合、收拢，引申为聚合、和顺。

45. 操存舍亡：操，操持。舍，放弃。

46. 腔子：意为胸腔。

47. 王嘉秀：字实夫，王阳明弟子之一，喜好佛道。

48. 上一截、下一截：出自《论语・宪问》中的“下学而上达”，“上一截”指“上达”，“下一截”指“下学”。

49. 诬：抹杀。

50. 一贯：出自《论语・里仁》：“子曰：参乎！吾道一以贯之！曾子曰：唯。子出，门人问曰：何谓也？曾子曰：夫子之道，忠恕而已矣。”《论语・卫灵公》：“子曰：赐也！女以予为多学而识之者与？对曰：然，非与？曰：非也。予一以贯之。”

51. 一阴一阳之谓道：出自《易・系辞上》。

52. 仁者见之便谓之仁，知者见之便谓之智，百姓又日用而不知，故君子之道鲜矣：出自《易・系辞上》。

53. 蓍：蓍草，古人占卜用的工具，用以演算。

54. 龟：龟甲，古人占卜用的工具，通过烧龟壳观察其裂纹进行推算。

55. 孔子谓武王未尽善：出自《论语・八佾》：“子谓《韶》：尽美矣，又尽善也。谓《武》：尽美矣，未尽善也。”《韶》与《武》均为古代乐舞，前者歌颂虞舜，后者歌颂周武王。孔子因舜的天下得自禅让，周武王的天下得自征讨，而对《韶》与《武》有不同的评价。

56. 天下三分已有其二：出自《论语・泰伯》：“三分天下有其二，以服事殷，周之德，其可谓至德也已矣。”

57. 执中无权犹执一：执中，恪守中道。无权，不通权变。执一，固守不变。

58. 罅：缝隙、裂缝，用以比喻事情的漏洞。

59. 唐诩：江西人，王阳明的弟子之一。

60. 从心所欲，不逾矩：出自《论语・为政》：“子曰：吾十有五而志于学，三十而立，四十而不惑，五十而知天命，六十而耳顺，七十而从心所欲，不逾矩。”

61. 具体而微：意为已具备圣人之体，但略有逊色。

62. 良工心独苦：出自杜甫《题李尊师松树障子歌》：“已知仙客意相亲，更觉良工心独苦。”

63. 许鲁斋：许衡，字仲平，号鲁斋，怀州河内（今河南沁阳）人，金末元初著名理学家、教育家，著有《读易私言》《鲁斋遗书》等。

64. 治生为先：出自许衡《鲁斋遗书·卷十三》，原句为“为学者，治生最为先务。”

65. 哭则不歌：出自《论语·述而》：“子食于有丧者侧，未尝饱也。子于是日哭，则不歌。”

66.《律吕新书》：南宋蔡元定撰，关于音律之学的著作。

67. 候气：古代用十二支律管测定二十四节气之中十二气的发生时刻，也称为“候气法”。

68. 知至然后可以言诚：出自《大学》：“物格而后知至，知至而后意诚。”

69. 道无方体：出自《易·系辞上》：“故神无方而易无体。”意为易的运动变幻莫测，难以真切掌握。

70. 知所先后，则近道：出自《大学》：“物有本末，事有终始。知所先后，则近道矣。”

71. 夔：尧舜时期的乐官。

72. 稷：尧舜时期的农官。

73. 一元：古代计时单位。北宋理学家邵雍以“元、会、运、世”计算历史周期，一元有十二会，一会有三十运，一运有十二世，一世有三十年，故一元共有 1296000 年。详见邵雍著《皇极经世·观物篇一》。

74. 六卿：《周礼》将执政大官分为六官，亦称“六卿”。后世常将吏、户、礼、兵、刑、工六部尚书称为六卿。

75. 感而遂通：出自《易·系辞上》：“寂然不动，感而遂通天下之故也。”

76. 物来顺应：出自程颢《明道先生文集·答横渠先生定性书》：“夫天地之常，以其心普万物而无心，圣人之常，以其情顺万物而无情。故君子之学，莫若廓然而大公，物来而顺应。”

77. 志至气次：出自《孟子·公孙丑上》：“夫志，气之帅也；气，体之充也。夫志至焉，气次焉。故曰：持其志，无暴其气。”

78. 告子：名不害，一说名不详，战国时期思想家，善辩论，讲仁义，提出了“生之谓性”“食色，性也”等观点，曾与孟子就人性问题进行过多次辩论。

79. 圣人之道必降而自卑，贤人之言则引而自高：出自朱熹《论语集注》中引用的程颐之言：“圣人之道，必降而自卑，不如此则人不亲，贤人之言，则引而自高，不如此则道不尊。观于孔子、孟子，则可见矣。”

80. 不当于喜怒哀乐未发之前求中：出自《二程遗书》：“若言存养于喜怒哀乐未发之时，则可；若言求中于喜怒哀乐未发之前，则不可。”

81. 延平：李侗（1093—1163），字愿中，世称延平先生，南宋学者，为程颐的三传弟子。朱熹曾从游延平先生门下，并将其语录编为《延平答问》。

82. 大本、达道：出自《中庸》：“中也者，天下之大本也；和也者，天下之达道也。”

83. 颜子没而圣学亡：颜子，即颜回，字子渊，孔子最得意的弟子，以德行著称。

84. 喟然一叹：出自《论语·子罕》："颜渊喟然叹曰：仰之弥高，钻之弥坚，瞻之在前，忽焉在后。夫子循循然善诱人，博我以文，约我以礼。欲罢不能，既竭吾才，如有所立卓尔。遂欲从之，末由也已。"

85. 夫子循循然善诱人，博我以文，约我以礼：出自《论语·子罕》。

86. 放心：心绪安定，无忧无虑。《孟子·告子上》："学问之道无他，求其放心而已矣。"

87. 尚谦：薛侃，字尚谦，号中离，广东揭阳人，王阳明的弟子之一。

88. 万象森然：出自《二程遗书·卷十五》："冲漠无朕，万象森然已具，未应不是先，已应不是后，如百尺之木，自根本至枝叶，皆是一贯。"

89. 义袭而取：意为浩然之气需要通过经常性的符合义的日常行为来培养积累，偶尔做些符合义的事是无法养成的。

90. 知止：出自《大学》："知止而后有定，定而后能静，静而后能安，安而后能虑，虑而后能得。"

91. 无间：无关。

92. 必有事焉：出自《孟子·公孙丑上》："必有事焉而勿正，心勿忘，勿助长也。"

93. 仁者以天地万物为一体：出自《二程遗书》："学者须先识仁。仁者，浑然与物同体，义、礼、智、信皆仁也。"

94. 墨氏：墨子，春秋战国时期思想家，名翟，墨家创始人。

95. 兼爱：墨子针对儒家"爱有等差"的观点而倡导的一种伦理学说，主张爱无差别等级，不分厚薄亲疏。《墨子》中有《兼爱》三篇。

96. 如冬至一阳生，必自一阳生，而后渐渐至于六阳：意为四季交替变化。

97. 当理而无私心：出自朱熹编《延平答问》："愚闻之师曰：当理无私心，则仁矣。"

xuē kǎn lù

十九、薛侃录

【背景】薛侃（1486—1546），字尚谦，世称中离先生，明潮州府揭阳（今潮州市潮安县）人。明正德十二年（1517 年），薛侃登进士。嘉靖七年（1528 年），为行人司司正。嘉靖十年（1531 年），被削职为民。薛侃作为王阳明的弟子，将阳明心学传入岭南并发扬光大，《明史》称“自是王氏学盛行于岭南”。薛侃著有《中离集》等作品。《薛侃录》以语录体的形式记载了王阳明与薛侃及其他学生之间问答的内容，详尽阐释了王阳明提出的“吾辈用功只求日减，不求日增”“无善无恶理之静，有善有恶气之动”“一者天理，主一是一心在天理上”“《大学》功夫即是明明德”等观点。

kǎn wèn chí zhì rú xīn tòng yī xīn zài tòng shàng ān
侃问：“持志如心痛，一心在痛上，安
yǒu gōng fū shuō xián yǔ guǎn xián shì
有工夫说闲语、管闲事？”

xiān shēng yuē chū xué gōng fū rú cǐ yòng yì hǎo dàn yào
先生曰：“初学工夫如此用亦好，但要
shǐ zhī chū rù wú shí mò zhī qí xiāng xīn zhī shén míng yuán shì
使知出入无时，莫知其乡[1]。心之神明原是
rú cǐ gōng fū fāng yǒu zhuó luò ruò zhǐ sǐ sǐ shǒu zhe kǒng yú
如此，工夫方有着落。若只死死守着，恐于

gōng fū shàng yòu fā bìng
工夫上又发病。”

kǎn wèn zhuān hán yǎng ér bù wù jiǎng qiú jiāng rèn yù zuò lǐ zé rú zhī hé
侃问：“专涵养而不务讲求，将认欲作理，则如之何？”

xiān shēng yuē rén xū shì zhī xué jiǎng qiú yì zhǐ shì hán yǎng bù jiǎng qiú zhǐ shì hán yǎng zhī zhì bù qiè
先生曰：“人须是知学。讲求亦只是涵养，不讲求只是涵养之志不切”。

yuē hé wèi zhī xué
曰：“何谓知学？”

yuē qiě dào wèi hé ér xué xué gè shèn
曰：“且道为何而学？学个甚？”

yuē cháng wén xiān shēng jiào xué shì xué cún tiān lǐ xīn zhī běn tǐ jí shì tiān lǐ tǐ rèn tiān lǐ zhǐ yào zì xīn dì wú sī yì
曰：“尝闻先生教，学是学存天理。心之本体即是天理，体认天理，只要自心地无私意。”

yuē rú cǐ zé zhǐ xū kè qù sī yì biàn shì yòu chóu shèn lǐ yù bù míng
曰：“如此则只须克去私意便是，又愁甚理欲不明？”

yuē zhèng kǒng zhè xiē sī yì rèn bù zhēn
曰：“正恐这些私意认不真？”

yuē zǒng shì zhì wèi qiè zhì qiè mù shì ěr tīng jiē
曰：“总是志未切。志切，目视耳听皆

在此，安有认不真的道理？是非之心，人皆有之[2]，不假外求。讲求亦只是体当自心所见，不成去心外别有个见。”

先生问在坐之友：“比来工夫何似？”

一友举虚明[3]意思。先生曰：“此是说光景。”

一友叙今昔异同。先生曰：“此是说效验。”

二友惘然，请是。

先生曰：“吾辈今日用功，只是要为善之心真切。此心真切，见善即迁，有过即改，方是真切工夫。如此，则人欲日消，天理日明。若只管求光景、说效验，却是助长外驰病痛，不是工夫。”

péng yǒu guān shū duō yǒu zhāi yì huì ān zhě
朋友观书，多有摘议晦庵[4]者。

xiān shēng yuē shì yǒu xīn qiú yì jí bù shì wú shuō
先生曰："是有心求异，即不是。吾说
yǔ huì ān shí yǒu bù tóng zhě wéi rù mén xià shǒu chù yǒu háo lí qiān
与晦庵时有不同者，为入门下手处有毫厘千
lǐ zhī fēn bù dé bù biàn rán wú zhī xīn yǔ huì ān zhī xīn wèi
里之分，不得不辩。然吾之心与晦庵之心未
cháng yì yě ruò qí yú wén yì jiě de míng dāng chù rú hé dòng
尝异也。若其余文义解得明当处，如何动
de yī zì
得一字？"

xī yuān wèn shèng rén kě xué ér zhì rán bó yí
希渊[5]问："圣人可学而至，然伯夷[6]、
yī yǐn yú kǒng zǐ cái lì zhōng bù tóng qí tóng wèi zhī shèng zhě
伊尹[7]于孔子才力终不同，其同谓之圣者[8]
ān zài
安在？"

xiān shēng yuē shèng rén zhī suǒ yǐ wéi shèng zhǐ shì qí xīn
先生曰："圣人之所以为圣，只是其心
chún hū tiān lǐ ér wú rén yù zhī zá yóu jīng jīn zhī suǒ yǐ wéi
纯乎天理而无人欲之杂，犹精金之所以为
jīng dàn yǐ qí chéng sè zú ér wú tóng qiān zhī zá yě rén dào chún
精，但以其成色足而无铜铅之杂也。人到纯
hū tiān lǐ fāng shì shèng jīn shì zú sè fāng shì jīng rán shèng rén zhī
乎天理方是圣，金是足色方是精。然圣人之
cái lì yì yǒu dà xiǎo bù tóng yóu jīn zhī fèn liàng yǒu qīng zhòng
才力，亦有大小不同，犹金之分两有轻重。

尧、舜犹万镒[9]，文王、孔子犹九千镒，禹、汤、武王犹七八千镒，伯夷、伊尹犹四五千镒。才力不同，而纯乎天理则同，皆可谓之圣人，犹分两虽不同，而足色则同，皆可谓之精金。以五千镒者而入于万镒之中，其足色同也；以夷、尹而厕之尧、孔之间，其纯乎天理同也。盖所以为精金者，在足色而不在分两；所以为圣者，在纯乎天理而不在才力也。故虽凡人，而肯为学，使此心纯乎天理，则亦可为圣人，犹一两之金，比之万镒，分两虽悬绝，而其到足色处可以无愧。故曰人皆可以为尧舜[10]者以此。学者学圣人，不过是去人欲而存天理耳，犹炼金而求其足色。金之成色所争[11]不多，则煅炼之工

shěng ér gōng yì chéng chéng sè yù xià zé duàn liàn yù nán rén zhī qì
省而功易成，成色愈下则煅炼愈难。人之气
zhì qīng zhuó cuì bó yǒu zhōng rén yǐ shàng zhōng rén yǐ xià qí
质清浊粹驳，有中人以上、中人以下[12]，其
yú dào yǒu shēng zhī ān xíng xué zhī lì xíng qí xià zhě bì xū
于道有生知安行、学知利行[13]，其下者必须
rén yī jǐ bǎi rén shí jǐ qiān jí qí chéng gōng zé yī
人一己百、人十己千[14]，及其成功则一。”

hòu shì bù zhī zuò shèng zhī běn shì chún hū tiān lǐ què zhuān
“后世不知作圣之本是纯乎天理，却专
qù zhī shí cái néng shàng qiú shèng rén yǐ wéi shèng rén wú suǒ bù zhī
去知识才能上求圣人，以为圣人无所不知，
wú suǒ bù néng wǒ xū shì jiāng shèng rén xǔ duō zhī shí cái néng zhú yī
无所不能，我须是将圣人许多知识才能逐一
lǐ huì shǐ dé gù bù wù qù tiān lǐ shàng zhuó gōng fū tú bì jīng
理会始得。故不务去天理上着功夫，徒弊精
jié lì cóng cè zǐ shàng zuān yán míng wù shàng kǎo suǒ xíng jì
竭力，从册子上钻研、名物上考索、形迹
shàng bǐ nǐ zhī shí yù guǎng ér rén yù yù zī cái lì yù duō
上比拟。知识愈广而人欲愈滋，才力愈多
ér tiān lǐ yù bì zhèng rú jiàn rén yǒu wàn yì jīng jīn bù wù duàn
而天理愈蔽。正如见人有万镒精金，不务煅
liàn chéng sè qiú wú kuì yú bǐ zhī jīng chún ér nǎi wàng xī fèn
炼成色，求无愧于彼之精纯，而乃妄希分
liǎng wù tóng bǐ zhī wàn yì xī qiān tóng tiě zá rán ér
两，务同彼之万镒，锡、铅、铜、铁杂然而
tóu fèn liàng yù zēng ér chéng sè yù xià jì qí shāo mò wú fù
投，分两愈增而成色愈下，既其梢末，无复

有金矣。”

时曰仁[15]在傍，曰：“先生此喻，足以破世儒支离[16]之惑，大有功于后学。”

先生又曰：“吾辈用功，只求日减，不求日增。减得一分人欲，便是复得一分天理，何等轻快脱洒，何等简易。”

士德[17]问曰：“格物之说，如先生所教，明白简易，人人见得。文公[18]聪明绝世，于此反有未审，何也？”

先生曰：“文公精神气魄大，是他早年合下便要继往开来，故一向只就考索著述上用功。若先切己自修，自然不暇及此。到得德盛后，果忧道之不明。如孔子退修六籍，删繁就简，开示来学，亦大段不费甚考索。文公早岁便著许多书，晚年方悔[19]，是倒做了。”

士德曰：“晚年之悔，如谓‘向来定本之悟’，又谓‘虽读得书，何益于吾事’，又谓‘此与守书籍，泥言语，全无交涉’，是他到此方悔从前用功之错，方去切己自修矣。”

曰：“然。此是文公不可及处。他力量大，一悔便转。可惜不久即去世，平日许多错处皆不及改正。”

侃去花间草，因曰：“天地间何善难培、恶难去？”

先生曰：“未培未去耳。”少间，曰：“此等看善恶，皆从躯壳起念，便会错。”

侃未达。

曰："天地生意，花草一般，何曾有善恶之分？子欲观花，则以花为善，以草为恶。如欲用草时，复以草为善矣。此等善恶，皆由汝心好恶所生，故知是错。"

曰："然则无善无恶乎？"

曰："无善无恶者理之静，有善有恶者气之动。不动于气，即无善无恶，是谓至善。"

曰："佛氏亦无善无恶，何以异？"

曰："佛氏着在无善无恶上，便一切都不管，不可以治天下。圣人无善无恶，只是无有作好、无有作恶[20]，不动于气。然遵王之道会其有极，便自一循天理，便有个裁成

fǔ xiàng
辅相[21]。”

yuē cǎo jì fēi è jí cǎo bù yí qù yǐ
曰：“草既非恶，即草不宜去矣？”

yuē rú cǐ què shì fó lǎo yì jiàn cǎo ruò yǒu ài
曰：“如此却是佛老意见。草若有碍，
hé fáng rǔ qù
何妨汝去？”

yuē rú cǐ yòu shì zuò hǎo zuò è
曰：“如此又是作好作恶。”

yuē bù zuò hǎo è fēi shì quán wú hǎo è què shì
曰：“不作好恶，非是全无好恶，却是
wú zhī jué de rén wèi zhī bù zuò zhě zhǐ shì hǎo è yī xún yú
无知觉的人。谓之不作者，只是好恶一循于
lǐ bù qù yòu zhuó yī fēn yì si rú cǐ jí shì bù céng hǎo
理，不去又着一分意思。如此，即是不曾好
è yī bān
恶一般。”

yuē qù cǎo rú hé shì yī xún yú lǐ bù zhuó yì
曰：“去草如何是一循于理，不着意
si
思？”

yuē cǎo yǒu fáng ài lǐ yì yí qù qù zhī ér yǐ
曰：“草有妨碍，理亦宜去，去之而已；
ǒu wèi jí qù yì bù lèi xīn ruò zhuó le yī fēn yì si jí
偶未即去，亦不累心。若着了一分意思，即
xīn tǐ biàn yǒu yí lèi biàn yǒu xǔ duō dòng qì chù
心体便有贻累，便有许多动气处。”

yuē rán zé shàn è quán bù zài wù
曰："然则善恶全不在物？"

yuē zhǐ zài rǔ xīn xún lǐ biàn shì shàn dòng qì biàn
曰："只在汝心。循理便是善，动气便
shì è
是恶。"

yuē bì jìng wù wú shàn è
曰："毕竟物无善恶？"

yuē zài xīn rú cǐ zài wù yì rán shì rú wéi bù
曰："在心如此，在物亦然。世儒惟不
zhī cǐ shě xīn zhú wù jiāng gé wù zhī xué cuò kàn le zhōng rì
知此，舍心逐物，将格物之学错看了，终日
chí qiú yú wài zhǐ zuò de gè yì xí ér qǔ zhōng shēn xíng bù
驰求于外，只做得个义袭而取，终身行不
zhù xí bù chá
著，习不察[22]"。

yuē rú hào hǎo sè rú wù è xiù zé rú hé
曰："如好好色，如恶恶臭，则如何？"

yuē cǐ zhèng shì yī xún yú lǐ shì tiān lǐ hé rú cǐ
曰："此正是一循于理，是天理合如此，
běn wú sī yì zuò hǎo zuò è
本无私意作好作恶。"

yuē rú hào hǎo sè rú wù è xiù ān dé fēi
曰："如好好色，如恶恶臭[23]，安得非
yì
意？"

yuē què shì chéng yì bù shì sī yì chéng yì zhǐ shì
曰："却是诚意，不是私意。诚意只是

循天理。虽是循天理，亦着不得一分意。故有所忿懥、好乐，则不得其正。[24]须是廓然大公，方是心之本体。知此，即知未发之中[25]。”

伯生[26]曰：“先生云：‘草有妨碍，理亦宜去。’缘何又是躯壳起念？”

曰：“此须汝心自体当。汝要去草，是甚么心？周茂叔窗前草不除[27]，是甚么心？”

先生谓学者曰：“为学须得个头脑，工夫方有着落。纵未能无间，如舟之有舵，一提便醒。不然，虽从事于学，只做个义袭而取，只是行不著，习不察，非大本、达道也。”

又曰："见得时，横说竖说皆是。若于此处通，彼处不通，只是未见得。"

或问："为学以亲故，不免业举之累。"

先生曰："以亲之故而业举为累于学，则治田以养其亲者，亦有累于学乎？先正云：'惟患夺志。'[28]但恐为学之志不真切耳。"

崇一[29]问："寻常意思多忙，有事固忙，无事亦忙，何也？"

先生曰："天地气机，元无一息之停。然有个主宰，故不先不后，不急不缓，虽千变万化而主宰常定，人得此而生。若主宰定时，与天运一般不息，虽酬酢万变，常是从容自在，所谓天君泰然，百体从令[30]。若无主宰，便只是这气奔放，如何不忙？"

xiān shēng yuē wéi xué dà bìng zài hào míng
先生曰：“为学大病在好名。”

kǎn yuē cóng qián suì zì wèi cǐ bìng yǐ qīng cǐ lái jīng
侃曰：“从前岁自谓此病已轻，此来精
chá nǎi zhī quán wèi qǐ bì wù wài wéi rén zhǐ wén yù ér
察，乃知全未。岂必务外为人？只闻誉而
xǐ wén huǐ ér mèn jí shì cǐ bìng fā lái
喜，闻毁而闷，即是此病发来。”

yuē zuì shì míng yǔ shí duì wù shí zhī xīn zhòng yī
曰：“最是。名与实对，务实之心重一
fēn zé wù míng zhī xīn qīng yī fēn quán shì wù shí zhī xīn jí
分，则务名之心轻一分；全是务实之心，即
quán wú wù míng zhī xīn ruò wù shí zhī xīn rú jī zhī qiú shí kě
全无务名之心。若务实之心如饥之求食、渴
zhī qiú yǐn ān dé gèng yǒu gōng fū hào míng
之求饮，安得更有工夫好名？”

yòu yuē jí mò shì ér míng bù chèn chèn zì qù shēng
又曰：“疾没世而名不称[31]，称字去声
dú yì shēng wén guò qíng jūn zǐ chǐ zhī zhī yì shí bù
读[32]，亦声闻过情，君子耻之[33]之意。实不
chèn míng shēng yóu kě bǔ mò zé wú jí yǐ sì shí wǔ shí ér
称名，生犹可补，没则无及矣。四十五十而
wú wén shì bù wén dào fēi wú shēng wén yě kǒng zǐ yún
无闻[34]，是不闻道，非无声闻也。孔子云：
shì wén yě fēi dá yě ān kěn yǐ cǐ wàng rén
‘是闻也，非达也。’[35]安肯以此望人！”

kǎn duō huǐ
侃多悔。

先生曰："悔悟是去病之药，然以改之为贵。若留滞于中，则又因药发病。"

德章[36]曰："闻先生以精金喻圣，以分两喻圣人之分量，以锻炼喻学者之工夫，最为深切。惟谓尧、舜为万镒，孔子为九千镒，疑未安。"

先生曰："此又是躯壳上起念，故替圣人争分两。若不从躯壳上起念，即尧、舜万镒不为多，孔子九千镒不为少。尧、舜万镒只是孔子的，孔子九千镒只是尧、舜的，原无彼我。所以谓之圣，只论精一，不论多寡。只要此心纯乎天理处同，便同谓之圣。若是力量气魄，如何尽同得？后儒只在分两上较量，所以流入功利。若除去了比较分两的心，各人尽着自己力量精神，只在此心纯天理上用功，即人人自有，个个圆成，便能大以成大，小以成小，不假外慕，无不具足。此便是实实落落明善诚身的事。”

“后儒不明圣学，不知就自己心地良知良能[37]上体认扩充，却去求知其所不知，求能其所不能，一味只是希高慕大，不知自己是桀、纣心地，动辄要做尧、舜事业，如何做得？终年碌碌，至于老死，竟不知成就了个甚么，可哀也已。”

侃问：“先儒以心之静为体，心之动为用[38]，如何？”

先生曰：“心不可以动静为体用。动静，时也。即体而言用在体，即用而言体在

yòng shì wèi tǐ yòng yī yuán ruò shuō jìng kě yǐ jiàn qí tǐ dòng
用，是谓体用一源。若说静可以见其体，动
kě yǐ jiàn qí yòng què bù fáng
可以见其用，却不妨。”

wèn shàng zhì xià yú rú hé bù kě yí
问：“上智下愚[39]，如何不可移？”

xiān shēng yuē bù shì bù kě yí zhǐ shì bù kěn yí
先生曰：“不是不可移，只是不肯移。”

wèn zǐ xià mén rén wèn jiāo zhāng
问“子夏门人问交”[40]章。

xiān shēng yuē zǐ xià shì yán xiǎo zǐ zhī jiāo zǐ zhāng
先生曰：“子夏[41]是言小子之交，子张[42]
shì yán chéng rén zhī jiāo ruò shàn yòng zhī yì jù shì
是言成人之交。若善用之，亦俱是。”

zǐ rén wèn xué ér shí xí zhī bù yì yuè hū
子仁[43]问：“学而时习之，不亦说乎[44]，
xiān rú yǐ xué wéi xiào xiān jué zhī suǒ wéi rú hé
先儒以学为效先觉之所为[45]，如何？”

xiān shēng yuē xué shì xué qù rén yù cún tiān lǐ cóng
先生曰：“学是学去人欲、存天理。从
shì yú qù rén yù cún tiān lǐ zé zì zhèng zhū xiān jué kǎo zhū
事于去人欲、存天理，则自正诸先觉，考诸
gǔ xùn zì xià xǔ duō wèn biàn sī suǒ cún xǐng kè zhì gōng
古训，自下许多问辨、思索、存省、克治工
fū rán bù guò yù qù cǐ xīn zhī rén yù cún wú xīn zhī tiān lǐ
夫。然不过欲去此心之人欲，存吾心之天理
ěr ruò yuē xiào xiān jué zhī suǒ wéi zé zhǐ shuō de xué zhōng yī jiàn
耳。若曰效先觉之所为，则只说得学中一件

事，亦似专求诸外了。时习者，坐如尸，非专习坐也，坐时习此心也；立如斋，非专习立也，立时习此心也。[46]说是‘理义之说我心’[47]之说。人心本自说理义，如目本说色，耳本说声。惟为人欲所蔽所累，始有不说。今人欲日去，则理义日洽浃，安得不说？”

国英[48]问：“曾子三省[49]虽切，恐是未闻一贯[50]时工夫。”

先生曰：“一贯是夫子见曾子未得用功之要，故告之。学者果能忠恕上用功，岂不是一贯？一如树之根本，贯如树之枝叶。未种根，何枝叶之可得？体用一源，体未立，用安从生！谓曾子于其用处，盖已随事精察而力行之，但未知其体之一[51]，此恐未

jìn
尽。”

huáng chéng fǔ wèn rǔ yǔ huí yě shú yù zhāng
黄诚甫[52]问“汝与回也，孰愈”[53]章。

xiān shēng yuē zǐ gòng duō xué ér zhì zài wén jiàn shàng yòng
先生曰：“子贡多学而识，在闻见上用
gōng yán zǐ zài xīn dì shàng yòng gōng gù shèng rén wèn yǐ qǐ zhī
功，颜子在心地上用功，故圣人问以启之。
ér zǐ gòng suǒ duì yòu zhǐ zài zhī jiàn shàng gù shèng rén tàn xī
而子贡[54]所对又只在知见上，故圣人叹惜
zhī fēi xǔ zhī yě
之，非许之也。”

yán zǐ bù qiān nù bù èr guò yì shì yǒu wèi fā zhī
“颜子不迁怒，不贰过[55]，亦是有未发之
zhōng shǐ néng
中始能。”

zhòng shù zhě bì péi qí gēn zhòng dé zhě bì yǎng qí xīn
“种树者必培其根，种德者必养其心。
yù shù zhī zhǎng bì yú shǐ shēng shí shān qí fán zhī yù dé zhī
欲树之长，必于始生时删其繁枝；欲德之
shèng bì yú shǐ xué shí qù fú wài hào rú wài hào shī wén zé
盛，必于始学时去夫外好。如外好诗文，则
jīng shén rì jiàn lòu xiè zài shī wén shàng qù fán bǎi wài hào jiē rán
精神日渐漏泄在诗文上去。凡百外好皆然。”

yòu yuē wǒ cǐ lùn xué shì wú zhōng shēng yǒu de gōng
又曰：“我此论学，是无中生有的工
fū zhū gōng xū yào xìn de jí zhǐ shì lì zhì xué zhě yī niàn
夫。诸公须要信得及，只是立志。学者一念

为善之志，如树之种，但勿助勿忘，只管培植将去，自然日夜滋长，生气日完，枝叶日茂。树初生时，便抽繁枝，亦须刊落，然后根干能大。初学时亦然，故立志贵专一。”

因论先生之门，某人在涵养上用功，某人在识见上用功。

先生曰：“专涵养者，日见其不足；专识见者，日见其有余。日不足者日有余矣，日有余者日不足矣。”

梁日孚[56]问：“居敬、穷理是两事[57]，先生以为一事，何如？”

先生曰：“天地间只有此一事，安有两事？若论万殊，礼仪三百，威仪三千，又何止两？公且道居敬是如何？穷理是如何？”

曰："居敬是存养工夫，穷理是穷事物之理。"

曰："存养个甚？"

曰："是存养此心之天理。"

曰："如此亦只是穷理矣。"

曰："且道如何穷事物之理？"

曰："如事亲便要穷孝之理，事君便要穷忠之理。"

曰："忠与孝之理在君、亲身上？在自己心上？若在自己心上，亦只是穷此心之理矣。且道如何是敬？"

曰："只是主一。"

曰："如何是主一？"

曰："如读书便一心在读书上，接事便

yī xīn zài jiē shì shàng
一心在接事上。”

yuē rú cǐ zé yǐn jiǔ biàn yī xīn zài yǐn jiǔ shàng
曰：“如此，则饮酒便一心在饮酒上，
hào sè biàn yī xīn zài hào sè shàng què shì zhú wù chéng shèn jū jìng
好色便一心在好色上，却是逐物，成甚居敬
gōng fū
功夫？”

rì fú qǐng wèn
日孚请问。

yuē yī zhě tiān lǐ zhǔ yī shì yī xīn zài tiān lǐ
曰：“一者，天理。主一是一心在天理
shàng ruò zhǐ zhī zhǔ yī bù zhī yī jí shì lǐ yǒu shì shí biàn
上。若只知主一，不知一即是理，有事时便
shì zhú wù wú shì shí biàn shì zhuó kōng wéi qí yǒu shì wú shì
是逐物，无事时便是着空。惟其有事无事，
yī xīn jiē zài tiān lǐ shàng yòng gōng suǒ yǐ jū jìng yì jí shì qióng
一心皆在天理上用功，所以居敬亦即是穷
lǐ jiù qióng lǐ zhuān yī chù shuō biàn wèi zhī jū jìng jiù jū
理。就穷理专一处说，便谓之居敬；就居
jìng jīng mì chù shuō biàn wèi zhī qióng lǐ què bù shì jū jìng le bié
敬精密处说，便谓之穷理。却不是居敬了别
yǒu gè xīn qióng lǐ qióng lǐ shí bié yǒu gè xīn jū jìng míng suī
有个心穷理，穷理时别有个心居敬。名虽
bù tóng gōng fū zhǐ shì yī shì jiù rú yì yán jìng yǐ zhí
不同，功夫只是一事。就如《易》言敬以直
nèi yì yǐ fāng wài jìng jí shì wú shì shí yì yì jí shì
内，义以方外[58]。敬即是无事时义，义即是有事时敬，两句合说一件。如孔子言修己以敬[59]，即不须言义。孟子言集义[60]，即不须言敬。会得时，横说竖说，工夫总是一般。若泥文逐句，不识本领，即支离决裂，工夫都无下落。”

问：“穷理何以即是尽性？”

曰：“心之体，性也，性即理也。穷仁之理，真要仁极仁；穷义之理，真要义极义。仁、义只是吾性，故穷理即是尽性。如孟子说充其恻隐之心，至仁不可胜用[61]，这便是穷理工夫。”

日孚曰：“先儒谓一草一木亦皆有理，不可不察[62]，如何？”

先生曰：“夫我则不暇。[63]公且先去理

huì zì jǐ xìng qíng xū néng jìn rén zhī xìng rán hòu néng jìn wù zhī
会自己性情，须能尽人之性，然后能尽物之
xìng
性。”

rì fú sǒng rán yǒu wù
日孚悚然有悟。

wéi qián wèn zhī rú hé shì xīn zhī běn tǐ
惟乾[64]问：“知如何是心之本体？”

xiān shēng yuē zhī shì lǐ zhī líng chù jiù qí zhǔ zǎi chù
先生曰：“知是理之灵处。就其主宰处
shuō biàn wèi zhī xīn jiù qí bǐng fù chù shuō biàn wèi zhī xìng hái tí
说便谓之心，就其禀赋处说便谓之性。孩提
zhī tóng wú bù zhī ài qí qīn wú bù zhī jìng qí xiōng zhǐ shì
之童，无不知爱其亲，无不知敬其兄，只是
zhè gè líng néng bù wéi sī yù zhē gé chōng tuò de jìn biàn wán wán
这个灵能不为私欲遮隔，充拓得尽，便完完
shì tā běn tǐ biàn yǔ tiān dì hé dé zì shèng rén yǐ xià bù
是他本体，便与天地合德。自圣人以下，不
néng wú bì gù xū gé wù yǐ zhì qí zhī
能无蔽，故须格物以致其知。”

shǒu héng wèn dà xué gōng fū zhǐ shì chéng yì chéng
守衡[65]问：“《大学》工夫只是诚意，诚
yì gōng fū zhǐ shì gé wù xiū qí zhì píng zhǐ chéng yì
意工夫只是格物，修、齐、治、平，只诚意
jìn yǐ yòu yǒu zhèng xīn zhī gōng yǒu suǒ fèn zhì hào lè zé bù
尽矣，又有正心之功，有所忿懥好乐，则不
dé qí zhèng hé yě
得其正[66]，何也？”

先生曰："此要自思得之。知此则知未发之中矣。"

守衡再三请。

曰："为学工夫有浅深，初时若不着实用意去好善恶恶，如何能为善去恶？这着实用意便是诚意。然不知心之本体原无一物，一向着意去好善恶恶，便又多了这分意思，便不是廓然大公。《书》所谓无有作好作恶[67]，方是本体。所以说有所忿懥好乐，则不得其正。正心只是诚意工夫，里面体当自家心体，常要鉴空衡平[68]，这便是未发之中。"

正之[69]问："戒惧是己所不知时工夫，慎独是己所独知时工夫[70]，此说如何？"

xiān shēng yuē zhǐ shì yī gè gōng fū wú shì shí gù shì
先生曰："只是一个工夫，无事时固是
dú zhī yǒu shì shí yì shì dú zhī rén ruò bù zhī yú cǐ dú zhī
独知，有事时亦是独知。人若不知于此独知
zhī dì yòng lì zhǐ zài rén suǒ gòng zhī chù yòng gōng biàn shì zuò
之地用力，只在人所共知处用功，便是作
wěi biàn shì jiàn jūn zǐ ér hòu yàn rán cǐ dú zhī chù biàn shì
伪，便是见君子而后厌然[71]。此独知处便是
chéng de méng yá cǐ chù bù lùn shàn niàn è niàn gèng wú xū jiǎ
诚的萌芽。此处不论善念恶念，更无虚假，
yī shì bǎi shì yī cuò bǎi cuò zhèng shì wáng bà yì lì chéng
一是百是，一错百错。正是王霸、义利、诚
wěi shàn è jiè tóu yú cǐ yī lì lì dìng biàn shì duān mù chéng
伪、善恶界头。于此一立立定，便是端木澄
yuán biàn shì lì chéng gǔ rén xǔ duō chéng shēn de gōng fū jīng
源，便是立诚[72]。古人许多诚身的工夫，精
shén mìng mài quán tǐ zhǐ zài cǐ chù zhēn shì mò jiàn mò xiǎn wú
神命脉，全体只在此处。真是莫见莫显，无
shí wú chù wú zhōng wú shǐ zhǐ shì cǐ gè gōng fū jīn ruò
时无处，无终无始，只是此个工夫。今若
yòu fēn jiè jù wéi jǐ suǒ bù zhī jí gōng fū biàn zhī lí yì yǒu
又分戒惧为己所不知，即工夫便支离，亦有
jiàn duàn jì jiè jù jí shì zhī jǐ ruò bù zhī shì shuí jiè
间断。既戒惧，即是知，己若不知，是谁戒
jù rú cǐ jiàn jiě biàn yào liú rù duàn miè chán dìng
惧？如此见解，便要流入断灭禅定。"

yuē bù lùn shàn niàn è niàn gèng wú xū jiǎ zé dú
曰："不论善念恶念，更无虚假，则独

知之地，更无无念时邪？”

曰：“戒惧亦是念。戒惧之念，无时可息。若戒惧之心稍有不存，不是昏聩，便已流入恶念。自朝至暮，自少至老，若要无念，即是己不知，此除是昏睡，除是槁木死灰。”

志道[73]问：“荀子云：养心莫善于诚[74]。先儒非之[75]，何也？”

先生曰：“此亦未可便以为非。诚字有以工夫说者。诚是心之本体，求复其本体，便是思诚的工夫。明道说以诚敬存之[76]，亦是此意。《大学》：‘欲正其心，先诚其意。’荀子之言固多病，然不可一例吹毛求疵。大凡看人言语，若先有个意见，便有过当处。

wéi fù bù rén zhī yán mèng zǐ yǒu qǔ yú yáng hǔ cǐ biàn jiàn
为富不仁[77]之言，孟子有取于阳虎[78]，此便见
shèng xián dà gōng zhī xīn
圣贤大公之心。”

xiāo huì wèn jǐ sī nán kè nài hé
萧惠[79]问：“己私难克，奈何？”

xiān shēng yuē jiāng rǔ jǐ sī lái tì rǔ kè xiān shēng
先生曰：“将汝己私来替汝克。”先生
yuē rén xū yǒu wèi jǐ zhī xīn fāng néng kè jǐ néng kè jǐ
曰：“人须有为己之心，方能克己，能克己，
fāng néng chéng jǐ
方能成己。”

xiāo huì yuē huì yì pō yǒu wèi jǐ zhī xīn bù zhī yuán
萧惠曰：“惠亦颇有为己之心，不知缘
hé bù néng kè jǐ
何不能克己？”

xiān shēng yuē qiě shuō rǔ yǒu wèi jǐ zhī xīn shì rú hé
先生曰：“且说汝有为己之心是如何？”

huì liáng jiǔ yuē huì yì yī xīn yào zuò hǎo rén biàn zì
惠良久曰：“惠亦一心要做好人，便自
wèi pō yǒu wèi jǐ zhī xīn jīn sī zhī kàn lái yì zhǐ shì wéi de
谓颇有为己之心。今思之，看来亦只是为得
gè qū qiào de jǐ bù céng wèi gè zhēn jǐ
个躯壳的己，不曾为个真己。”

xiān shēng yuē zhēn jǐ hé céng lí zhe qū qiào kǒng rǔ lián
先生曰：“真己何曾离着躯壳？恐汝连
nà qū qiào de jǐ yě bù céng wèi qiě dào rǔ suǒ wèi qū qiào de
那躯壳的己也不曾为。且道汝所谓躯壳的

己，岂不是耳、目、口、鼻、四肢？”

惠曰：“正是。为此，目便要色，耳便要声，口便要味，四肢便要逸乐，所以不能克。”

先生曰：“美色令人目盲，美声令人耳聋，美味令人口爽，驰骋田猎令人发狂。[80]这都是害汝耳、目、口、鼻、四肢的，岂得是为汝耳、目、口、鼻、四肢？若为着耳、目、口、鼻、四肢时，便须思量耳如何听，目如何视，口如何言，四肢如何动。必须非礼勿视、听、言、动[81]，方才成得个耳、目、口、鼻、四肢。这个才是为着耳、目、口、鼻、四肢。汝今终日向外驰求，为名、为利，这都是为着躯壳外面的物事。汝

ruò wèi zhe ěr mù kǒu bí sì zhī yào fēi lǐ wù
若为着耳、目、口、鼻、四肢，要非礼勿
shì tīng yán dòng shí qǐ shì rǔ zhī ěr mù kǒu
视、听、言、动时，岂是汝之耳、目、口、
bí sì zhī zì néng wù shì tīng yán dòng xū yóu rǔ
鼻、四肢自能勿视、听、言、动？须由汝
xīn zhè shì tīng yán dòng jiē shì rǔ xīn rǔ xīn zhī shì
心。这视、听、言、动皆是汝心。汝心之视
fā qiào yú mù rǔ xīn zhī tīng fā qiào yú ěr rǔ xīn zhī yán fā
发窍于目，汝心之听发窍于耳，汝心之言发
qiào yú kǒu rǔ xīn zhī dòng fā qiào yú sì zhī ruò wú rǔ xīn
窍于口，汝心之动发窍于四肢。若无汝心，
biàn wú ěr mù kǒu bí sì zhī suǒ wèi rǔ xīn yì
便无耳、目、口、鼻、四肢。所谓汝心，亦
bù zhuān shì nà yī tuán xuè ròu ruò shì nà yī tuán xuè ròu rú jīn
不专是那一团血肉。若是那一团血肉，如今
yǐ sǐ de rén nà yī tuán xuè ròu hái zài yuán hé bù néng shì
已死的人，那一团血肉还在，缘何不能视、
tīng yán dòng suǒ wèi rǔ xīn què shì nà néng shì tīng
听、言、动？所谓汝心，却是那能视、听、
yán dòng de zhè gè biàn shì xìng biàn shì tiān lǐ yǒu zhè gè
言、动的，这个便是性，便是天理。有这个
xìng cái néng shēng zhè xìng zhī shēng lǐ biàn wèi zhī rén zhè xìng
性，才能生。这性之生理，便谓之仁。这性
zhī shēng lǐ fā zài mù biàn huì shì fā zài ěr biàn huì tīng fā
之生理，发在目便会视，发在耳便会听，发
zài kǒu biàn huì yán fā zài sì zhī biàn huì dòng dōu zhǐ shì nà tiān
在口便会言，发在四肢便会动，都只是那天

理发生，以其主宰一身，故谓之心。这心之本体，原只是个天理，原无非礼。这个便是汝之真己，这个真己是躯壳的主宰。若无真己，便无躯壳。真是有之即生，无之即死。汝若真为那个躯壳的己，必须用着这个真己，便须常常保守着这个真己的本体，戒慎不睹，恐惧不闻，惟恐亏损了他一些。才有一毫非礼萌动，便如刀割，如针刺，忍耐不过。必须去了刀、拔了针，这才是有为己之心，方能克己。汝今正是认贼作子[82]，缘何却说有为己之心不能克己？”

有一学者病目，戚戚甚忧，先生曰：“尔乃贵目贱心。”

萧惠好仙、释。

先生警之曰："吾亦自幼笃志二氏，自谓既有所得，谓儒者为不足学。其后居夷三载，见得圣人之学若是其简易广大，始自叹悔错用了三十年气力[83]。大抵二氏之学，其妙与圣人只有毫厘之间。汝今所学，乃其土苴[84]，辄自信自好若此，真鸱鸮窃腐鼠[85]耳。"

惠请问二氏之妙。

先生曰："向汝说圣人之学简易广大，汝却不问我悟的，只问我悔的。"

惠惭谢，请问圣人之学。

先生曰："汝今只是了人事问，待汝办个真要求为圣人的心，来与汝说。"

惠再三请。

xiān shēng yuē yǐ yǔ rǔ yī jù dào jìn rǔ shàng zì bù
先生曰："已与汝一句道尽，汝尚自不
huì
会。"

liú guān shí wèn wèi fā zhī zhōng shì rú hé
刘观时[86]问："未发之中是如何？"

xiān shēng yuē rǔ dàn jiè shèn bù dǔ kǒng jù bù wén
先生曰："汝但戒慎不睹，恐惧不闻，
yǎng de cǐ xīn chún shì tiān lǐ biàn zì rán jiàn
养得此心纯是天理，便自然见。"

guān shí qǐng lüè shì qì xiàng
观时请略示气象。

xiān shēng yuē yǎ zǐ chī kǔ guā yǔ nǐ shuō bù de
先生曰："哑子吃苦瓜，与你说不得。
nǐ yào zhī cǐ kǔ hái xū nǐ zì chī
你要知此苦，还须你自吃。"

shí yuē rén zài páng yuē rú cǐ cái shì zhēn zhī jí
时曰仁在傍，曰："如此才是真知，即
shì xíng yǐ
是行矣。"

yī shí zài zuò zhū yǒu jiē yǒu xǐng
一时在座诸友皆有省。

xiāo huì wèn sǐ shēng zhī dào
萧惠问死生之道。

xiān shēng yuē zhī zhòu yè jí zhī sǐ shēng
先生曰："知昼夜即知死生。"

wèn zhòu yè zhī dào yuē zhī zhòu zé zhī yè
问昼夜之道。曰："知昼则知夜。"

曰："昼亦有所不知乎？"

先生曰："汝能知昼？懵懵而兴，蠢蠢而食，行不著，习不察，终日昏昏，只是梦昼。惟息有养，瞬有存[87]，此心惺惺明明，天理无一息间断，才是能知昼。这便是天德。便是通乎昼夜之道而知[88]，更有甚么死生？"

马子莘[89]问："修道之教[90]，旧说谓圣人品节吾性之固有[91]，以为法于天下，若礼、乐、刑、政之属。此意如何？"

先生曰："道即性即命。本是完完全全，增减不得，不假修饰的。何须要圣人品节？却是不完全的物件。礼、乐、刑、政是治天下之法，固亦可谓之教，但不是子思本旨。若如先儒之说，下面由教入道的，缘何舍了圣人礼、乐、刑、政之教，别说出一段戒慎恐惧工夫？却是圣人之教为虚设矣。”

子莘请问。

先生曰：“子思性、道、教，皆从本原上说。天命于人，则命便谓之性；率性而行，则性便谓之道；修道而学，则道便谓之教。率性是诚者事，所谓自诚明，谓之性也。修道是诚之者事，所谓自明诚，谓之教也。[92]圣人率性而行即是道。圣人以下未能率性，于道未免有过不及，故须修道。修道则贤知者不得而过，愚不肖者不得而不及，都要循着这个道，则道便是个教。此教字与‘天道至教’[93]‘风雨霜露，无非教也’[94]之教同。修道字与‘修道以仁’[95]同。人能修道，然后能不违于道，以复其性之本体，则亦是圣人率性之道矣。下面戒慎恐惧便是修道的工夫，中和便是复其性之本体。如《易》所谓穷理尽性以至于命、中和、位育[96]，便是尽性至命。”

黄诚甫问：“先儒以孔子告颜渊为邦之问[97]，是立万世常行之道[98]，如何？”

先生曰：“颜子具体圣人，其于为邦的大本大原都已完备。夫子平日知之已深，到此都不必言，只就制度文为上说。此等处亦不可忽略，须要是如此方尽善。又不可因自己本领是当了，便于防范上疏阔，须是要放郑声，远佞人。盖颜子是个克己向里、德

shàng yòng xīn de rén kǒng zǐ kǒng qí wài miàn mò jié huò yǒu shū lüè
上用心的人，孔子恐其外面末节或有疏略，
gù jiù tā bù zú chù bāng bǔ shuō ruò zài tā rén xū gào yǐ wéi
故就他不足处帮补说。若在他人，须告以为
zhèng zài rén qǔ rén yǐ shēn xiū shēn yǐ dào xiū dào yǐ rén
政在人，取人以身，修身以道，修道以仁[99]，
dá dào jiǔ jīng jí chéng shēn xǔ duō gōng fū fāng shǐ zuò de
达道，九经及诚身[100]许多功夫，方始做得。
zhè gè fāng shì wàn shì cháng xíng zhī dào bù rán zhǐ qù xíng le xià
这个方是万世常行之道。不然只去行了夏
shí chéng le yīn lù fú le zhōu miǎn zuò le sháo wǔ
时，乘了殷辂，服了周冕，作了《韶》《武》，
tiān xià biàn zhì de hòu rén dàn jiàn yán zǐ shì kǒng mén dì yī rén
天下便治得？后人但见颜子是孔门第一人，
yòu wèn gè wéi bāng biàn bǎ zuò tiān dà shì kàn le
又问个为邦，便把做天大事看了。”

cài xī yuān wèn wén gōng dà xué xīn běn xiān gé
蔡希渊问：“文公《大学》新本，先格
zhì ér hòu chéng yì gōng fū sì yǔ shǒu zhāng cì dì xiāng hé ruò
致而后诚意工夫，似与首章次第相合。若
rú xiān shēng cóng jiù běn zhī shuō jí chéng yì fǎn zài gé zhì zhī qián
如先生从旧本之说，即诚意反在格致之前，
yú cǐ shàng wèi shì rán
于此尚未释然。”

xiān shēng yuē dà xué gōng fū jí shì míng míng dé
先生曰：“《大学》工夫即是明明德，
míng míng dé zhǐ shì gè chéng yì chéng yì de gōng fū zhǐ shì gé wù zhì
明明德只是个诚意，诚意的工夫只是格物致

知。若以诚意为主，去用格物致知的工夫，即工夫始有下落。即为善去恶，无非是诚意的事。如新本先去穷格事物之理，即茫茫荡荡，都无着落处，须用添个敬字，方才牵扯得向身心上来，然终是没根源。若须用添个敬字，缘何孔门倒将一个最紧要的字落了，直待千余年后要人来补出？正谓以诚意为主，即不须添敬字。所以提出个诚意来说，正是学问的大头脑处。于此不察，真所谓毫厘之差，千里之谬。大抵《中庸》工夫只是诚身，诚身之极便是至诚；《大学》工夫只是诚意，诚意之极便是至善。工夫总是一般。今说这里补个敬字，那里补个诚字，未免画蛇添足。”

【注释】

1. 出入无时，莫知其乡：出自《孟子·告子上》："孔子曰：'操则存，舍则亡，出入无时，莫知其乡。'惟心之谓欤？"

2. 是非之心，人皆有之：出自《孟子·告子上》："恻隐之心，人皆有之；羞恶之心，人皆有之；恭敬之心，人皆有之；是非之心，人皆有之。"

3. 虚明：意为内心清虚纯洁。

4. 晦庵：即朱熹。

5. 希渊：蔡宗兖，字希渊，号我斋，浙江山阴（今浙江绍兴）人，王阳明的弟子之一。

6. 伯夷：商末孤竹国国君之长子，因不肯接受弟弟叔齐的让位而逃离。后天下宗周，伯夷耻食周粟，饿死首阳山。

7. 伊尹：名挚，商朝初年著名政治家、思想家，为商朝的建立立下汗马功劳。

8. 圣者：出自《孟子·万章下》："孟子曰：伯夷，圣之清者也；伊尹，圣之任者也；柳下惠，圣之和者也；孔子，圣之时者也。孔子之谓集大成。"

9. 镒：古代重量单位，合二十两（一说二十四两）。

10. 人皆可以为尧舜：出自《孟子·告子下》："曹交问曰：人皆可以为尧舜，有诸？孟子曰：然。"

11. 争：相差。

12. 中人以上、中人以下：出自《论语·雍也》："子曰：中人以上，可以语上也；中人以下，不可以语上也。"

13. 生知安行、学知利行：出自《礼记·中庸》："或生而知之，或学而知之，或困而知之，及其知之，一也。或安而行之，或利而行之，或勉强而行之，及其成功，一也。"

14. 人一己百、人十己千：出自《礼记·中庸》："人一能之，己百之；人十能之，己千之。果能此道矣，虽愚必明，虽柔必强。"

15. 曰仁：即徐爱。

16. 支离：出自陆九渊《鹅湖和教授兄韵》："易简功夫终久大，支离事业竟浮沉。"

17. 士德：杨骥，字士德，广东潮州人。先从游于明代哲学家、教育家湛若水，后师从王阳明。

18. 文公：即朱熹，朱熹谥号为"文"。

19. 晚年方悔：出自王阳明撰《朱子晚年定论》。王阳明根据朱熹给学人和友人的信件，认定朱熹在晚年对自己的学说进行了反思。

20. 无有作好、无有作恶：出自《尚书·洪范》："无偏无颇，遵王之义；无有作好，遵王之道；无有作恶，遵王之路；无偏无党，王道荡荡；无党无偏，王道平平；无反无侧，王道正直；会其有极，归其有极。"

21. 裁成辅相：出自《易·泰卦·象传》："天地交泰，后以财成天地之道，辅相天地之宜，以左右民。"财成，通"裁成"，意为成就。辅相，意为辅助。

22. "行不著，习不察"：出自《孟子·尽心上》："孟子曰：行之而不著焉，习矣而不察焉，终身由之而不知其道者，众也。"

23. 如好好色，如恶恶臭："如好好色"，第一个"好"读 hào，意为喜好；第二个"好"读 hǎo，意为美好。"如恶恶臭"，第一个"恶"读 wù，意为厌恶；第二个"恶"读 è，意为恶劣。

24. 有所忿懥好乐，则不得其正：懥，忿恨、愤怒的样子。

25. 未发之中：出自《礼记·中庸》："喜怒哀乐之未发，谓之中。"

26. 伯生：孟源，字伯生，王阳明的弟子之一。

27. 周茂叔窗前草不除：出自《二程遗书·卷三》："周茂叔窗前草不除，问之，曰：与自家意思一般。"周茂叔，即周敦颐，字茂叔。

28. 先正云：惟患夺志：出自《二程遗书·卷十一》："故科举之事，不患妨功，惟患夺志。"先正，即程颐。

29. 崇一：欧阳德，字崇一，号南野，江西泰和人，明代理学家，曾任礼部尚书，王阳明的弟子之一。

30. 天君泰然，百体从令：出自宋代范浚的《香溪集》。天君，旧谓心为思维器官，称心为天君。

31. 疾没世而名不称：出自《论语·卫灵公》："子曰：君子疾没世而名不称焉。"疾，痛恨。没世，去世。

32. "称"字去声读："称"字有两种读音，王阳明在解读"疾没世而名不称"时取 chèn 音，"名不称"意为名不副实。

33. 声闻过情，君子耻之：出自《孟子·离娄下》："孟子曰：原泉混混，不舍昼夜。盈科而后进，放乎四海，有本者如是，是之取尔。苟为无本，七八月之闲雨集，沟浍皆盈；其涸也，可立而待也。故声闻过情，君子耻之。"

34. 四十五十而无闻：出自《论语·子罕》："子曰：后生可畏，焉知来者之不如今也？四十五十而无闻焉，斯不足畏也已。"

35. 是闻也，非达也：出自《论语·颜渊》："子张问：士如何斯可谓达人矣？子曰：何哉，尔所谓达者？子张对曰：在邦必闻，在家必闻。子曰：是闻也，非达也。夫达也者，质直而好义，察言而观色，虑以下人。

在邦必达，在家必达。夫闻也者，色取仁而行违，居之不疑。在邦必闻，在家必闻。”

36. 德章：姓刘，王阳明的弟子之一。

37. 良知良能：出自《孟子・尽心上》：“孟子曰：人之所不学而能者，其良能也；所不虑而知者，其良知也。”

38. 先儒以心之静为体，心之动为用：出自程颐《与吕大临论中书》：“心一也，有指体而言者，寂然不动是也。有指用而言者，感而遂通天下之故是也。唯观其所见如何耳。”

39. 上智下愚：出自《论语・阳货》：“唯上智与下愚不移。”

40. 子夏门人问交：出自《论语・子张》：“子夏之门人问交于子张。子张曰：‘子夏云何？’对曰：‘子夏曰：可者与之，其不可者拒之。’子张曰：‘异乎吾所闻：君子尊贤而容众，嘉善而矜不能。我之大贤与，于人何所不容？我之不贤与，人将拒我，如之何其拒人也？’”

41. 子夏：姓卜，名商，孔子弟子，孔门七十二贤之一。

42. 子张：复姓颛孙，名师，字子张，孔子弟子，孔门七十二贤之一。

43. 子仁：冯恩，字子仁，号南江，王阳明的弟子之一。

44. 学而时习之，不亦说乎：出自《论语・学而》，说通“悦”。

45 效先觉之所为：出自朱熹《论语集注》：“学之为言效也，人性皆善，而觉有先后，后觉者必效先觉者之所为，乃可以明善而复其初也。”

46. 坐如尸、立如斋：尸，祭祀典礼时扮作先祖的样子代其受祭的晚辈。斋，意为斋戒。

47. 理义之说我心：出自《孟子・告子上》：“故理义之说我心，犹刍豢之说我口。”说通“悦”。

48. 国英：陈桀，字国英，福建莆田人，王阳明的弟子之一。

49. 曾子三省：曾子，即曾参。

50. 一贯：出自《论语・里仁》：“子曰：‘参乎！吾道一以贯之！’曾子曰：‘唯。’子出，门人问曰：‘何谓也？’曾子曰：‘夫子之道，忠恕而已矣。’”《论语・卫灵公》：“子曰：‘赐也！女以予为多学而识之者与？’对曰：‘然，非与？’曰：‘非也。予一以贯之。’”

51. 曾子于其用处，盖已随事精察而力行之，但未知其体之一：出自朱熹《论语集注》，原句为：“朱子注曰：圣人之心，浑然一理，而泛应曲当，用各不同。曾子于其用处，盖已随事精察而力行之，但未知其体之一尔。夫子知其真积力久，将有所得，是以呼而告之。曾子果能默契其指，即应之速而无疑也。”

52. 黄诚甫：名宗贤，号致斋，浙江宁波人，王阳明的弟子之一。

53. 汝与回也，孰愈：出自《论语・公冶长》：“子谓子贡曰：女与回也孰愈？对曰：赐也何敢望回？回也闻一以知十，赐也闻一以知二。子曰：弗如也，吾与女弗如也！”女通“汝”。

54. 子贡：复姓端木，字子贡，春秋末年卫国（今河南鹤壁市浚县）人，孔子弟子，孔门七十二贤之一。

55. 颜子不迁怒，不贰过：出自《论语・雍也》：“哀公问：弟子孰为好学？孔子对曰：有颜回者好学，不迁怒，不贰过。不幸短命死矣。今也则亡，未闻好学者也。”

56. 梁日孚：梁焯，字日孚，广东南海人，王阳明的学生之一。

57. 居敬、穷理是两事：出自朱熹《朱子语类》：“学者工夫，唯在居敬、穷理二事。此二事互相发。能穷理，则居敬工夫日益进；能居敬，则穷理工夫日益密。”

58. 敬以直内，义以方外：意为要以坚定正确的原则端正内心的思想，要以义德端正外在的行为。

59. 修己以敬：出自《论语·宪问》："子路问君子。子曰：'修己以敬。'曰：'如斯而已乎？'曰：'修己以安人。'曰：'如斯而已乎？'曰：'修己以安百姓。修己以安百姓，尧舜其犹病诸？'"

60. 集义：出自《孟子·公孙丑上》："敢问何谓浩然之气？曰：难言也。其为气也，至大至刚，以直养而无害，则塞于天地之间。其为气也，配义与道。无是，馁也。是集义所生者，非义袭而取之也。"

61. 充其恻隐之心，至仁不可胜用：出自《孟子·尽心上》："孟子曰：人皆有所不忍，达之于其所忍，仁也；人皆有所不为，达之于其所为，义也。人能充无欲害人之心，而仁不可胜用也；人能充无穿逾之心，而义不可胜用也；人能充无受尔汝之实，无所往而不为义也。士未可以言而言，是以言餂之也；可以言而不言，是以不言餂之也。是皆穿逾之类也。"

62. 一草一木亦皆有理，不可不察：出自《二程遗书·卷十八》："然一草一木皆有理，须是察。"

63. 夫我则不暇：出自《论语·宪问》："子贡方人。子曰：赐也贤乎哉？夫我则不暇。"

64. 惟乾：冀元亨，字惟乾，湖南武陵（今湖南常德）人，王阳明的弟子之一。

65. 守衡：王阳明的弟子之一，具体情况不详。

66. 有所忿懥好乐，则不得其正：懥，忿恨、愤怒的样子。

67. 无有作好作恶：出自《尚书·洪范》："无有作好，遵王之道；无有作恶，尊王之路。"

68. 鉴空衡平：出自朱熹《大学或问》："人之一心，湛然虚明，如鉴之空，如衡之平，以为一身之主者，固其真体之本然。"

69. 正之：黄弘纲，字正之，号洛村，江西雩都（今江西于都县）人，王阳明的弟子之一。

70. 戒惧是己所不知时功夫，慎独是己所独知时功：出自《礼记·中庸》：“道也者，不可须臾离也。可离，非道也。是故君子戒慎乎其所不睹，恐惧乎其所不闻。莫见乎隐，莫显乎微，故君子慎其独也。”

71. 见君子而后厌然：出自《大学》：“小人闲居为不善，无所不至，见君子而后厌然，掩其不善，而著其善。”

72. 立诚：出自《易·乾·文言》：“九三曰：君子终日乾乾，夕惕若，厉无咎。何谓也？子曰：君子进德修业。忠信，所以进德也；修辞立其诚，所以居业也。知至至之，可与几也。知终终之，可与存义也。是故居上位而不骄，在下位而不忧。故乾乾因其时而惕，虽危无咎矣。”

73. 志道：管志道，字登之，号东溟，江苏太仓人，是王阳明的弟子耿定向的学生。

74. 养心莫善于诚：出自《荀子·不苟》：“君子养心莫善于诚，致诚则无它事矣。唯仁之为守，唯义之为行。”

75. 先儒非之：出自《二程遗书·卷二上》：“孟子言‘养心莫善于寡欲’，寡欲则心自诚；荀子言‘养心莫善于诚’，既诚矣，又何养？此已不识诚，又不知所以养。”

76. 以诚敬存之：出自《二程遗书·卷二上》：“学者须先识仁。仁者，浑然与物同体；义礼智信皆仁也。识得此理，以诚敬存之而已。”

77. 为富不仁：出自《孟子·滕文公上》：“阳虎曰：为富不仁，为仁不富矣。”

78. 阳虎：即阳货，春秋后期鲁国人，季氏家臣。

79. 萧惠：王阳明的弟子之一，具体情况不详。

80. 美色令人目盲，美声令人耳聋，美味令人口爽，驰骋田猎令人发狂：出自《老子》：“五色令人目盲，五音令人耳聋，五味令人口爽，驰骋畋猎令人心发狂，难得之货令人行妨。”

81. 必须非礼勿视、听、言、动：出自《论语・颜渊》：“颜渊问仁。子曰：克己复礼为仁。一日克己复礼，天下归仁焉。为仁由己，而由人乎哉？颜渊曰：请问其目。子曰：非礼勿视，非礼勿听，非礼勿言，非礼勿动。颜渊曰：回虽不敏，请事斯语矣。”

82. 认贼作子：出自《楞严经》，佛家语，比喻错将妄想认为真实。

83. 错用了三十年气力：王阳明年轻时曾一度痴迷于佛、道等诸般学问，后于三十九岁在贵州悟道，其间经历约二十几年时间。

84. 土苴：苴，意为渣滓、糟粕。比喻微贱的东西。

85. 鸱鸮窃腐鼠：鸱鸮以为鹓雏要抢夺腐鼠，便发出恐吓的声音，以此比喻自以为是。鸱鸮，意为猫头鹰。

86. 刘观时：字易仲，王阳明的弟子之一。

87. 息有养，瞬有存：出自张载《张子全书・卷三》：“言有教，动有法，昼有为，宵有得，息有养，瞬有存。”

88. 通乎昼夜之道而知：出自《易・系辞上》：“范围天地之化而不过，曲成万物而不遗，通乎昼夜之道而知，故神无方而《易》无体。”

89. 马子莘：马明衡，字子莘，福建莆田人，明正德九年（1514 年）登进士，王阳明的弟子之一。

90. 修道之教：出自《礼记・中庸》：“天命之谓性，率性之谓道，修道之谓教。”

91. 旧说谓圣人品节吾性之固有：出自朱熹《中庸章句》：“圣人因人物之所当行者而品节之，以为法于天下，则谓之教，若礼、乐、刑、政之属是也。”品节，意为按等级、层次而加以节制。

92. 自诚明，谓之性；自明诚，谓之教：出自《礼记·中庸》。

93. 天道至教：出自《礼记·礼器》：“天道至教，圣人至德。”

94. 风雨霜露，无非教也：出自《礼记·孔子闲居》：“天有四时，春秋冬夏，风雨霜露，无非教也。”

95. 修道以仁：出自《礼记·中庸》：“故为政在人，取人以身，修身以道，修道以仁。”

96. 中和、位育：出自《礼记·中庸》：“喜怒哀乐之未发，谓之中；发而皆中节，谓之和。中也者，天下之大本也；和也者，天下之达道也。致中和，天地位焉、万物育焉。”

97. 孔子告颜渊为邦：出自《论语·卫灵公》：“颜渊问为邦。子曰：行夏之时，乘殷之辂，服周之冕，乐则《韶》、《舞》、放郑声，远佞人。郑声淫，佞人殆。”

98. 立万世常行之道：出自朱熹《论语集注》：“程子曰：问政多矣，惟颜渊告之以此。盖三代之制，皆因时损益，及其久也，不能无弊。周衰，圣人不作，故孔子斟酌先王之礼，立万世常行之道，发此以为之兆尔。”

99. 为政在人，取人以身，修身以道，修道以仁：出自《礼记·中庸》。

100. 达道、九经、诚身：出自《礼记·中庸》：“天下之达道五……曰：君臣也，父子也，夫妇也，昆弟也，朋友之交也，五者天下之达道也……为天下国家有九经，曰：修身也，尊贤也，亲亲也，敬大臣也，体群臣也，子庶民也，来百工也，柔远人也，怀诸侯也……诚身有道，不明乎善，不诚乎身矣。”

qián dé hóng lù

二十、钱德洪录

【背景】钱德洪（1496—1574），名宽，字洪甫，世称绪山先生，明朝中后期哲学家、思想家、教育家。明嘉靖十一年（1532 年）登进士。王阳明弟子之一，心学重要代表人物。钱德洪不仅注重“为善去恶”的修炼功夫，还整理王阳明的主要著作，著有《绪山会语》《平濠记》等，并修订《王阳明先生年谱》，对王阳明思想的弘扬起到重要作用。《钱德洪录》以语录体的形式记载了王阳明与钱德洪及其他学生之间问答的内容，重点提出“良知是造化的精灵”“道即是良知”“天理即是良知”“良知只是个是非之心”“七情顺其自然之流行，皆是良知之用”等观点，以及代表王阳明思想精华的“四句教”，即“无善无恶是心之体，有善有恶是意之动，知善知恶是良知，为善去恶是格物”。

hé tíng rén huáng zhèng zhī lǐ hóu bì rǔ zhōng
何廷仁[1]、黄正之[2]、李侯璧[3]、汝中[4]、
dé hóng shì zuò xiān shēng gù ér yán yuē rǔ bèi xué wèn bù dé
德洪侍坐。先生顾而言曰：“汝辈学问不得
zhǎng jìn zhǐ shì wèi lì zhì hóu bì qǐ ér duì yuē gǒng yì
长进，只是未立志。”侯璧起而对曰：“珙亦
yuàn lì zhì
愿立志。”

xiān shēng yuē nán shuō bù lì wèi shì bì wéi shèng rén
先生曰：“难说不立，未是‘必为圣人

之志耳’。”

对曰：“愿立‘必为圣人之志’。”

先生曰：“你真有圣人之志，良知上更无不尽。良知上留得些子别念挂带，便非‘必为圣人之志’矣。”

洪初闻时心若未服，听说到此，不觉悚汗。

先生曰：“良知是造化的精灵。这些精灵，生天生地，成鬼成帝，皆从此出，真是与物无对。人若复得他完完全全，无少亏欠，自不觉手舞足蹈，不知天地间更有何乐可代！”

一友静坐有见，驰问先生。

答曰：“吾昔居滁[5]时，见诸生多务知解口耳异同，无益于得，姑教之静坐。一时窥见光景，颇收近效；久之渐有喜静厌动，流入枯槁之病，或务为玄解妙觉，动人听闻，故迩来只说致良知。良知明白，随你去静处体悟也好，随你去事上磨炼也好，良知本体原是无动无静的，此便是学问头脑。我这个话头，自滁州到今，亦较过几番，只是致良知三字无病。医经折肱[6]，方能察人病理。”

一友问：“功夫欲得此知时时接续，一切应感处反觉照管不及，若去事上周旋，又觉不见了。如何则可？”

先生曰：“此只认良知未真，尚有内外之间。我这里功夫不由人急心，认得良知头脑是当，去朴实用功，自会透彻。到此便是

nèi wài liǎng wàng yòu hé xīn shì bù hé yī
内外两忘，又何心事不合一。”

yòu yuē gōng fū bù shì tòu de zhè gè zhēn jī rú hé
又曰：“功夫不是透得这个真机，如何
dé tā chōng shí guāng huī ruò néng tòu de shí bù yóu nǐ cōng míng
得他充实光辉[7]？若能透得时，不由你聪明
zhī jiě jiē de lái xū xiōng zhōng zhā zǐ hún huà bù shǐ yǒu háo
知解接得来，须胸中渣滓浑化[8]，不使有毫
fà zhān dài shǐ dé
发沾带始得。”

xiān shēng yuē tiān mìng zhī wèi xìng mìng jí shì xìng shuài
先生曰：“天命之谓性，命即是性。率
xìng zhī wèi dào xìng jí shì dào xiū dào zhī wèi jiào dào jí shì
性之谓道，性即是道。修道之谓教，道即是
jiào
教。”

wèn rú hé dào jí shì jiào
问：“如何道即是教？”

yuē dào jí shì liáng zhī liáng zhī yuán shì wán wán quán quán
曰：“道即是良知。良知原是完完全全，
shì de huán tā shì fēi de huán tā fēi shì fēi zhǐ yī zhe tā
是的还他是，非的还他非，是非只依着他，
gèng wú yǒu bù shì chù zhè liáng zhī hái shì nǐ de míng shī
更无有不是处。这良知还是你的明师。”

wèn bù dǔ bù wén shì shuō běn tǐ jiè shèn kǒng jù shì
问：“不睹不闻是说本体，戒慎恐惧是
shuō gōng fū fǒu
说功夫否？[9]”

先生曰："此处须信得本体原是不睹不闻的，亦原是戒慎恐惧的，戒慎恐惧不曾在不睹不闻上加得些子。见得真时，便谓戒慎恐惧是本体，不睹不闻是功夫亦得。"

问："通乎昼夜之道而知。"

先生曰："良知原是知昼知夜的。"

又问："人睡熟时，良知亦不知了。"

曰："不知何以一叫便应？"

曰："良知常知，如何有睡熟时。"

曰："向晦宴息[10]，此亦造化常理。夜来天地混沌，形色俱泯，人亦耳目无所睹闻，众窍俱翕，此即良知收敛凝一时。天地既开，庶物露生，人亦耳目有所睹闻，众窍俱辟，此即良知妙用发生时。可见人心与天地一体，故上下与天地同流[11]。今人不会宴息，夜来不是昏睡即是妄思魇寐。”

曰：“睡时功夫如何用？”

先生曰：“知昼即知夜矣。日间良知是顺应无滞的，夜间良知即是收敛凝一的，有梦即先兆。”

又曰：“良知在‘夜气’发的方是本体，以其无物欲之杂也。学者要使事物纷扰之时，常如夜气一般，就是通乎昼夜之道而知。”

先生曰：“仙家说到虚，圣人岂能虚上加得一毫实？佛氏说到无，圣人岂能无上加得一毫有？但仙家说虚，从养生上来；佛氏说无，从出离生死苦海[12]上来，却于本体上加却这些子意思在，便不是他虚无的本色了，便于本体有障碍。圣人只是还他良知的本色，更不着些子意在。良知之虚便是天之太虚，良知之无便是太虚之无形[13]。日、月、风、雷、山、川、民、物，凡有貌象形色，皆在太虚无形中发用流行，未尝作得天的障碍。圣人只是顺其良知之发用，天地万物俱在我良知的发用流行中，何尝又有一物起于良知之外，能作得障碍？”

或问：“释氏亦务养心，然要之不可以治天下，何也？”

先生曰：“吾儒养心未尝离却事物，只顺其天则自然就是功夫。释氏却要尽绝事物，把心看做幻相，渐入虚寂去了，与世间若无些子交涉，所以不可治天下。”

或问异端[14]。

先生曰：“与愚夫愚妇同的，是谓同德；与愚夫愚妇异的，是谓异端。”

先生曰：“孟子不动心与告子不动心，所异只在毫厘间。告子只在不动心上着功，孟子便直从此心原不动处分晓。心之本体原是不动的，只为所行有不合义便动了。孟子不论心之动与不动，只是集义[15]，所行无不是义，此心自然无可动处。若告子只要此心不动，便是把捉此心，将他生生不息之根反阻挠了，此非徒无益，而又害之。孟子集义工夫，自是养得充满，并无馁歉，自是纵横自在，活泼泼地，此便是浩然之气。”

又曰："告子病源，从性无善无不善上见来。性无善无不善，虽如此说，亦无大差。但告子执定看了，便有个无善无不善的性在内。有善有恶，又在物感上看，便有个物在外；却做两边看了，便会差。无善无不善，性原是如此。悟得及时，只此一句便尽了，更无有内外之间。告子见一个性在内，见一个物在外，便见他于性有未透彻处。"

朱本思[16]问："人有虚灵，方有良知。若草、木、瓦、石之类，亦有良知否？"

先生曰："人的良知，就是草木瓦石的良知。若草木瓦石无人的良知，不可以为草木瓦石矣。岂惟草木瓦石为然，天地无人的良知，亦不可为天地矣。盖天地万物与人原是一体，其发窍之最精处，是人心一点灵明。风、雨、露、雷，日、月、星、辰，禽、兽、草、木，山、川、土、石，与人原只一体。故五谷、禽兽之类皆可以养人，药石之类皆可以疗疾。只为同此一气，故能相通耳。”

先生游南镇[17]。一友指岩中花树问曰：“天下无心外之物，如此花树，在深山中自开自落，于我心亦何相关？”

先生曰：“你未看此花时，此花与汝心同归于寂；你来看此花时，则此花颜色一时明白起来，便知此花不在你的心外。”

问：“大人与物同体，如何《大学》又说个厚薄[18]？”

先生曰："惟是道理自有厚薄。比如身是一体，把手足捍头目，岂是偏要薄手足？其道理合如此。禽兽与草木同是爱的，把草木去养禽兽，心又忍得？人与禽兽同是爱的，宰禽兽以养亲与供祭祀、燕宾客，心又忍得？至亲与路人同是爱的，如箪食豆羹，得则生，不得则死[19]，不能两全，宁救至亲，不救路人，心又忍得？这是道理合该如此。及至吾身与至亲，更不得分别彼此厚薄。盖以仁民爱物[20]皆从此出，此处可忍，更无所不忍矣。《大学》所谓厚薄，是良知上自然的条理，不可逾越，此便谓之义；顺这个条理，便谓之礼；知此条理，便谓之智；终始是这条理，便谓之信。"

又曰："目无体，以万物之色为体；耳无体，以万物之声为体；鼻无体，以万物之臭为体；口无体，以万物之味为体；心无体，以天地万物感之是非为体。"

问："夭寿不贰[21]。"

先生曰："学问功夫，于一切声利嗜好俱能脱落殆尽，尚有一种生死念头毫发挂带，便于全体有未融释处。人于生死念头，本从生身命根上带来，故不易去。若于此处见得破，透得过，此心全体方是流行无碍，方是尽性至命之学。"

一友问："欲于静坐时，将好名、好色、好货等根逐一搜寻，扫除廓清，恐是剜肉做疮否？"

xiān shēng zhèng sè yuē zhè shì wǒ yī rén de fāng zǐ zhēn
先生正色曰：“这是我医人的方子，真
shì qù de rén bìng gēn gèng yǒu dà běn shì rén guò le shí shù nián
是去得人病根。更有大本事人，过了十数年
yì hái yòng de zháo nǐ rú bù yòng qiě fàng qǐ bù yào zuò huài
亦还用得着。你如不用，且放起，不要作坏
wǒ de fāng zǐ
我的方子！”

shì yǒu kuì xiè
是友愧谢。

shǎo jiān yuē cǐ liàng fēi nǐ shì bì wú mén shāo zhī
少间，曰：“此量非你事，必吾门稍知
yì si zhě wéi cǐ shuō yǐ wù rǔ
意思者，为此说以误汝。”

zài zuò zhě jiē sǒng rán
在坐者皆悚然。

yī yǒu wèn gōng fū bù qiè
一友问功夫不切。

xiān shēng yuē xué wèn gōng fū wǒ yǐ céng yī jù dào
先生曰：“学问功夫，我已曾一句道
jìn rú hé jīn rì zhuǎn shuō zhuǎn yuǎn dōu bù zhuó gēn
尽。如何今日转说转远，都不着根！”

duì yuē zhì liáng zhī gài wén jiào yǐ rán yì xū jiǎng
对曰：“致良知盖闻教矣，然亦须讲
míng
明。”

xiān shēng yuē jì zhī zhì liáng zhī yòu hé kě jiǎng míng
先生曰：“既知致良知，又何可讲明？

liáng zhī běn shì míng bái shí luo yòng gōng biàn shì bù kěn yòng gōng
良知本是明白，实落用功便是。不肯用功，
zhǐ zài yǔ yán shàng zhuǎn shuō zhuǎn hú tú
只在语言上转说转糊涂。”

yuē zhèng qiú jiǎng míng zhì zhī zhī gōng
曰：“正求讲明致之之功。”

xiān shēng yuē cǐ yì xū nǐ zì jiā qiú wǒ yì wú bié
先生曰：“此亦须你自家求，我亦无别
fǎ kě dào xī yǒu chán shī rén lái wèn fǎ zhǐ bǎ zhǔ wěi
法可道。昔有禅师，人来问法，只把麈尾[22]
tí qǐ yī rì qí tú jiāng qí zhǔ wěi cáng guò shì tā rú hé
提起。一日，其徒将其麈尾藏过，试他如何
shè fǎ chán shī xún zhǔ wěi bù jiàn yòu zhǐ kōng shǒu tí qǐ wǒ
设法。禅师寻麈尾不见，又只空手提起。我
zhè gè liáng zhī jiù shì shè fǎ de zhǔ wěi shě le zhè gè yǒu hé
这个良知就是设法的麈尾，舍了这个，有何
kě tí de
可提得？”

shǎo jiàn yòu yī yǒu qǐng wèn gōng fū qiè yào
少间，又一友请问功夫切要。

xiān shēng páng gù yuē wǒ zhǔ wěi ān zài
先生旁顾曰：“我麈尾安在？”

yī shí zài zuò zhě jiē yuè rán
一时在坐者皆跃然。

huò wèn zhì chéng qián zhī
或问“至诚”“前知”[23]。

xiān shēng yuē chéng shì shí lǐ zhǐ shì yī gè liáng zhī
先生曰：“诚是实理，只是一个良知。

实理之妙用流行就是神，其萌动处就是几，‘诚、神、几，曰圣人’[24]。圣人不贵前知，祸福之来虽圣人有所不免。圣人只是知几，遇变而通耳。良知无前后，只知得见在的几，便是一了百了。若有个前知的心，就是私心，就有趋避利害的意。邵子[25]必于前知，终是利害心未尽处。”

先生曰：“无知无不知本体原是如此。譬如日未尝有心照物，而自无物不照。无照无不照，原是日的本体。良知本无知，今却要有知；本无不知，今却疑有不知。只是信不及耳。”

先生曰：“惟天下至圣为能聪明睿智[26]，旧看何等玄妙，今看来原是人人自有的。耳原是聪，目原是明，心思原是睿智。圣人只是一能之尔，能处正是良知。众人不能，只是个不致知。何等明白简易！”

问：“孔子所谓远虑[27]，周公夜以继日[28]，与将迎[29]不同。何如？”

先生曰：“远虑不是茫茫荡荡去思虑，只是要存这天理。天理在人心，亘古亘今，无有终始。天理即是良知，千思万虑，只是要致良知。良知愈思愈精明，若不精思，漫然随事应去，良知便粗了。若只着在事上茫茫荡荡去思教做远虑，便不免有毁誉、得丧、人欲搀入其中，就是将迎了。周公终夜以思，只是戒慎不睹，恐惧不闻的功夫。见得时，其气象与将迎自别。”

问："'一日克己复礼，天下归仁'[30]，朱子作效验说[31]，如何？"

先生曰："圣贤只是为己之学，重功夫不重效验。仁者以万物为体，不能一体，只是己私未忘。全得仁体，则天下皆归于吾仁，就是'八荒皆在我闼'[32]意，天下皆与，其仁亦在其中。如在邦无怨，在家无怨[33]，亦只是自家不怨，如不怨天，不尤人之意。然家邦无怨，于我亦在其中，但所重不在此。"

问："孟子巧、力、圣、智[34]之说，朱子云：'三子力有余而巧不足。'何如？"

先生曰："三子固有力，亦有巧。巧、力实非两事，巧亦只在用力处，力而不巧，亦是徒力。三子譬如射：一能步箭，一能马箭，一能远箭。他射得到俱谓之力，中处俱可谓之巧。但步不能马，马不能远，各有所长，便是才力分限有不同处。孔子则三者皆长。然孔子之和，只到得柳下惠[35]而极；清，只到得伯夷而极；任，只到得伊尹而极。何曾加得些子？若谓‘三子力有余而巧不足’[36]，则其力反过孔子了。巧、力只是发明圣、知之义，若识得圣、知本体是何物，便自了然。”

先生曰：“先天而天弗违，天即良知也；后天而奉天时，良知即天也。”[37]

“良知只是个是非之心，是非只是个好恶。只好恶就尽了是非，只是非就尽了万事

wàn biàn
万变。”

yòu yuē shì fēi liǎng zì shì gè dà guī jǔ qiǎo chù zé
又曰：“是非两字是个大规矩，巧处则
cún hū qí rén
存乎其人。”

shèng rén zhī zhī rú qīng tiān zhī rì xián rén rú fú yún tiān
“圣人之知如青天之日，贤人如浮云天
rì yú rén rú yīn mái tiān rì suī yǒu hūn míng bù tóng qí
日，愚人如阴霾天日。虽有昏明不同，其
néng biàn hēi bái zé yī suī hūn hēi yè lǐ yì yǐng yǐng jiàn de hēi
能辨黑白则一。虽昏黑夜里，亦影影见得黑
bái jiù shì rì zhī yú guāng wèi jìn chù kùn xué gōng fū yì zhǐ
白，就是日之余光未尽处。困学功夫，亦只
cóng zhè diǎn míng chù jīng chá qù ěr
从这点明处精察去耳。”

wèn zhī pì rì yù pì yún yún suī néng bì rì
问：“知譬日，欲譬云。云虽能蔽日，
yì shì tiān zhī yī qì hé yǒu de yù yì mò fēi rén xīn hé yǒu
亦是天之一气合有的，欲亦莫非人心合有
fǒu
否？”

xiān shēng yuē xǐ nù āi jù ài wù
先生曰：“喜、怒、哀、惧、爱、恶、
yù wèi zhī qī qíng qī zhě jù shì rén xīn hé yǒu de dàn yào
欲，谓之七情，七者俱是人心合有的，但要
rèn de liáng zhī míng bái bǐ rú rì guāng yì bù kě zhǐ zhe fāng
认得良知明白。比如日光，亦不可指着方

所，一隙通明，皆是日光所在。虽云雾四塞，太虚中色象可辨，亦是日光不灭处。不可以云能蔽日，教天不要生云。七情顺其自然之流行，皆是良知之用，不可分别善恶，但不可有所着。七情有着，俱谓之欲，俱为良知之蔽。然才有着时，良知亦自会觉；觉即蔽去，复其体矣。此处能勘得破，方是简易透彻功夫。”

问：“圣人生知安行是自然的，如何？有甚功夫？”

先生曰：“知行二字即是功夫，但有浅深难易之殊耳。良知原是精精明明的，如欲孝亲，生知安行的只是依此良知实落尽孝而已；学知利行者只是时时省觉，务要依此良知尽孝而已；至于困知勉行者，蔽锢已深，虽要依此良知去孝，又为私欲所阻，是以不能，必须加人一己百、人十己千之功，方能依此良知以尽其孝。圣人虽是生知安行，然其心不敢自是，肯做困知勉行的功夫。困知勉行的却要思量做生知安行的事，怎生成得？”

问：“乐是心之本体，不知遇大故，于哀哭时，此乐还在否？”

先生曰：“须是大哭一番了方乐，不哭便不乐矣。虽哭，此心安处即是乐也，本体未尝有动。”

问：“良知一而已。文王作彖，周公系爻，孔子赞《易》[38]，何以各自看理不同？”

xiān shēng yuē shèng rén hé néng jū de sǐ gé dà yào chū
先生曰："圣人何能拘得死格？大要出
yú liáng zhī tóng biàn gè wéi shuō hé hài qiě rú yī yuán zhú zhǐ
于良知同，便各为说何害？且如一园竹，只
yào tóng cǐ zhī jié biàn shì dà tóng ruò jū dìng zhī zhī jié jié
要同此枝节，便是大同；若拘定枝枝节节，
dōu yào gāo xià dà xiǎo yī yàng biàn fēi zào huà miào shǒu yǐ rǔ bèi
都要高下大小一样，便非造化妙手矣。汝辈
zhǐ yào qù péi yǎng liáng zhī liáng zhī tóng gèng bù fáng yǒu yì chù
只要去培养良知，良知同，更不妨有异处。
rǔ bèi ruò bù kěn yòng gōng lián sǔn yě bù céng chōu de hé chù qù
汝辈若不肯用功，连笋也不曾抽得，何处去
lùn zhī jié
论枝节？"

xiāng rén yǒu fù zǐ sòng yù qǐng sù yú xiān shēng shì zhě yù
乡人有父子讼狱，请诉于先生。侍者欲
zǔ zhī xiān shēng tīng zhī yán bù zhōng cí qí fù zǐ xiāng bào
阻之，先生听之，言不终辞，其父子相抱
tòng kū ér qù
恸哭而去。

chái míng zhì rù wèn yuē xiān shēng hé yán zhì yī gǎn
柴鸣治[39]入问曰："先生何言，致伊感
huǐ zhī sù
悔之速？"

xiān shēng yuē wǒ yán shùn shì shì jiān dà bù xiào de zǐ
先生曰："我言舜是世间大不孝的子，
gǔ sǒu shì shì jiān dà cí de fù
瞽叟是世间大慈的父。"

鸣治愕然，请问。

先生曰：“舜常自以为大不孝，所以能孝；瞽叟常自以为大慈，所以不能慈。瞽叟只记得舜是我提孩长的，今何不曾豫悦我？不知自心已为后妻所移了，尚谓自家能慈，所以愈不能慈。舜只思父提孩我时如何爱我，今日不爱，只是我不能尽孝，日思所以不能尽孝处，所以愈能孝。及至瞽叟底豫时，又不过复得此心原慈的本体。所以后世称舜是个古今大孝的子，瞽叟亦做成个慈父。”

先生曰：“孔子有鄙夫来问，未尝先有知识以应之，其心只空空而已[40]；但叩他自知的是非两端，与之一剖决，鄙夫之心便已了然。鄙夫自知的是非，便是他本来天则，虽圣人聪明，如何可与增减得一毫？他只不能自信，夫子与之一剖决，便已竭尽无余了。若夫子与鄙夫言时，留得些子知识在，便是不能竭他的良知，道体即有二了。”

先生曰：“‘蒸蒸乂，不格奸’[41]，本注说象已进进于义，不至大为奸恶。舜征庸后，象犹日以杀舜为事，何大奸恶如之！舜只是自进于义，以义熏蒸，不去正他奸恶。凡文过掩慝，此是恶人常态，若要指摘他是非，反去激他恶性。舜初时致得象要杀己，亦是要象好的心太急，此就是舜之过处。经过来，乃知功夫只在自己，不去责人，所以致得克谐。此是舜动心忍性、增益不能处。

古人言语，俱是自家经历过来，所以说得亲切，遗之后世，曲当人情。若非自家经过，如何得他许多苦心处？”

先生曰：“古乐不作久矣。今之戏子，尚与古乐意思相近。”

未达，请问。

先生曰：“《韶》之九成[42]，便是舜的一本戏子；《武》之九变，便是武王的一本戏子。圣人一生实事，俱播在乐中，所以有德者闻之，便知他尽善尽美与尽美未尽善处[43]。若后世作乐，只是做些词调，于民俗风化绝无关涉，何以化民善俗！今要民俗反朴还淳，取今之戏子，将妖淫词调俱去了，只取忠臣孝子故事，使愚俗百姓人人易晓，无意中感激他良知起来，却于风化有益。然后古乐渐次可复矣。”

曰：“洪要求元声[44]不可得，恐于古乐亦难复。”

先生曰：“你说元声在何处求？”

对曰：“古人制管候气，恐是求元声之法。”

先生曰：“若要去葭灰黍粒中求元声，却如水底捞月，如何可得？元声只在你心上求。”

曰：“心如何求？”

先生曰：“古人为治，先养得人心和平，然后作乐。比如在此歌诗，你的心气和平，听者自然悦怿兴起，只此便是元声之始。《书》云‘诗言志’，志便是乐的本；‘歌永言’，歌便是作乐的本；‘声依永，律和声’[45]，律只要和声，和声便是制律的本。何尝求之于外？”

曰：“古人制侯气法，是意何取？”

先生曰：“古人具中和之体以作乐。我的中和原与天地之气相应，候天地之气，协凤凰之音，不过去验我的气果和否。此是成律已后事，非必待此以成律也。今要侯灰管先须定至日，然至日子时，恐又不准，又何处取得准来？”

先生曰：“学问也要点化，但不如自家解化者，自一了百当。不然，亦点化许多不得。”

“孔子气魄极大，凡帝王事业无不一一理会，也只从那心上来。譬如大树有多少枝叶，也只是根本上用得培养功夫，故自然能如此，非是从枝叶上用功做得根本也。学者学孔子，不在心上用功，汲汲然去学那气魄，却倒做了。”

“人有过，多于过上用功，就是补甑[46]，其流必归于文过。”

“今人于吃饭时，虽然一事在前，其心常役役不宁。只缘此心忙惯了，所以收摄不住。”

“琴瑟简编，学者不可无。盖有业以居之，心就不放。”

先生叹曰：“世间知学的人，只有这些

病痛打不破，就不是善与人同[47]。”

崇一曰：“这病痛只是个好高不能忘己尔。”

问：“良知原是中和的，如何却有过、不及？”

先生曰：“知得过、不及处，就是中和。”

“‘所恶于上’是良知，‘毋以使下’即是致知。[48]”

先生曰：“苏秦[49]、张仪[50]之智，也是圣人之资。后世事业文章，许多豪杰名家，只是学得仪、秦故智。仪、秦学术善揣摸人情，无一些不中人肯綮[51]，故其说不能穷。仪、秦亦是窥见得良知妙用处，但用之于不善尔。”

或问“未发”“已发”[52]。

先生曰：“只缘后儒将未发、已发分说了，只得劈头说个无未发、已发，使人自思得之。若说有个已发、未发，听者依旧落在后儒见解。若真见得无未发、已发，说个有未发、已发，原不妨，原有个未发、已发在。”

问曰：“‘未发’未尝不和，‘已发’未尝不中。譬如钟声，未扣不可谓无，既扣不可谓有。毕竟有个扣与不扣，何如？”

先生曰：“未扣时原是惊天动地，既扣时也只是寂天寞地。”

问：“古人论性各有异同，何者乃为定

论？”

先生曰：“性无定体，论亦无定体，有自本体上说者，有自发用上说者，有自源头上说者，有自流弊处说者，总而言之，只是一个性。但所见有浅深尔，若执定一边，便不是了。性之本体，原是无善无恶的；发用上也原是可以为善、可以为不善的；其流弊也原是一定善、一定恶的。譬如眼，有喜时的眼，有怒时的眼，直视就是看的眼，微视就是觑的眼，总而言之，只是这个眼。若见得怒时眼，就说未尝有喜的眼；见得看时眼，就说未尝有觑的眼。皆是执定，就知是错。孟子说性，直从源头上说来，亦是说个大概如此。荀子性恶之说[53]，是从流弊上说来，也未可尽说他不是，只是见得未精耳。众人则失了心之本体。”

问：“孟子从源头上说性，要人用功在源头上明彻；荀子从流弊说性，功夫只在末流上救正，便费力了。”

先生曰：“然。”

先生曰：“用功到精处，愈着不得言语，说理愈难。若着意在精微上，全体功夫反蔽泥了。”

“杨慈湖[54]不为无见，又着在无声无臭上见了。”

“人一日间，古今世界都经过一番，只是人不见耳。‘夜气’清明时，无视无听，无思无作，淡然平怀，就是羲皇世界。平旦时神清气朗，雍雍穆穆，就是尧舜世界。日中以前，礼仪交会，气象秩然，就是三代世界。日中以后，神气渐昏，往来杂扰，就是春秋战国世界。渐渐昏夜，万物寝息，景象寂寥，就是人消物尽世界。学者信得良知过，不为气所乱，便常做个羲皇已上人。”

薛尚谦、邹谦之、马子莘、王汝止[55]侍坐，因叹先生自征宁藩[56]已来，天下谤议益众，请各言其故。有言先生功业势位日隆，天下忌之者日众；有言先生之学日明，故为宋儒争是非者亦日博；有言先生自南都以后，同志信从者日众，而四方排阻者日益力。

先生曰：“诸君之言，信皆有之。但吾

一段自知处，诸君俱未道及耳。”

诸友请问。

先生曰：“我在南都已前，尚有些子乡愿[57]的意思在。我今信得这良知真是真非，信手行去，更不着些覆藏。我今才做得个狂者的胸次，使天下之人都说我行不揜言也罢。”

尚谦出，曰：“信得此过，方是圣人的真血脉。”

先生锻炼人处，一言之下，感人最深。

一日，王汝止出游归，先生问曰：“游何见？”

对曰：“见满街人都是圣人。”

先生曰：“你看满街人是圣人，满街人

dào kàn nǐ shì shèng rén zài
倒看你是圣人在。”

yòu yī rì dǒng luó shí chū yóu ér guī jiàn xiān shēng
又一日，董萝石[58]出游而归，见先生
yuē jīn rì jiàn yī yì shì
曰：“今日见一异事。”

xiān shēng yuē hé yì
先生曰：“何异？”

duì yuē jiàn mǎn jiē rén dōu shì shèng rén
对曰：“见满街人都是圣人。”

xiān shēng yuē cǐ yì cháng shì ěr hé zú wéi yì
先生曰：“此亦常事耳，何足为异？”

gài rǔ zhǐ guī jiǎo wèi róng luó shí huǎng jiàn yǒu wù gù
盖汝止圭角[59]未融，萝石恍见有悟，故
wèn tóng dá yì jiē fǎn qí yán ér jìn zhī
问同答异，皆反其言而进之。

hóng yǔ huáng zhèng zhī zhāng shū qiān rǔ zhōng bǐng xū huì shì
洪与黄正之、张叔谦[60]、汝中丙戌会试
guī wéi xiān shēng dào tú zhōng jiǎng xué yǒu xìn yǒu bù xìn
归，为先生道途中讲学，有信有不信。

xiān shēng yuē nǐ men ná yī gè shèng rén qù yǔ rén jiǎng
先生曰：“你们拿一个圣人去与人讲
xué rén jiàn shèng rén lái dōu pà zǒu le rú hé jiǎng de xíng
学，人见圣人来，都怕走了，如何讲得行？
xū zuò de gè yú fū yú fù fāng kě yǔ rén jiǎng xué
须做得个愚夫愚妇，方可与人讲学。”

hóng yòu yán jīn rì yào jiàn rén pǐn gāo xià zuì yì
洪又言：“今日要见人品高下最易。”

xiān shēng yuē hé yǐ jiàn zhī
先生曰："何以见之？"

duì yuē xiān shēng pì rú tài shān zài qián yǒu bù zhī yǎng
对曰："先生譬如泰山在前，有不知仰
zhě xū shì wú mù rén
者，须是无目人。"

xiān shēng yuē tài shān bù rú píng dì dà píng dì yǒu hé
先生曰："泰山不如平地大，平地有何
kě jiàn
可见？"

xiān shēng yī yán jiǎn cái pōu pò zhōng nián wéi wài hào gāo zhī
先生一言翦裁，剖破终年为外好高之
bìng zài zuò zhě mò bù sǒng jù
病，在座者莫不悚惧。

guǐ mò chūn zōu qiān zhī lái yuè wèn xué jū shù rì xiān
癸未春，邹谦之来越问学，居数日，先
shēng sòng bié yú fú fēng shì xī yǔ xī yuān zhū yǒu yí zhōu sù yán shòu
生送别于浮峰。是夕与希渊诸友移舟宿延寿
sì bǐng zhú yè zuò xiān shēng kǎi chàng bù yǐ yuē jiāng tāo
寺，秉烛夜坐，先生慨怅不已，曰："江涛
yān liǔ gù rén shū zài bǎi lǐ wài yǐ
烟柳，故人倏在百里外矣！"

yī yǒu wèn yuē xiān shēng hé niàn qiān zhī zhī shēn yě
一友问曰："先生何念谦之之深也？"

xiān shēng yuē zēng zǐ suǒ wèi yǐ néng wèn yú bù néng
先生曰："曾子所谓'以能问于不能，
yǐ duō wèn yú guǎ yǒu ruò wú shí ruò xū fàn ér bù jiào
以多问于寡，有若无，实若虚，犯而不较'，若谦之者，良近之矣。”[61]

丁亥年九月，先生起复[62]，征思、田[63]，将命行。时德洪与汝中论学，汝中举先生教言曰：“无善无恶是心之体，有善有恶是意之动，知善知恶是良知，为善去恶是格物。”[64]

德洪曰：“此意如何？”

汝中曰：“此恐未是究竟话头。若说心体是无善无恶，意亦是无善无恶的意，知亦是无善无恶的知，物亦是无善无恶的物矣。若说意有善恶，毕竟心体还有善恶在。”

德洪曰：“心体是天命之性，原是无善无恶的。但人有习心，意念上见有善恶在。格、致、诚、正、修，此正是复那性体功夫。若原无善恶，功夫亦不消说矣。”

是夕侍坐天泉桥[65]，各举，请正。

先生曰：“我今将行，正要你们来讲破此意。二君之见，正好相资为用，不可各执一边。我这里接人，原有此二种：利根之人，直从本源上悟入，人心本体原是明莹无滞的，原是个未发之中[66]，利根之人一悟本体，即是功夫，人己内外一齐俱透了；其次不免有习心在，本体受蔽，故且教在意念上实落为善去恶，功夫熟后，渣滓去得尽时，本体亦明尽了。汝中之见，是我这里接利根人的；德洪之见，是我这里为其次立法的。二君相取为用，则中人上下皆可引入于道；若各执一边，眼前便有失人，便于道体各有未尽。”

既而曰：“已后与朋友讲学，切不可失了我的宗旨：无善无恶是心之体，有善有恶是意之动，知善知恶是良知，为善去恶是格物。只依我这话头随人指点，自没病痛，此原是彻上彻下功夫。利根之人，世亦难遇。本体功夫一悟尽透，此颜子[67]、明道[68]所不敢承当，岂可轻易望人。人有习心，不教他在良知上实用为善去恶功夫，只去悬空想个本体，一切事为俱不着实，不过养成一个虚寂。此个病痛不是小小，不可不早说破。”

是日德洪、汝中俱有省。

【注释】

1. 何廷仁：字性之，别号善山，江西雩都县（今江西于都县）人，王阳明的弟子之一，著有《善山集》等。

2. 黄正之：黄弘纲，字正之，号洛村，江西雩都（今江西于都县）人，王阳明的弟子之一。

3. 李侯璧：名珙，浙江永康人，王阳明的弟子之一。

4. 汝中：王汝中，王阳明的弟子之一。

5. 滁：滁州。王阳明于明正德八年（1513年）升任南太仆少卿后，曾在滁州琅琊山聚众讲学。

6. 医经折肱：出自《左传·定公十三年》："齐高强曰：三折肱知为良医。"意为久病成良医。

7. 充实光辉：出自《孟子·尽心下》："可欲之谓善，有诸己之谓信，充实之谓美，充实而有光辉之谓大，大而化之之谓圣，圣而不可知之之谓神。"

8. 渣滓浑化：出自朱熹《论语集注》："乐有五声十二律，更唱迭和，以为歌舞八音之节，可以养人之性情而荡涤其邪秽，消融其渣滓。"

9. 不睹不闻、戒慎恐惧：出自《礼记·中庸》："道也者，不可须臾离也；可离，非道也。是故君子戒慎乎其所不睹，恐惧乎其所不闻。莫见乎隐，莫显乎微，故君子慎其独也。"

10. 向晦宴息：出自《易·随卦》："君子以向晦入宴息。"向晦，意为天将黑。宴息，意为休息。

11. 上下与天地同流：出自《孟子·尽心上》："夫君子所过者化，所存者神，上下与天地同流，岂曰小补之哉？"

12. 苦海：在宗教语言中指尘世间的无尽烦恼和苦难。

13. 太虚之无形：出自张载《正蒙·太和》："太虚无形，气之本体。"

14. 异端：出自《论语·为政》："攻乎异端，斯害也已。"

15. 集义：出自《孟子·公孙丑上》："敢问何谓浩然之气？曰：难言

也。其为气也，至大至刚，以直养而无害，则塞于天地之间。其为气也，配义与道。无是，馁也。是集义所生者，非义袭而取之也。”

16. 朱本思：朱得之，字本思，号近斋，江苏靖江人，自号参元子，王阳明晚年客居靖江时的入室弟子。

17. 南镇：浙江会稽山的古称。

18. 厚薄：出自《大学》：“其所厚者薄，而其所薄者厚，未之有也。”

19. 如箪食豆羹，得则生，不得则死：出自《孟子·告子上》：“一箪食，一豆羹，得之则生，弗得则死。”

20. 仁民爱物：出自《孟子·尽心上》：“君子之于物也，爱之而弗仁；于民也，仁之而弗亲。亲亲而仁民，仁民而爱物。”

21. 夭寿不贰：出自《孟子·尽心上》。

22. 麈尾：一种拂秽清暑、显示身份的道具，起始于魏晋清谈家，流行于唐士大夫，宋以后逐渐失传。其形如树叶，下部靠柄处则常为平直状。

23. 至诚、前知：出自《礼记·中庸》：“至诚之道，可以前知。国家将兴，必有祯祥；国家将亡，必有妖孽。”

24. 诚、神、几，曰圣人：出自周敦颐《通书·圣第四》：“寂然不动者，诚也；感而遂通者，神也；动而未形、有无之间者，几也。诚精故明，神应故妙，几微故幽。诚、神、几，曰圣人。”

25. 邵子：邵雍，字尧夫，北宋著名哲学家，于儒学、文学、易学等方面均有精深造诣，著有《皇极经世》《观物内外篇》《先天图》《渔樵问对》《伊川击壤集》《梅花诗》等。

26. 惟天下至圣为能聪明睿智：出自《礼记·中庸》：“唯天下至圣，为能聪明睿智，足以有临也；宽裕温柔，足以有容也；发强刚毅，足以有执也；齐庄中正，足以有敬也；文理密察，足以有别也。”

27. 远虑：出自《论语·卫灵公》：“子曰：人无远虑，必有近忧。”

28. 夜以继日：出自《孟子·离娄下》：“周公思兼三王，以施四事；其有不合者，仰而思之，夜以继日；幸而得之，坐以待旦。”

29. 将迎：出自程颢《明道先生文集·答横渠先生定性书》：“所谓定者，动亦定，静亦定，无将迎，无内外。”

30. 一日克己复礼，天下归仁：出自《论语·颜渊》：“颜渊问仁。子曰：克己复礼为仁。一日克己复礼，天下归仁焉！为仁由己，而由人乎哉？”

31. 朱子作效验说：出自朱熹《论语集注》：“极言其效之甚远而至大也。”

32. 八荒皆在我闼：八荒，意为东、西、南、北、东南、东北、西南、西北等八面方向，引申为天下。闼，意为门帘或门楼上的小屋。

33. 在邦无怨，在家无怨：出自《论语·颜渊》：“仲弓问仁。子曰：出门如见大宾，使民如承大祭。己所不欲，勿施于人。在邦无怨，在家无怨。仲弓曰：雍虽不敏，请事斯语矣！”

34. 巧、力、圣、智：出自《孟子·万章下》：“孟子曰：伯夷，圣之清者也；伊尹，圣之任者也；柳下惠，圣之和者也；孔子，圣之时者也。孔子之谓集大成。集大成也者，金声而玉振之也。金声也者，始条理也；玉振之也者，终条理也。始条理者，智之事也；终条理者，圣之事也。智，譬则巧也；圣，譬力也。由射于百步之外也，其至，尔力也；其中，菲尔力也。”

35. 柳下惠：本名展获，字子禽，谥号惠，因封地在柳下，后人尊称其为“柳下惠”或“和圣柳下惠”，中国古代思想家、政治家、教育家。

36. 三子力有余而巧不足：三子，指伯夷、伊尹和柳下惠。

37. 先天而天弗违、后天而奉天时：出自《易·乾·文言》："先天而天弗违，后天而奉天时，天且弗违，而况于人乎，况于鬼神乎。"

38. 文王作彖，周公系爻，孔子赞《易》：彖，指彖辞。爻，指爻辞。《易》，指《易传》。文王作解释卦义的文辞，周公作说明爻义的文辞，孔子作注释周易的《十翼》。

39. 柴鸣治：王阳明的弟子之一，具体情况不详。

40. 孔子有鄙夫来问，未尝先有知识以应之，其心只空空而已：出自《论语·子罕》："子曰：吾有知乎哉？无知也。有鄙夫问于我，空空如也。我叩其两端而竭焉。"

41. 蒸蒸乂，不格奸：乂，意为治理、安定。蒸，也作烝。

42. 成：乐的一章。

43. 尽善尽美与尽美未尽善处：出自《论语·八佾》："子谓《韶》：尽美矣，又尽善也。谓《武》：尽美矣，未尽善也。"

44. 元声：指十二律中的黄钟。古人定十二律以黄钟之管为基准，故名黄钟为元声。

45. 诗言志、歌永言、声依永、律和声：出自《尚书·舜曲》。

46. 甑：中国古代的蒸食用具。

47. 善与人同：出自《孟子·公孙丑上》："孟子曰：子路，人告之以有过，则喜。禹闻善言，则拜。大舜有大焉，善与人同，舍己从人，乐取于人以为善。自耕稼、陶、渔以至为帝，无非取于人者。取诸人以为善，是与人为善者也。故君于莫大乎与人为善。"

48. 所恶于上、毋以使下：出自《大学》："所恶于上，毋以使下；所恶于下，毋以事上。"

49. 苏秦：字季子，雒阳（今河南洛阳）人，战国时期著名的纵横家、外交家和谋略家。

50. 张仪：安邑（今山西万荣）人，魏国贵族后裔，战国时期著名的纵横家、外交家和谋略家。

51. 肯綮：意指筋骨结合的地方，比喻要害或关键处。

52. 未发、已发：出自《礼记·中庸》："喜怒哀乐之未发，谓之中。"

53. 荀子性恶之说：出自《荀子·性恶》："人之性恶，其善者为伪也。"

54. 杨慈湖：杨简，字敬仲，号慈湖，世称慈湖先生，慈溪（今属浙江省宁波市）人，南宋哲学家，陆九渊的弟子。

55. 王汝止：王艮，字汝止，号心斋，泰州安丰场（今江苏省东台市安丰镇）人，明代哲学家，王阳明的弟子之一，泰州学派创始人。

56. 征宁藩：明正德十四年（1519 年），王阳明平定宁王朱宸濠发动的叛乱。

57. 乡愿：出自《论语·阳货》："乡愿，德之贼也。"

58. 董萝石：董澐，字复宗，号萝石，晚号从吾道人，明代学者，六十八岁拜王阳明为师。澐，音 yún。

59. 圭角：古代在祭祀、宴飨、丧葬以及征伐等活动中使用的器具。圭的锋芒有棱角，比喻人的言行锋芒毕露。

60. 张叔谦：张元冲，字叔谦，号浮峰，浙江绍兴人，嘉靖进士，王阳明的弟子之一。

61. 以能问于不能，以多问于寡；有若无，实若虚；犯而不校：出自《论语·泰伯》。

62. 起复：古代官员遭父母丧，守制尚未满期而应召任职。明清时期又指服父母丧满期后重行出来做官。

63. 思、田：思，思恩，在今广西武鸣县。田，田州，在今广西田阳县。

64. 无善无恶是心之体，有善有恶是意之动，知善知恶是良知，为善去恶是格物：即“四句教”，是王阳明用来表述自己思想精华的四句话。对四句教的理解阐说，历来存有争议。

65. 天泉桥：是王阳明府邸中碧霞池上的一座桥，王阳明常在此与弟子饮酒论学。本次谈话也被称为“天泉证道”。

66. 未发之中：出自《礼记·中庸》：“喜怒哀乐之未发，谓之中。”

67. 颜子：颜渊。

68. 明道：程颢。

王阳明年谱

1472 年

明宪宗成化八年，先生出生。

九月三十日（公历 10 月 31 日），出生于浙江余姚龙泉山北麓瑞云楼。

祖母岑氏梦神人云中授儿，故名云。

1476 年

明宪宗成化十二年，先生五岁。

五岁不言，更名为守仁，始言。即诵祖父王伦所读之书。

1477 年

明宪宗成化十三年，先生六岁。

跟在祖父身边读书。后从陆恒学。

1481 年

明宪宗成化十七年，先生十岁。

父亲王华中进士。

1482 年

明宪宗成化十八年，先生十一岁。

随祖父王伦赴京城（北京），经镇江，登金山，吟诗。

1483 年

明宪宗成化十九年，先生十二岁。

寓京都。就读塾师，立志圣贤。

1484 年

明宪宗成化二十年，先生十三岁。

母郑氏卒。

1486年

明宪宗成化二十二年，先生十五岁。

寓京都。出游居庸关，慨然有经略四方之志。

1488年

明孝宗弘治元年，先生十七岁。

娶诸氏完婚于江西南昌。诸氏，诸养和之女，余姚人。时诸公为江西布政司参议。

合卺之日，闲入铁柱宫，听道士谈养生之术，忘归。

新婚期间，潜心于书法，书艺大进。

1489年

明孝宗弘治二年，先生十八岁。

寓江西。十二月，偕夫人归余姚。

路经广信（今上饶），谒见理学大师娄谅，始慕圣学，及宋儒格物之学，受“圣人必可学而至”之教。

1490年

明孝宗弘治三年，先生十九岁。

祖父王伦去世。父亲王华奔丧归姚，嘱从弟王冕等人为守仁讲经析义，学业大有长进。

1492年

明孝宗弘治五年，先生二十一岁。

在越。举浙江乡试。

返北京，遍求朱熹遗书读之。思先儒“格物致知”之教，遂于官署中取竹格之，毫无所得，格竹失败而得病。乃就辞章之学。

1493 年

明孝宗弘治六年，先生二十二岁。

寓京都。首次参加会试（进士考试）不第。

1496 年

明孝宗弘治九年，先生二十五岁。

寓京都。再次赴会试，不第。

1497 年

明孝宗弘治十年，先生二十六岁。

寓京都，学兵法。凡兵家秘书，莫不精究。每遇宾饮，聚果核，列阵势为戏。

1498 年

明孝宗弘治十一年，先生二十七岁。

寓京都。自念辞章不足以通圣，求师友又不遇，心甚惶惑，旧疾复作。闻道士谈养生，遂有遗世入山之念。

1499 年

明孝宗弘治十二年，先生二十八岁。

寓京都。是年春会试，金榜题名，举南宫第二人，赐二甲进士出身第七人，观政工部。

秋，受命钦差督造威宁伯王越坟。

时边报甚急，鞑虏猖獗，上疏边务八事。

1500 年

明孝宗弘治十三年，先生二十九岁。

寓京都。授刑部云南清吏司主事。

1501 年

明孝宗弘治十四年，先生三十岁。

寓京都。奉命至直隶、淮安审决积案重囚。游九华山，出入佛寺道观，访僧道。作《九华山赋》。

1502 年

明孝宗弘治十五年，先生三十一岁。

五月，回京复命。京中皆以才名相驰聘，学古诗文，复以为虚文之无聊，遂告病归越。

时，家已从余姚迁至绍兴。于绍兴宛委山中筑“阳明洞”以养身。自号“阳明子”，人称“阳明先生”。行导引术，以为得道，终因悟及“此簸弄精神，非道也”。摒去。

1504 年

明孝宗弘治十七年，先生三十三岁。

寓京都。八月，主考山东乡试（各省考试）。

九月，改兵部武选清吏司主事。

1505 年

明孝宗弘治十八年，先生三十四岁。

寓京都。门人始进，授徒讲学。结识湛若水，一见定交，共倡圣学。

1506 年

明武宗正德元年，先生三十五岁。

是年，宦奸刘瑾窃权。二月，上疏为戴铣辩冤，下诏狱，廷杖四十，既绝复苏。被谪贵州龙场驿丞。湛若水等诸友送别。

1507 年

明武宗正德二年，先生三十六岁。

南下杭州，刘瑾派刺客追杀，假言投江以脱之。附商船达舟山，遇飓风漂至福建，入武夷山。几经艰险，亡命天涯。

十二月返钱塘，赴龙场驿。

1508 年

明武宗正德三年，先生三十七岁。

过江西，渡湘水。春，至龙场。筑居东洞，称“阳明洞”。与苗人日亲。众为其构龙岗书院、何陋轩、君子亭等。

始悟格物致知。日夜端居澄默，以求静一。忽一日，胸中洒洒，不觉呼跃，悟圣人之道，当求内心：“心即理。”求证五经莫不吻合。心学之建自此始。史称“龙场悟道”。

1509 年

明武宗正德四年，先生三十八岁。

贵州提学副使（相当于主抓省级教育事务的官员）席书聘先生主贵阳书院。始论“知行合一”。一时，贵州学风日盛。

1510 年

明武宗正德五年，先生三十九岁。

升庐陵知县。三月至江西吉安。清明理政近一年。其间刘瑾伏诛。

十一月，入觐，寓大兴隆寺。黄绾请见，引黄见湛若水，三人订盟，终日共学。

十二月，升南京刑部四川清吏司主事。

1511 年

明武宗正德六年，先生四十岁。

寓京都。正月，调任吏部验封清吏司主事。

二月，为会试同考试官。

十月，升文选清吏司员外郎。

讲学大兴隆寺，从者如云。

送湛若水奉使安南，以文相赠。

1512年

明武宗正德七年，先生四十一岁。

寓京都。三月，升考功清吏司郎中。

十二月，升南京太仆寺少卿，便道归省。与徐爱论学。讲学内容由徐爱记录整理为《传习录》首卷。

1513年

明武宗正德八年，先生四十二岁。

寓越（今浙江）。五月，与徐爱同游四明。

十月，至滁州，督马政。地僻官闲，政余论学。日与门人游琅琊山水间。环龙潭而坐，诸生随地请正，踊跃歌舞。

1514年

明武宗正德九年，先生四十三岁。

年初在滁，四月升南京鸿胪寺卿。诸生送至江浦，不忍别。

五月至京都，众多学子，同聚师门，日夕相磨砺而不懈。

1515年

明武宗正德十年，先生四十四岁。

在京都，上疏请归，不允。

立从弟守信子正宪为嗣子，时年八岁。

1516年

明武宗正德十一年，四十五岁。

寓南京。九月，兵部尚书王琼特荐，升都察院左佥都御史，命其巡抚南、赣、汀、漳等处，时汀、漳地方暴乱日甚。

十月，归省至越。

1517年

明武宗正德十二年，先生四十六岁。

正月，至赣。行十家牌法，选民兵。

二月，平漳寇。奏设平和县。

十月，平横水、桶岗诸寇。

十二月，班师。奏设崇义县。

1518年

明武宗正德十三年，先生四十七岁。

正月，征三浰。

三月，平大帽、浰头。

四月，班师，立社学。

五月，奏设和平县。

六月，升都察院右副都御史，辞免，不允。

七月，刻古本《大学》《朱子晚年定论》。

八月，门人薛侃刻《传习录》。徐爱于去年卒，今得讯为之恸哭。

九月，修濂溪书院。

1519年

明武宗正德十四年，先生四十八岁。

在江西。正月，上疏辞谢升荫，不允。祖母岑太夫人病危，疏乞致仕，不允。

六月，奉敕勘处福建叛军，十五日，至丰城，闻宁王朱宸濠叛反，遂返吉安，起义兵。发南昌，战黄家渡、八字垴，火烧连船。

七月二十六日，擒宸濠，江西平。

八月，武宗南下。疏止亲征。祖母故世，乞便道省葬，不允。

九月，献俘钱塘，以病留杭州。

十一月，返江西。时奸党江彬、许泰、张忠妒功诬陷，气势汹汹，生死一发。先生与之周旋。

1520 年

明武宗正德十五年，先生四十九岁。

正月，忠、泰之流诬先生必反，武宗命召见，被阻芜湖。再上九华山。张永为之辩，得旨，任江西巡抚。

二月，返回南昌。三疏省葬，不允。

六月，至赣。

七月，重上江西捷音疏。武宗北返。

九月，还南昌。门生日众。

1521 年

明武宗正德十六年，先生五十岁。

正月，居南昌。始揭“致良知”之教。云良知为“真圣门正法眼藏”。

三月，武宗崩。一个月后，世宗登基。

五月，集门人于白鹿洞。授良知之学。

六月十六日，奉世宗敕旨，起程赴京。途经钱塘，被首辅杨廷和阻。便道归省。

八月，归越。诏命为南京兵部尚书。

九月，归余姚省祖茔，访瑞云楼，收钱德洪为徒。

十二月，为父亲王华祝寿。封新建伯。

1522年

明世宗嘉靖元年，先生五十一岁。

在绍兴。正月，疏辞封爵。二月，父王华卒。居丧绍兴。此后，六年不召。

首辅杨廷和旨意倡议禁遏王学。

京城大礼议始。

1523年

明世宗嘉靖二年，五十二岁。

在绍兴，从学者日众。

1524年

明世宗嘉靖三年，先生五十三岁。

在绍兴，门人日出。有人以大礼议见问，不答。

八月，宴门人于天泉桥。盛况空前。

十月，门人、绍兴知府南大吉续刻《传习录》，复增五卷。

1525年

明世宗嘉靖四年，先生五十四岁。

在绍兴。正月，诸氏夫人卒。

六月，礼部尚书席书荐先生入阁。不果。

九月，归余姚省墓。会门人于龙泉山中天阁，每月定期讲课。

十月，立阳明书院于越城。

1526年

明世宗嘉靖五年，先生五十五岁。

在绍兴。系统讲授心学理论。

十一月，儿子王正聪（后黄绾收为婿，更名正亿）出生，为继室张氏出。

1527 年

明世宗嘉靖六年，先生五十六岁。

五月，诏命兼都察院御史，征广西思恩、田州。

六月，疏辞，不允。

九月，出发前夜，钱德洪、王畿求教先生，移席天泉桥上，立四句教法，是谓“天泉证道”。“四句教”具体为：无善无恶心之体，有善有恶意之动，知善知恶是良知，为善去恶是格物。

十月至江西南昌。十一月至广东肇庆。十二月抵广西梧州；二十六日，抵南宁，开府议事。朝廷命兼任两广巡抚，疏辞不允。

1528 年

明世宗嘉靖七年，先生五十七岁。

二月，平思恩、田州。

七月，袭八寨、断藤峡。

九月，冯恩奉钦赐至广州，赏思、田之功，疏谢。

十月，病重，疏请告。被桂萼压住。其间，谒伏波庙。祀增城祖庙，访湛若水庐。

十一月，起程返家。过大庚岭梅关。二十九日辰时，即公历 1529 年 1 月 9 日 8 时许，病逝于江西南安府大庚县青龙铺。

翌年十一月，归葬于浙江绍兴洪溪（今兰亭）。

参考文献

1. 中国社会科学院哲学研究所中国哲学史研究室编 :《中国哲学史资料选辑》(宋元明之部),中华书局,1962 年。

2. 沈善洪、王凤贤著 :《王阳明哲学研究》,浙江人民出版社,1981 年。

3. 陈荣捷著 :《王阳明传习录详注集评》,台湾学生书局,1983 年。

4. 方尔加著 :《王阳明心学研究》,湖南教育出版社,1989 年。

5. [宋] 陆九渊撰 ;[明] 王守仁撰 :《象山语录 · 阳明传习录》,上海古籍出版社,1992 年。

6. 鲍希福译注 :《传习录全传》,巴蜀书社,1992 年。

7. [明] 王守仁著 ;张立文主编 :《王阳明全集》,红旗出版社,1996 年。

8. [明] 王阳明著 ;于民雄注 ;顾久译 :《传习录全译》,贵州人民出版社,1998 年。

9. [明] 王守仁撰 :《阳明传习录》,上海古籍出版社,2000 年。

10. 钱穆著 :《阳明学述要》,九州出版社,2010 年。

11. 于民雄选注 :《阳明精粹》(卷 2 原著辑要),贵州人民出版社,2014 年。

12. [明] 王阳明撰著,张靖杰译注,谢廷杰辑刊 :《传习录》(明隆庆六年初刻版 全译全注),江苏凤凰文艺出版社,2015 年。

13. [明] 王守仁撰 ;吴光、钱明、董平、姚延福编校 :《王阳明全集》,上海古籍出版社,2011 年。

后 记

刘奇先生为弘扬中华优秀传统文化，斥资几百万建讲堂、购设备，于海内外遍求师资；今又斥资百万组织编写适合本校所用的国学教材，可谓志向远大，散财兴教兴德之举，令人敬仰。

《王阳明文选读本》即沈阳明明德传统文化艺术培训学校组织编著的教材之四。由刘兆伟、赵伟、陶双彬、刘北芦、刘振宇形成的研究团队，对王阳明思想的研究始于2013年。五年来，团队成员同心合力，专心科研，取得了一定的研究成果，刘奇、赵伟、刘振宇共同编著的本书即是其中研究成果之一。承蒙刘奇先生大力支持，本书才得以付梓。于此铭志。有不当和错讹之处，敬请读者批评指正。

编著者

2018年5月

图书在版编目（CIP）数据

王阳明文选读本 / 刘奇，赵伟，刘振宇编著. —北京：世界知识出版社，2019.3

ISBN 978-7-5012-5937-3

Ⅰ. ①王… Ⅱ. ①刘… ②赵… ③刘… Ⅲ. ①王守仁（1472-1528）—思想评论 Ⅳ. ①B248.2

中国版本图书馆CIP数据核字（2019）第015730号

王阳明文选读本

Wangyangming Wenxuan Duben

作　　者　刘　奇　赵　伟　刘振宇

责任编辑　薛　乾　　　　特邀编辑　杨　娟

责任出版　王勇刚

装帧设计　周周设计局

内文制作　宁春江

出版发行　世界知识出版社

地　　址　北京市东城区干面胡同51号（100010）

网　　址　www.ao1934.org　www.ishizhi.cn

联系电话　010-58408356　010-58408358

经　　销　新华书店

印　　刷　北京市松源印刷有限公司

开本印张　710×1000毫米　1/16　25.5印张　2插页

字　　数　313千字

版次印次　2019年4月第一版　2019年4月第一次印刷

标准书号　ISBN 978-7-5012-5937-3

定　　价　39.80元

（凡印刷、装订错误可随时向出版社调换。联系电话：010-58408356）